森信茂樹
Morinobu Shigeki

税で日本はよみがえる

成長力を高める改革

日本経済新聞出版社

税で日本はよみがえる

成長力を高める改革

まえがき

「税制は国の未来を変える」――これが、世界の税制改革をつぶさにみて感じることである。税制を変えて国がよみがえった実例は、実に多く存在する。

第一に、米国レーガン政権2期目に実施された税制改革である。これは、1986年から行われたもので、税収中立（増減収同額）という原則のもとで、「課税ベースを拡大しつつ税率を引き下げる」という税制改革である。「課税ベース拡大」により特定の業界に偏っていた税の恩恵は廃止され、公平性が増大した。

「税率の引き下げ」は経済の活性化をもたらした。この結果、旧来の税制の恩恵を享受してきた東海岸の経済は落ち込んだものの、税率の大幅な引き下げにより、西海岸のＩＴ（情報・技術）産業が活性化し、大学発のベンチャーが誕生するなど、今日の米国繁栄の礎を築いた。同時に、経済の成長によって財政赤字も縮小に向かった。ここからは、「経済活性化」と「財政再建」の両立という示唆・教訓を得ることができる。

第二に、ドイツ・メルケル連立政権が実施した税制改革パッケージである。消費税・所得税を増税し、法人税や社会保険料負担を軽減する、あわせて利子・配当・キャピタルゲインに係る所得税を分離して定率で課税する簡素な税制に変える税制改革を、3年かけてパッケージで実行した。この改革からは、政権が強いリーダーシップで、包括的な税制改革を行うことの意義を学ぶことができる。いまやドイツは、世界で最も強い経済と健全な財政を兼ね備えた国であることがこの改革の成功を物語っている。

第三に、英国ブレア政権やオランダの税制改革が、税と社会保障を一体的に改革することにより、雇用増をもたらし、所得再分配の効果を高め、格差・貧困問題への有効な政策となったことである。

英国は、自らの労働を通じて生活を自立させていくという思想（ワークフェア思想）のもとで、ワーキング・プアへの対策として勤労インセンティブを与える勤労税額控除の導入、シングルマザーの経済的自立を支援する児童税額控除の導入などの税制改革を次々と行っていった。この結果、格差・貧困問題が減少するとともに社会保障費の肥大化にも歯止めがかかった。政権交代後の保守党キャメロン政権にもその精神は引き継がれている。

オランダは、政・労・使が協力し、これまで家庭内に閉じこもりがちだった主婦が働きやすいような制度（勤労税額控除など）を導入し「1・5型の経済」と呼ばれるワーク・ライフ・バランス国家を作り上げた。また、所得控除から税額控除へという所得税改革を行い、所得再分配効果を高めた。

第四に、スウェーデンが1992年に行った税制改革である。利子・配当・キャピタルゲイン、さらには法人所得といった資本から得られる所得に高い税負担を課すと、高度に資本移動の自由化された国では、低税率国などへの資本逃避が生じ、自国の税収減につながり、福祉国家の財政基盤が揺らぐ。このジレンマを解決するために、スウェーデンは、二元的所得税を導入、資本に対する税率を分離して税率も引き下げ、簡素な税制にした。あわせて、給付付き税額控除など所得再分配を強化する措置も導入した。この改革の結果、財政基盤が強化され、リーマンショック後も健全財政を維持している。

グローバル経済のもとで高度福祉社会、「大きな国家」を維持するために税制はどうあるべきか、公平と効率を両立させる税制改革の重要性を学ぶことができる。

わが国が抱えている問題は驚くほどこれらの国々と共通している。長いデフレ経済からは脱出しつつあるものの、少子高齢化の中で経済の閉塞感が広まっている。アベノミクスのもとで、株や土地の価格が上がっており、静かに格差・貧困問題が深まりつつある。財政赤字は先進国の中でも最悪の状況で、経済に大きなリスクを与えているだけでなく、後世代へのつけ回しは世代間の不公平を拡大している。

本書の意図は、そのような先進各国の税制改革事例をつぶさにみて、教訓を汲み取り、わが国の税制改正に生かす点にある。

「わが国も税制を変えることで、経済や社会をよみがえらせることができる」

これが本書の一貫したメッセージである。

現実にわが国が必要とされる税制の改革を実行していくには、第2次世界大戦後のシャウプ勧告以降の税制の歴史を顧みる必要がある。また、所得課税・消費課税・資産課税の税理論を学び、それぞれの税制のメリット・デメリットについて比較検討する必要がある。この三つの税制をうまく組み合わせて、今日わが国がおかれた状況に即した税制を考えていく、これが「タックスミックス」と呼ばれる考え方である。

具体的には、以下のような税制の構築が必要だと考えている。


第一に、経済成長を税制で支援することである。人々の勤労意欲や自助努力を税制で優遇してインセンティブを与えること、人々がリスクテイクをしやすい税制を構築し、ベンチャー企業に資金を供給しやすくすることである。これらはいわば供給側、サプライサイドの改革である。

そのためには、税と社会保障を一体的に設計し、「セーフティーネットを張り巡らせる（現金を配る）政策」から、「勤労しながら自ら老後の生活の備えをする自助努力にインセンティブを与える制度」への転換が必要となる。とりわけ、ワーキング・プアが生活保護に陥らないよう支援する勤労税額控除（給付付き税額控除の一つ）は、欧米では標準的な制度として導入されている。しかしわが国では、社会保障・税一体改革として法律で検討項目となっているものの、霞が関の縦割り行政のはざまで、いまだ具体的検討は始まっていない。この制度の導入には、官邸の強いリーダーシップが必要だ。

また、個人で貯蓄をして老後を支えるという自助努力を税制で支援するような措置（日本版ＩＲＡ）、資本と知恵を結びつける事業体と法制（日本版ＬＬＣのパススルー税制）の導入なども、経済活性化の切り札として検討に値する。

さらに、女性の労働力を活用しながら少子化の進行を食い止めるために税制分野でできることは多くある。女性の就業を阻害している配偶者控除を抜本的に見直して、子育てを支援する児童税額控除に衣替えすることである。また、ベビーシッター代を所得控除する税制は多くの先進国で導入しており、わが国でできない理由はない。

第二に、わが国の立地の競争力を高めるという観点からは、法人税改革も大きな課題になる。当面20％台への引き下げをめざして検討が続くが、課税ベースを拡大して財源を確保しつつ行う税収中立型の法人税改革では、29％を超えての税率引き下げはむずかしい。一方、グローバル経済のもとで、先進諸国はいまだ自国にヒト、モノ、カネ、無形資産（特許権や著作権）を引きつけようと「税の引き下げ競争」を行っている。そのような現実では、20％台半ばまでの実効税率の引き下げを視野に入れた法人税改革を検討していく必要がある。その際には、地方法人税（法人事業税など）に焦点を合わせ、地方消費税の増税・税源交換を視野に入れた抜本的な税制改革が避けられない。

法人税制を見直す際には、米国多国籍企業を中心に蔓延しつつある租税回避行為（違法な脱税でもなく合法的な節税でもないグレーの分野）への対応もあわせて検討していく必要がある。これは、企業と国家の、税金をめぐっての知恵比べともいえる戦いであるが、放置すれば、税の公平性や納税道義が損なわれ、高齢化対策の費用捻出や財政赤字に悩む先進諸国の税収減につながる。ＯＥＣＤ（経済開発協力機構）の場でＢＥＰＳ（税源浸食と利益移転）プロジェクトが立ち上がり国際的な検討が行われている。無形資産を国外に移転し税を回避する多国籍企業の行動には、先進国が共同して対処していく必要がある。

また個人の世界でも、国境を越える租税回避行為に対しては、近年さまざまな税制措置が講じられ、２０１５年10月からはいわゆる「出国税」も始まる。本書は、これらの動向に多くのページを割いている。

第三に、所得格差・資産格差を縮めていくことが持続的な経済成長に役立つという観点からの税制改革である。

資産や所得の格差は世界的に拡大の一途をたどっている。また、格差が少ない国ほど経済成長が高いことも実証されている。わが国の格差の状況を丁寧にみていくと、税・社会保障支払いや給付を含めない当初所得では所得格差が少ない国に分類されるが、税・社会保障支払いや給付を含めた所得では格差が大きい国に分類される。これは、わが国の税・社会保障の所得再分配機能が低下・劣化していることを示している。今後、安倍政権による経済政策（アベノミクス）の効果が浸透するにつれて、株式や土地を持つ者と持たざる者との格差は拡大していく。格差をこれ以上拡大させないための税制の役割を、所得税や資産税全般にわたって考える必要がある。

具体的には、比較的余裕のある「富裕高齢層」への税負担の増加をどのようにして行うのかが検討課題となる。

まずは、所得税の課税ベースを拡大していくことである。たとえば、先進諸国で最も寛大なわが国の年金税制を見直す（公的年金等控除の縮減）ことで、余裕のある富裕高齢層からの負担を求めることが可能になる。

また、資産そのものや、その多くが富裕高齢層に帰属する利子・配当・株式譲渡益などの資産所得に対する税制のあり方も重要だ。２０１５年に相続税について課税強化（増税）が行われたばかりだが、今後さらに株価や地価の上昇による資産格差が拡大していけば、さらなる見直しも必要になる。当面は資産所得の課税のあり方が問題になるが、固定資産税も、資産保有税としての役割を果たすように役割を見直す必要が出てくるだろう。


第四に、日本の経済社会の姿を変える大きなきっかけとなると考えられるのが、２０１６年1月から始まるマイナンバー（社会保障・税番号）制度である。マイナンバー制度を国民（納税者）にとっての利便性という観点から活用する点で政府の対応は遅れているが、うまく活用してわが国の税制だけでなく、行政や社会のあり方が大きく変わるようにすべきだ。

また、個人の預金の利子所得にかかわる情報を国が入手できるようになれば、国民の資産所得（利子・配当・株式譲渡益）全体の情報が管理できるので、肥大化する社会保障の削減を進めるための施策に活用できる。

強い政治リーダーシップのもとで、マイナンバー制度の利便性改善をめざしていくことが必要だ。

最後に、膨大な財政赤字の存在は、わが国税制の税収調達機能が低下していることを意味している。当面は2020年のプライマリーバランス（基礎的財政収支）の黒字化をめざし、財政再建と税負担の増加をセットで検討していく必要がある。その際、どの税目での負担増が望ましいのか、税理論の分析などを紹介している。

わが国では論じられることが少ないが、消費税は所得税などと比べて、経済に与える負荷（マイナス要因）の少ない税制である。そこで、高度福祉社会を支えていくためには、消費税を中心に据えた税体系にしていく必要があり、それを所得再分配の見地から所得税や資産税が支えていくことを考えていく必要がある。


税制の機能は、「公共サービスを提供するために必要な資金の調達（財源調達機能としての税制）」と、「所得の再分配」と「経済の安定化・景気調節」の三つである。そして、今日のわが国経済・社会が抱える問題もこの三つである。

これらの機能を十分に発揮させて、所得・消費・資産の三つの税制を総合的に見直す作業（新たなタックスミックス）を行うことにより、高齢化社会の税制モデルを作り上げていく必要がある。もちろん、規制緩和などの成長戦略や社会保障の肥大化を防ぐ政策も包括的な政策（パッケージ）

の一環として組み入れられる必要があることはいうまでもない。

高齢化社会のトップランナーとして、これから高齢化社会に否応なく突入するアジア諸国、さらには欧米諸国に対して、モデルとなるような税制・社会保障を示すことができれば、どれほどわが国の地位の向上に結びつくことだろうか。

多くの人々が忌避する増税を、「希望の増税」にしていく努力が必要だ。


本書は、日本経済新聞出版社エディターで長年の友人である田口恒雄氏がおられなかったら生まれなかった。筆者の講演会を聞き、本書のコンセプトを提言していただき、さまざまなアイデア、温かい助言をいただいた。税制の本は難解・平板になりやすいが、本書がそれを少しでも乗り越えることができているならば、それはすべて田口さんのおかげである。良い編集者を持つということのありがたさを実感した次第である。

最後に、結婚して40年間、つねに励ましてくれる妻、和子に深く感謝しつつ、広島の年老いた両親にこの本を捧げたい。

森信　茂樹

2015年2月

装幀　山口鷹雄
DTP　マーリンクレイン

税で日本はよみがえる＊目次

第3章 税の攻防：企業vs.国家——租税回避への対応 105

第6章 マイナンバーを活用せよ 217

第7章 資産・所得格差と税制 257

第1章　税は国の未来を変える

税は、国の未来を変える。世界を見回して、税制を変革することによって国家がよみがえったという例は、枚挙にいとまがない。わが国は、長いデフレ経済からは脱出しつつあるものの、少子高齢化の中で経済にさらなる活力が求められる。また財政再建や所得・資産格差への対応も大きな課題である。

そこで、同じような悩みを抱え、その解決に取り組んだ米国、ドイツ、英国、オランダ、スウェーデンの税制改革を詳細にみていこう。それによって、わが国の課題である経済成長と財政再建の両立に結びつく政策、さらには格差是正に向けての税制改革のヒントを得ることができるのである。

1　今日の繁栄の礎を築いた米国レーガン税制

ロナルド・レーガン大統領は、第1期の1981年と、第2期の1986年の二度にわたり税制

図表1・1　世界の税制改革から学ぶ

国名	政権と税制改革	概要
米国	レーガン２期の税制	課税ベースを拡大して税率を引き下げる（税収中立）という哲学のもとでの税制改革が経済活性化をもたらした。
ドイツ	メルケル連立政権の税制	消費税や所得税を増税して法人税を引き下げるという税制改革をパッケージで行い、経済成長と財政再建の両立を果たした。
英国	ブレア１期の税制	「セーフティーネット」から「トランポリン」へという社会保障と税制の一体的改革は、財政再建と経済活性化の両立をもたらした。
オランダ	ワーク・ライフ・バランスと税制	専業主婦の社会進出を支援するための社会保障と税の一体改革はオランダ型のワーク・ライフ・バランスを作り上げた。
スウェーデン	二元的所得税	金融所得を勤労所得から分離して一定率で課税する税制は、グローバル時代のもとでの高福祉社会の建設に必要な改革であった。

（出所）筆者作成

改革を行ったが、その哲学、中身、経済・社会に与える効果・影響はまったく異なるものであった。世界的に税制改革のお手本とされているのは、レーガン第2期の改革である。

(1)　レーガン第1期（1981年〜1985年）の税制改革

レーガンが大統領に就任する直前の米国経済は、二度にわたる石油ショックによりインフレが蔓延、当時の連邦準備制度理事会議長、ポール・ボルカーがインフレ抑制をねらって高金利政策をとったため景気は急速に落ち込み、実質経済成長がマイナスになるなど、スタグフレーションの状況が続いていた。産業界の状況をみると、自動車、鉄鋼産業などは、1970年代以降技術革新の遅れから、日本や欧州諸国との競争力を失い、長期低落傾向にあった。

レーガンは、「経済的、軍事的に強い米国の復活と小さな政府による民間活力の再活性化」を掲げて1980年11月の大統領選挙に勝利、1981年2月には、規制緩和、歳出削減と税制改革をパッケージとした経済再建計画を発表した。政策の4本柱は、①国防費を除く歳出の削減、②政府の規制緩和、③安定的なマネーサプライによるインフレの抑制、④税制改革であった。

④については、議会の議論を経て、1981年8月に「経済再生税法」(Economic Recovery Tax Act)が成立した。「レーガノミクス減税」と呼ばれものである。

最大の目玉は個人所得税の税率引き下げで、70%の最高税率を50%に引き下げるなどの減税である。あわせて長期のキャピタルゲイン(株式譲渡益など)に対する最高税率を、28%から20%に引き下げた。

もう一つの目玉は法人税の減税だ。減価償却の耐用年数の短縮、償却率の引き上げなどの加速度償却制度を導入し、あわせて投資税額控除の大幅な拡充も行った。

一連の改革は、サプライサイド・エコノミクスと呼ばれる経済理論をよりどころにしたもので、「大幅な減税により、民間部門の貯蓄率を上昇させ、民間投資を活性化させ、規制緩和をあわせ行うことにより、経済の供給面を強化し経済活力を高める」という内容であった。アーサー・ラッファー教授の「高税率は、経済活動を阻害する。減税すれば勤労意欲・貯蓄意欲が刺激され、経済活動が活発化し、減税以上の税収増をもたらすので、歳出削減と組み合わされば、財政均衡が達成できる」という考え方に沿ったものだった。

図表1・2　レーガン1期の税制改革

《1981年改正》

5年間で約7500億ドルの減税

【目的】

1970年代を通じた高インフレが、
（1）税率区分が維持されたことによる所得税負担の増大
（2）設備投資の償却額の実質価値の低下による法人税負担の増大
をもたらしたことから、減税により労働・貯蓄・投資のインセンティブを回復させ経済を再建する。

【内容】

○所得税：所得税率の引き下げ
14～70％（15段階）
⇒11～50％（14段階）

：キャピタルゲイン税率の引き下げ最高税率28％⇒20％

○法人税：租税特別措置の拡充
・加速度償却の導入
・投資税額控除の拡充　等

（出所）財務省ホームページ
（http://www.mof.go.jp/tax_policy/summary/itn_comparison/245.htm）

しかし現実に生じたことは、「減税→経済活性化→税収増→財政赤字の解消」という道筋ではなく、「減税による大幅な歳入減と国防費の大幅な増加による財政赤字の拡大」であった。このような「減税すれば増収になる」という理論は、後に「フリーランチ理論」とも「ブードゥー（呪術）・エコノミクス」とも揶揄されることとなった。(注1)

そこで翌年、レーガン政権は増税方針に転じ、1983年に社会保障税の引き上げ、1984年に税制優遇措置の縮小という部分的な手直しが行われた。しかし、一度生じた歳入減は、財政赤字の急拡大をもたらし、税収のＧＤＰ（国内総生産）比は、１９８１年の19・8％から１９８４年の17・6％へと2ポイント以上下がり、財政赤字のＧＤＰ比は１９８１年の2・6％から１９８３年の6・1％へと急増し、米国経済最大の危機ともいえる、長期金利の上昇、ドル高、経常収支の赤字化の直接の原因となった。その後も財政赤字は深刻度合いを深め、１９８５年には２１２３億ドル（ＧＤＰ比5・3％）に上る赤字を記録、米国経済の土台を揺るがすほどの問題になった。

筆者はこの頃、米国ロサンゼルス総領事館に勤務しており、日米貿易摩擦の激化への対応に忙殺される毎日であった。日本車の輸出自主規制が発動されるなか、日本車や日本の電化製品をハンマーでたたきつぶしたり、不買運動が行われるなど、米国労働者・消費者のモラルもすさんだものであったことを記憶している。

米国経済の危機をもたらしたドル高の是正をめぐって、１９８５年9月、ひそかにニューヨークのプラザホテルでＧ5会合（5カ国財務相・中央銀行総裁会議）が開かれた。冷戦下で「悪魔の国」ソ連と対抗するレーガン政権を支援するため、米国の経済危機をＧ5諸国が一致して救うべきだという共通認識が、主要国の政策協調によるプラザ合意に結びついたのである。

膨大な財政赤字削減については、議会も動き出し、超党派のさまざまな試みが行われた。１９８５年12月に、「１９９1年度に財政収支均衡をめざす」グラム・ラドマン法が成立した。もっともこの法律は、後から振り返ってみてなんら財政規律の働かないものであった、と評価されている。

このような状況の中で、税制の恩恵が一部の業界や会社に偏る租税特別措置が国民的な批判を浴びるところとなった。簡素で公平で、経済に悪影響を及ぼさない税制を求める声が大きくなり、抜本的な税制改革が大統領選挙の大きな争点となった。選挙でランドスライド・ヴィクトリー（地滑り的勝利）を勝ち得たレーガン大統領は、選挙が終わるや否や財務省に、第1期とはまったく異なる税制改革案作りを命じた。それがレーガン第2期の税制改革である。

(2) レーガン第2期の税制改革（1986年税制改革法〈Tax Reform Act〉）

レーガン政権第2期の税制改革は、さらに所得税の最高税率を下げたいとするレーガン大統領・共和党と、より公平な税制を構築したいとする民主党との利害調整の結果という側面もあったが、税制改革の理念として「公平」「簡素」「経済成長」を掲げ、課税ベースを拡大しつつ、税制を簡素なものにすることにより、短期の景気対策ではなく、中長期の経済効率の向上をめざすものであった。高額所得者や大企業を中心に生じていた租税回避を防止することも目的とされていた。

具体的内容は次のとおりである。所得税の最高税率は50％から28％にまで引き下げられた。同時に、高所得者層の利用の多い各種優遇措置や税の抜け穴（ループホール）は縮小された。州税、地方税の控除、消費者ローンの利子控除が制限され、貯蓄優遇制度、医療費控除、交際費の縮小などにより、所得税の課税ベースの拡大が図られた。また長期のキャピタルゲインの税率は20％から28％に引き上げられ（増税）、低所得者向けの各種控除も引き上げられ（減税）、所得再分配効果を高めることが意図された。

法人税の分野では、税率を46％から34％に引き下げるとともに、第1期の各種優遇措置が有効な資源配分を阻害し、経済全体の効率性に大きな問題を生じさせたことへの反省として、加速度償却の縮減、投資税額控除の廃止など租税特別措置・政策税制を一気に見直すことによる課税ベースの拡大が行われた。また、代替税ミニマムタックスの強化、タックスシェルター（租税回避商品）の廃止・縮小も行われた。所得税では１２００億ドル（5年間）の減税、法人税では１２００億ドル（同）の増税、全体では税収中立という税制改革であった。

第2期の税制改革の中心的な理念は、課税ベースを広げつつ税率を引き下げる（改革全体として

図表1・3　レーガン２期の税制改革

《1986 年改正》

5年間で歳入中立

【目的】

各種優遇措置の増大により税制が複雑かつ不公平になっており、経済成長にも悪影響を及ぼすことから、租税特別措置や諸控除の縮減を通じて資源の効率的配分を図り、公平・簡素でかつ経済成長を促す税制を構築する。

【内容】

○所得税：税率構造の簡素化
　　11～50%（14段階）
　⇒15、28%（２段階）
：諸控除の廃止、縮減（課税ベースの拡大）
　・共稼ぎ控除の廃止
　・ローン利子所得控除の縮減
　・失業保険給付への課税
　・交際費の控除の制限等
：キャピタルゲイン税率の引き上げ最高税率20%⇒28%

○法人税：税率の引き下げ46%⇒34%
：租税特別措置の縮減（課税ベースの拡大）
　・加速度償却の縮減・合理化
　・投資税額控除の廃止　等

（出所）財務省ホームページ
（http://www.mof.go.jp/tax_policy/summary/itn_comparison/245.htm）

税収中立）ことで、高額所得者、重厚長大産業に偏っていた税制上の優遇措置は大幅に縮減された。この結果、「同じ経済力の人たちの税負担を同じものにする」という「水平的公平性」にすぐれ、税制のもたらす歪みが減って経済の効率化につながったという意味で、今日まで世界の税制改革のモデルとして高く評価されるものである。

この改革を財務省次官補として事務方で支えたロナルド・パールマン氏は、２００２年2月、来日した折にわが国の政府税制調査会で次のような発言をしている。(注2)

「レーガン税制改革の哲学は、市場こそが、経済行動を調整する最善の手段と信じていたことである。特別な所得控除や税額控除などによって企業行動に影響を与えようとする試みは、精度は低く、効率的なものではない。むしろ、歪みをもたらし非効率的で、結局高くつく。長期的な経済成長のためには、政府は企業の意思決定には介入せず、いろいろな経済活動に対する実効税率の格差を最小にするような税制こそが必要だ」。

「特定のグループや特定分野の企業を優遇する租税特別措置は、いったん法律になると、期待される成果を生まなくても、また経済に予期せぬ歪みを生じさせようとも、廃止するのは困難となる」。

「歳入中立という哲学が、多くの利害関係者のための規定を排除する有益な規律となった」。

かくして歳入のレベルダウンは止まり、財政収支は改善に向かった。

(3) レーガン税制改革から学ぶもの

ここで学ぶべきことは、「課税ベースを拡大しつつ税率を引き下げる」という哲学のもとでさまざまな優遇税制を整理しつつ税率を引き下げた法人税改革である。この法人税改革によって、米国の産業構造は大きく変わった。そしてそれがクリントン時代のニューエコノミーにつながったという意味で、今日まで続く米国経済繁栄の基礎を築く改革であったということができる。

当時の記憶をたどっていくと、米国東海岸に点在する鉄鋼・自動車という成熟した重厚長大産業（煙突産業：smoke stack industry）は、さまざまな租税特別措置の恩恵を受けていたが、レーガン第2期の税制改革による政策税制の削減・縮小により大幅な打撃を受けた。一方で、税率の引き下げにより、ヒューレット・パッカードを代表とする西海岸の新興コンピューター産業が基盤を強化し、IT産業の勃興や活躍をもたらした。さらには、豊富な資金を持つ投資家と自宅のガレージで細々と開発を続けていた大学のベンチャー起業家がうまく結びつく法制や税制を組み合わせることによって、シリコンバレーを中心としたIT産業の基礎が築かれ、米国経済全体として、ハイテク産業へと産業構造の転換が促進されたのである。ここにきてようやく米国産業は1980年代の沈滞から立ち直り、めざましい回復を遂げた。

「課税ベースを広くして税率を下げる」という税制改革は、「課税ベース拡大」による「水平的公平性」の拡大（一部の者が恩恵を受ける税制の歪みをなくすこと）と、「税率の引き下げ」による経済活性化の両方を同時達成できるということで、今日まで世界の模範といえる税制改革の哲学となったのである。

もっとも、財政赤字の問題は、その後も続くこととなった。レーガン第1期のもとで生じた財政赤字は、第2期の税制改革によって縮小したが、黒字化には至らなかった。その後、ブッシュ、クリントン2代の大統領によって、大胆な歳出カットが行われるとともに、所得税を中心とする増税、それも最高税率を引き上げる形での増税が行われた。レーガン政権のもとで28％に引き下げられた所得税最高税率は、ブッシュ政権のもとで31％に引き上げられた。これは、拡大する財政赤字を解消するための政府と議会の合意による「1990年包括調整法」にもとづくものであった。

さらにクリントン政権のもとでは、財政再建の必要性に加えて、高額所得者への課税強化という観点から、「1993年包括財政調整法」が成立し、所得税率に36％と39・6％という二つの税率が追加された。これら高所得者層の限界税率の引き上げは、効果的な増収をもたらし、競争力の回復した経済の中で、財政収支を急速に回復させていき、クリントン大統領のもとで、1998年に財政黒字が達成されることになったのである。

2　財政再建と経済成長の両立を果たしたドイツ・メルケル政権の税制改革

ドイツでは、2005年、二大政党である社会民主党（SPD）とキリスト教民主／社会同盟（CDU／CSU）が国を二分して選挙を戦ったが、どちらも過半数をとることができず、アンゲラ・メルケル首相のもとで大連立政権が樹立された。この政権のもとで、消費税と所得税の引き上げ、法人税の引き下げ、金融所得一体課税など、国民にとってきわめて影響の大きい税制改革がパ

図表1・4　メルケル大連立政権の税制改革

・ステージ1—財政再建のための付加価値税の引き上げ（2007） VAT16％から19％へ、1％分は失業保険料の引き下げへ充当。あわせて所得税最高税率を引き上げ（42％から45％） ・ステージ2—国際競争力確保のための法人税改革（2008） 法人実効税率を39％から30％へ、法人税率は25％から15％へ ・ステージ3—二元的所得税・金融所得一体課税（2009） 利子・配当・キャピタルゲインを25％で源泉分離課税

（出所）筆者作成

ッケージとして行われた。

この改革の最大の目的は、当時EU（欧州連合）が定めた財政赤字の基準を守れていなかったドイツの財政状況に対して、増税により財政規律を取り戻すことにあった。あわせて、立地の競争力の確保、雇用の維持、金融所得がスイスやリヒテンシュタインなどのタックスヘイブンに逃げていくことへの対応など当時ドイツが抱えていた多くの課題を、政治的なリーダーシップのもとで一気に解決するものであった。

具体的な改革の内容は以下のとおりである。

(1)　2007年からの消費税・所得税の引き上げ

2007年から、消費税の標準税率の16％から19％への引き上げ（食料品などの軽減税率は据え置き）、所得税最高税率の引き上げ（42％から45％へ）が行われた。あわせて消費税1％分を失業保険料（企業負担）の引き下げに充当することとした。

改革の趣旨は財政規律の順守である。2002年から2005年までのドイツは、EUの安定成長協定で定められた財政赤字GDP比3％以内という基準を超過しており、このままではEUから制裁を受けるという状況の中で国民的な議論が行われ、2005年の連邦議会選挙は、与野党とも増税による財政再建を公約とした（ＳＰＤは所得税増税、ＣＤＵ／ＣＳＵは消費税増税）。背景には、「高齢化が進むなかで社会保障について安定財源を確保し財政基盤を強化することはぜひとも必要」という国民の危機感があった。

税制改革の結果、２００６年には、財政赤字ＧＤＰ比３％以内という基準の順守が可能になった。財政再建のための増税項目として付加価値税（消費税）が選択された理由は、税率が他のＥＵ諸国に比べて低く、余裕があったこと（ＥＵ加盟国平均は約19％で当時のドイツは16％）、輸出が免税となるので、自動車や機械などドイツ製品の国際競争力に影響を及ぼさないこと、薄く広く負担を求め、特定のグループに負担を負わせる税より理解が得やすいことなどが挙げられている。

また所得税増税の理由としては、連立を組んだ社会民主党の主張であったことが挙げられている。

(2) ２００８年からの法人税率の引き下げ

２００８年から、税収中立（最終的には７０００億円程度の減税超過）の原則のもと、課税ベースを拡大しつつ法人税率を引き下げるという改革が行われた。具体的には、連邦税・州税である法人税率の25％から15％への引き下げ、地方税（市町村税）である営業税の基本税率の５％から３・５％への引き下げにより、法人実効税率を39％から29・48％に引き下げたのである。

改革の趣旨は、旧東欧圏に比べて高コストであったドイツの立地の国際競争力を強化すること、ドイツ国内への投資の呼び込みとドイツ国内で申告される法人利益の増加、と説明されている。ドイツ国内で営業活動を行い利益を上げているにもかかわらず、巧妙なタックスプラニングによりオランダやアイルランドなどの低税率国にその利益を移転し、ドイツ国内の法人税を免れるという多国籍企業の租税回避への対応である。このことは、表面（法定）税率の引き下げが重要ということを示唆している（第3章で詳述）。

課税ベースの拡大策としては、営業税の損金算入の否認（114億ユーロ）、国内課税基礎の強化による増収（39億ユーロ）、定率償却制度の廃止、移転価格税制の強化（18億ユーロ）、支払利子費用の損金算入の制限（15億ユーロ）、企業買収規則の厳格化、有価証券を利用した租税回避の制限等となっている。

注目されるのは、法人の利子控除の制限である。企業の支払利息は、一般的に経費として控除されるが、同一事業年度に発生した受取利息の金額を上限として経費控除を制限したのである。これは、国外の親会社から過大な借り入れを行い支払利子によって所得を移転するといったタックスプランニングを防止するためと説明されている。

つまり、ドイツの法人税率の引き下げの理由が、租税回避・タックスプランニングへの対抗という意味合いを強く持っているということである。巧妙なタックスプランニングでは、わざわざ生産活動・販売活動を低税率国に移さなくても、高度なテクニックを駆使して法人所得そのものを合法的に低税率国に移転することが可能である。第3章で取り上げるOECDのBEPSプロジェクトはこのことを問題にしている。その観点から法人税の表面税率を引き下げることの重要性を認識させた改革である。

消費税・所得税を増税して国民負担を高め、企業負担の社会保険料を軽減するという政策は、一見国民にとっては受け入れがたいもののようだが、当時（そして、今も）ドイツ経済の課題は、企業の高い社会保障負担が雇用を抑制する一因となっているので、企業の社会保険料負担の軽減を図り、雇用の確保と経済競争力を確保することであった。このような背景から、一連の改革は、国民からも受け入れられるものとなった。

(3) 金融所得の一元化（２００９年）

２００９年からは、利子・配当・株式譲渡益（キャピタルゲイン）といった金融所得に対する課税方式を大きく変更した。それまで給与所得などと合算して15％から45％までの累進税率で課税していた利子と配当（ただし配当は半額のみ課税）と、１年以内の譲渡等投機的売買の場合（半額が総合課税）以外は非課税となっている株式譲渡益について、一律25％の税率で源泉分離課税することとしたのである。

具体的には、ドイツの金融機関で本人確認された口座を通じて預金、株式売買等を行う場合には、そこから生じる利子・配当・株式譲渡損益等について、すべて口座の中で通算し、最終的な所得を金融機関が25％の税率で源泉徴収し、税務署に納付する。本人は申告する必要のない、源泉分離課税とするということである。また、自らの所得にかかる限界税率が25％以下の納税者は、税務署に還付申告を求めることができる。

このような制度を導入する理由の一つに、貯蓄・資本の国外流出を懸念したドイツ銀行業界が、簡素で確実な納税制度の導入を働きかけたということがあった。海外への資金逃避を嫌ったドイツ銀行業界が、簡素な税制を受け入れることにより、ドイツ人の投資を海外に逃避させないようにと考えたのである。

ドイツでは、銀行機密を国是とするリヒテンシュタインなどのタックスヘイブンの銀行に預金をする高所得者が多く、そうなれば元本ごと課税はできなくなる。それを防止するために、定率で源泉分離制度による課税を行うことにより、金融所得についての本人の申告義務を不要とする税制改正を行ったのである。

これまでドイツでは、配当所得に対して、二重課税の完全調整を行うインピュテーション方式がとられてきたが、国外の株主・投資家にはそのような措置をとっていなかったことから、資本移動の自由を保障するEU憲章に違反するとのEU裁判所の判断がくだり、配当に対しては所得の半分を課税する方式に変更した。しかし、資本の効率化を求めてさらなる改革が指向され、配当等への金融所得を分離して低税率で課税する、北欧の二元的所得税の方向をめざすこととしたのである。

ドイツ税制当局は、この点を次のように説明している（ドイツ財務省へのヒアリング）。

「配当に対する税負担は、法人段階と個人段階の2段階で課税されているので、双方を勘案する必要がある。1年先行して行われた法人税の引き下げにより、配当所得への法人税・所得税を合算した負担は、個人所得税とほぼ同様となったので、二重課税の調整はもはや考慮する必要がなくなった。

つまり、配当に対する最終的な税負担額を計算すると、30％（法人税率）＋（1－0・3）×25％（配当税率）＝47・5％となり、所得税の最高税率45％とほぼ同一水準となった」

ということである。

このような改革の根源をたどっていくと、次のような問題意識に突き当たる。それは、ドイツをはじめとする先進各国の採用する包括的所得税の問題点が、経済の複雑化、国際化の中で顕在化してきたということである。資本所得と勤労所得等とを合算して累進税率を適用する総合課税は、これまで公平性の観点から理想の税制とされてきたが、経済・金融が国際化・複雑化するなかで、多くの問題を生じさせている。

具体的には、配当やキャピタルゲインに対し、法人段階と個人段階の両方で課税され二重課税となること、配当は法人税課税後から支払われる一方で支払利子は経費控除されるので、直接金融に比べて間接金融が有利となることから生ずる経済や企業活動への歪みが経済効率（資本効率）を低下させることなどが、強く意識されはじめたということである。

また、現実の包括所得税は、さまざまな優遇措置により課税ベースが大幅に縮小し、税収調達能力の低下を招いている。さらに、減価償却制度と利子控除を組み合わせて、損失を先どりするタックスシェルター（租税回避商品）の蔓延を招き、資本の効率性を歪め、税務執行コストを増大させてきた。加えて、金融技術の発達にともなう課税逃れへの対応という観点からも、簡素で効率的な税制の構築の必要性が望まれた。

このような問題意識から、２００３年11月のドイツ経済専門家委員会は、金融所得を勤労所得と切り離して定率で課税する二元的所得税方式への移行の提言を行った。そのステップとして、金融所得について一元的な税制を導入することとなったのである。(注3)

この税制については、スウェーデンの税制改革を取り上げるなかで詳細に論じる。

(4) わが国の改革への示唆

メルケル大連立政権の税制改革から学ぶ点は、財政再建と経済成長の両立をめざす税制改革をパッケージとして、強いリーダーシップのもとで行ったことである。

域内通貨統合を果たし、隣国と陸続きのEUでは、一国で法人に重い税負担を課すと企業や資本の海外流出をもたらし、経済や雇用に悪影響を及ぼす。そこで税制の中身を、成長志向、効率的なものに改めることにより、自国経済の活性化を図らざるをえないという事情があった。

とりわけドイツの年金、医療、失業、介護といった主要な保険の料率は40％を超えており（労使折半）、同じく労使折半である日本の約25％と比べてきわめて高い水準にあり、企業や人の海外流出や失業問題を引き起こしていた。このようななかで、企業の公的な負担を軽減することが雇用拡大につながるという理解が進み、法人税などの負担軽減が、一般国民からも一定の支持を得たのである。

わが国も財政再建と経済成長の両立という課題に直面しており、ドイツの包括的な税制改革には学ぶべき点が多い。

背景には、社会民主党（SPD）のシュレーダー政権が推し進めていきた構造改革が、メルケル政権時代になって効果が表れたという事情も付け加えておきたい。

3　税と社会保障を一体的に改革した英国ブレア政権

(1)　第三の道、ワークフェア思想

英国のブレア首相の税制改革は、社会保障・税一体改革と呼ぶにふさわしいものであった。わが国でも民主党がこれにならって政策を打ち出したが、道半ばで頓挫したことは記憶に新しい。

1997年、トニー・ブレアという若くて聡明な宰相の率いる労働党は、18年ぶりの政権交代を果たした。ニュー・レーバーとしてよみがえったブレア労働党は、「第三の道」と呼ばれるさまざまな新政策を実行に移していった。(注4) 最大の特色は、社会保障政策において、これまでの労働党の丸抱え福祉政策を改め、市場原理を取り入れ人々の労働インセンティブをうまく引き出しつつ、教育に力を入れることで中期的に国力を高めていく点にあった。

マーガレット・サッチャー、ジョン・メージャーという保守党政権の政策が経済を活性化させた半面で生み出した格差や貧困問題への対策が期待される一方で、かつての労働党の政策では「大きな政府」に逆戻りし、国民からいずれそっぽを向かれるという反省の上に立った政策であった。

政策の中心をなすのは、積極的労働政策と呼ばれるもので、失業手当等の現金給付、職業紹介や職業訓練などの就職支援、保育所の整備など働く環境の整備などを総合的・一体的に実行するものであった。

ブレア政権の政策は、弱者を再び市場に送り出すための支援に力点を置くことから、「トランポ

リン」政策と称された。背景には、「人々が市場の圧力によってなすがままにされるのではなく、市場の中で自立的に活動できる人間を育成することである。老後の生活は勤労を通じて自助努力により支えていく」というワークフェア思想がある。

英国の「福祉から就労へプログラム」の政策パッケージは次のとおりで、「セーフティーネット（を張り巡らせる政策）からトランポリン（のように自立を手助けする政策）へ」と称された。

①就職紹介支援と職業能力開発強化
②賃金を魅力的にする政策として勤労税額控除と最低賃金制
③働く環境の整備としてワーク・ライフ・バランス、保育所整備、労働規制（同一労働同一賃金）
④所得保障の条件として、所得調査付き求職者手当を受ける際の職業訓練・求職活動を条件とすること

「働くことによって貧困から脱出する」というワークフェア思想は、当時の米国クリントン大統領の政策とも呼応するものであった。このような、市場原理にもとづく経済効率を重視しつつ、教育・医療を中心とした公共サービスにおける政府の役割の拡大を図る手法は、「アングロ・ソーシャル・モデル」と呼ばれている。レーガン、サッチャーからの思想を一部引き継ぎつつも、格差・貧困という直面する課題に対して、新たな政策手段を生み出していったブレア、クリントンの知恵は、時代思想の大きな変化といえる。

(2) 勤労税額控除（ワーキング・タックス・クレジット）とは

ここで取り上げるのは、トランポリン政策の中心的な役割を果たした勤労インセンティブ政策としての勤労税額控除制度である。広く国民に利用されたこの制度は、おおよそ以下のような内容のものである。

「失業者・生活保護者などが働きはじめると、稼いだ所得分だけ手当は減額される。しかし、一定時間（週16時間と週30時間）以上働くと、勤労税額控除（給付付き税額控除の一種）という制度のもとでの給付が始まる。給付額は逓減していくが、本人は給付額に加えて勤労所得があるので、合計手取り所得は勤労するに従って増加していく。所得が上がると給付は税額控除（減税）に代わり、さらに所得が増えると減税はなくなる（フェイズ・アウトする）」という制度である。

この制度は、「働きたいが、働きはじめると税や社会保険料を支払う必要が生じるので、手取りが失業手当より少なくなる」という貧困の罠（poverty trap）を防ぎ、勤労にインセンティブを与え就労を促進することを目的としている。

さらに子供の数に応じて給付額を加算する児童税額控除制度もあり、子育て支援を行っている。また、チャイルド・ケア・エレメント（子供要素）という制度があり、子育てにかかった金額が税額控除できるようになっている。夫婦で共稼ぎしても保育費用がかかり、手取りがほとんど増えないということを防ぐために、税当局が認定する保育費・ベビーシッター代について一定限度まで国が給付（税額控除）するのである。子育て世代家庭が経済的に安定し、安心して子供が持つことができるようになることから少子化対策になり、貧困人口も減少したといわれている。

図表1・5　英国の給付付き税額控除（夫婦と子供1人世帯、2010年）

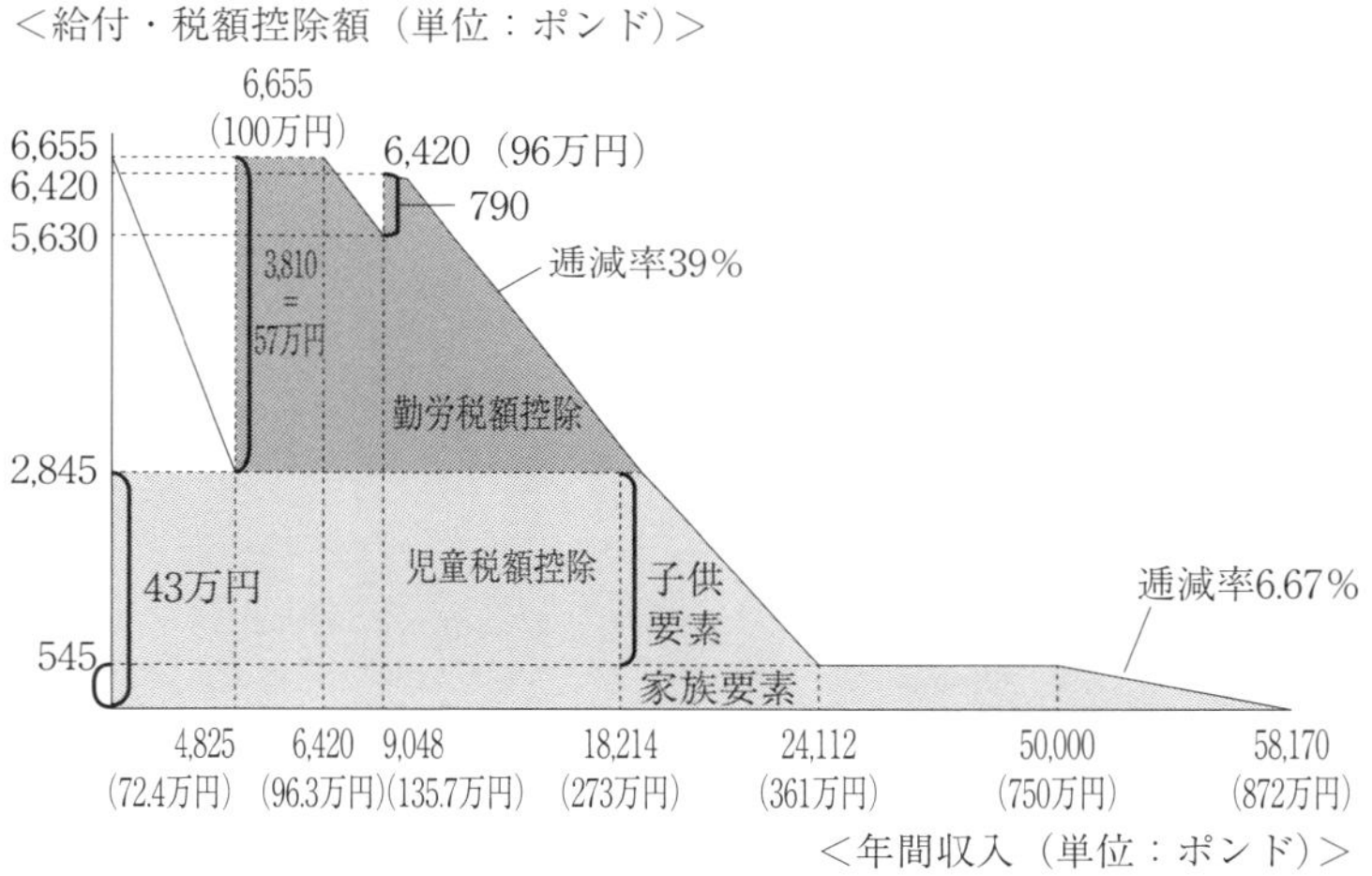

（出所）みずほ情報総研藤森克彦研究員作成（東京財団政策提言2010年「給付付き税額控除 具体案の提言」より）

ブレア政権によって開始された給付付き税額控除は、保守党に政権交代した後もデービッド・キャメロン首相によってさらなるバージョンアップが図られ、より包括的なユニバーサルクレジットとして現在実施されている。

ブレア時代の制度からの改良点としては、30種類ほどに分離していた社会保障制度を一元化して、受給者は自分がいくら給付されるのかインターネットで即時にわかるようにした点である。担当官庁もこれまでのバラバラを改め、雇用年金省（窓口はJob center Plus）に一元化した。この窓口にはインターネットを使えない申請者用の端末が用意されており、職員の説明を聞きながらその場で申請・受給額の確認を行うことができるようになっている。給付は原則として毎月、銀行振り込みで行われる。

内容も、就労もしくは勤務時間の延長で収

図表1・6　キャメロン政権のユニバーサルクレジット

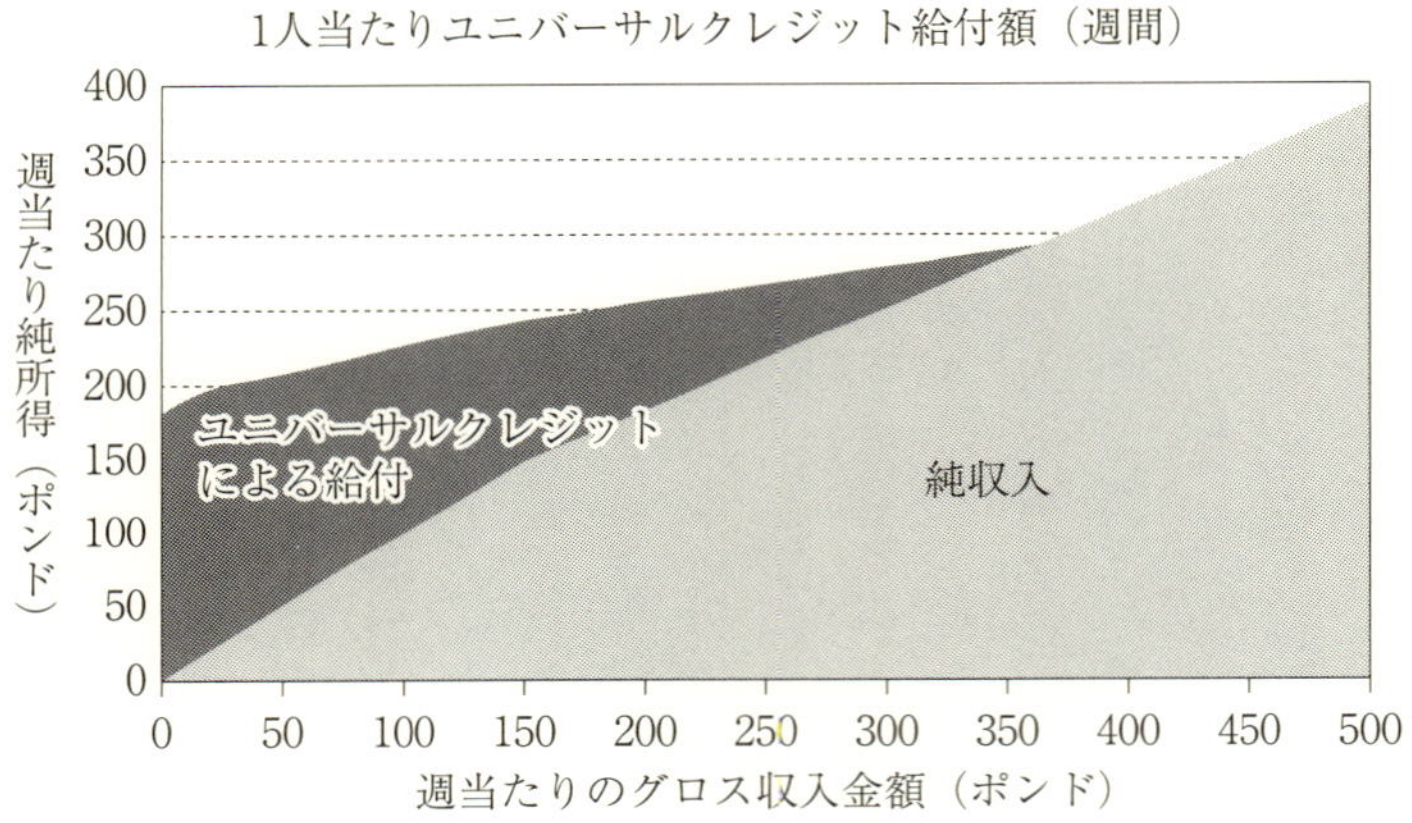

（出所）英国政府資料

入が増加した場合、これまでは給付が全額支給停止となってしまうことがあり、就労が家計の収入増につながらない事態が発生していたので、支給額を緩やかに減少させることにより、勤労収入の増加が必ず家計収入増につながるように設計し直した。また、所管官庁ごとに資産状況をチェックしていたことから、審査ミスや間違いが多発していた。英国歳入関税庁の推計では、２０１０年度22・7億ポンドの過大支給が発生していたが、申請手続きが統合され、申請事務が大幅に簡素化されたことにより、審査段階でのミスや間違いが軽減され、社会保障関係予算を長期的に抑制することが可能となった。

(3)　ブレア税制改革から何を学ぶべきか

ブレア税制から学ぶ点は、税制と社会保障給付を一体設計することの重要性、必要性である。児童手当や生活保護などの社会保障給付と税制を、整合性をとりつつ再設計していくことが効果的な政策につながる、ということを示している。わが国も、2016年1月から導入されるマイナンバーを活用しながら国民の所得を世帯単位で把握し、所得に応じた社会保障給付を適切に行うことで、社会保障の効率化を進めつつ、所得再分配効果を向上させることが可能になる。

アベノミクスで経済成長に力点を置く政策がとられているが、同時に格差・貧困問題への対応も進めていかなければ国力は回復しない。

その際、市場メカニズムのもとでの競争を否定するような反市場主義的に戻るのではなく、市場メカニズムを活用しつつ経済全体の底上げを図ることで格差問題に対処していくことが必要だ。勤労を通じて豊かな社会を作り上げるというワークフェア思想は、今日の日本にもきわめて重要な示唆を与えてくれる。

これらの点は第5章で詳細に述べる。

4　ワーク・ライフ・バランスを作り上げたオランダの税制改革

(1)　オランダ病からオランダの奇跡へ

オランダの税制改革は、女性を労働市場に参加させるインセンティブを与え、夫婦で労働時間を調整しながら子育てや人生を楽しむワーク・ライフ・バランスという世界モデルを作り上げた。

オランダを代表する画家であるフェルメールの絵には、優美な女主人が、裁縫や鍋を磨いたりする女性を取り仕切る場面がふんだんに描かれている。オランダは長い間、女性は戸外で働かず家庭にいて家事や育児をするもの、という慣習に縛られた国だった。

ところが1980年代はじめに経済が悪化し、社会保障支出の増大もあり財政赤字が急増した。失業率は10%を超え、社会保障負担の急増から財政赤字が拡大し、「オランダ病」という不名誉な称号も与えられた。この危機を克服するために、1983年、政府と経営者、労働組合の三者が、「ワッセナー合意」と呼ばれる合意を形成した。その内容は、

- 労働組合は自主的な賃金抑制に合意する
- 経営者は雇用の維持と時短に努める
- 政府は勤労者の所得を補塡する政策（減税と社会保障負担の軽減）と雇用の増加を促進する政策をとる

というものである。

合意の成立により賃金抑制策がとられたので、家族は共稼ぎをすることによって実質所得の減少を防ぐ必要が生じ、家庭にいた女性がパートタイム労働者として労働市場に参入せざるをえなくなった。その際、勤労をすることにより所得を得たにもかかわらず、税や社会保険料の新たな負担が生じたのでは、家計の手取りは増えない。このような事態に対処するため考えられたのが、勤労税額控除（Labor Income Tax Credit）という制度である。

この制度の概要は基本的に英国の勤労税額控除と同様で、勤労しはじめて低所得である間は、一定の給付（税額控除）を国からもらうことができ、未熟練労働者・パートタイム労働者の税・社会保険料負担を軽減させることにより手取りを増やす効果を持つので、専業主婦が勤労を始めるうえ

で大きな効果があった。この制度の導入に合わせて、失業手当を厳しく見直し、手当が高水準なため勤労より失業を優先する、というモラルハザードを断ち切った。

さらに１９９０年代にも、財政改革を含むさまざまな構造改革が行われた。働き方の選択肢を増やす方向での規制の強化、労働時間規制、パート・有期雇用者の均等待遇（同一労働・同一賃金）などが導入された。国際競争への対応を、非正社員を増やすことによってではなく、「正社員の働き方を変え選択肢を増やすことが生活の質の向上につながる」という考え方のもとで、ワーク・シェアリング、ワーク・ライフ・バランスを、ダイナミックな経済発展の戦略として位置づけていったのである。

その結果、オランダの雇用者数は他のＥＵ諸国を大きく上回る伸びを達成し、失業率は大幅に減少した。１９９６～２０００年の失業率は、ＥＵ平均が10・１％であるのに対し、オランダは４・５％と、完全雇用というべき状況にも達し、今度は「オランダの奇跡」と呼ばれたのである。この伸びの大半がパートタイム労働者、わけても家庭の主婦であった。25歳から54歳の女性の就業率をみると、94年には59％であったものが、２００４年には74％へと上昇している。

このようにして「１・５型の経済」（1世帯当たり１・５人の稼ぎ手）といわれるオランダ流働き方、ワーク・シェアリングが確立していった。

パートタイム労働者に正規雇用の労働者と同等の労働条件を認め、皆で仕事を分かち合うワーク・シェアリングは、「同一労働・同一賃金」が前提となる。オランダでは、ワッセナー合意から10年以上の年月をかけてこれらの条件を実現する努力を続けてきた。

この結果、女性の雇用機会はさらに拡大し、男女ともに世帯単位で人生の多様な局面に応じた働き方が選択できる労働形態が形成され、労働に対する価値観も変わり、ライフスタイルも変わっていった。子育て期、老親の介護などに追われる中高年期といった人生の各段階で、その時々のニーズに対応して働き方を選べる「仕事と生活の調和（ワーク・ライフ・バランス）」が実現し、今日の豊かな生活につながっていったのである。

ワッセナー合意以降ワーク・シェアリングが定着しワーク・ライフ・バランスが確立するまでのオランダの政策を丹念にフォローしていくと、税制と社会保障を一体的に設計してきたことが挙げられる。

(2) 所得控除から税額控除へ

2001年には所得税を中心に抜本的な税制改革が行われた。雇用の増加、国際競争力の強化、勤労所得への過重な税負担の軽減などを目的とした各種所得控除の整理による課税ベースの拡大、税制の簡素化などを内容とする所得税の大改革である。

具体的には、所得税と社会保険料の統合、最高税率の引き下げ、所得控除の税額控除化による課税最低限の縮小（課税ベースの拡大）、税率の刻みを減らすなどの所得税の簡素化、最低税率のみの納税者は申告不要とする納税方法の簡素化などが挙げられる。

改革の大きな流れは、所得控除から税額控除へ、そして給付付き税額控除へ、というものである。これは、累進税率構造のもとでは所得控除は高所得者に有利になるので、税額控除に変え、さらに納税をしていない低所得者層には給付を与えることにより所得再分配機能を強化するという考え方である。

税額控除の方法は、税負担と社会保険料負担を相殺させるというもので、そのために、1990年代初頭に、所得税と社会保険料の統合が行われた。

もう一つ注目すべきは、BOX（分類）課税システムへの移行である。個人の所得を、①勤労所得と帰属家賃等、②大口持ち分所得からの資本所得、③貯蓄・投資所得の三つのBOXに分けたうえで、①については、累進課税、②の資本所得については25%、③については30%の比例税率を適用することとした。勤労所得と資本所得等異なるボックス間での損益通算は認められない。法人税率は30%と35%の2段階で、配当の二重課税の調整はない。

③の具体的な課税方法は、オランダ居住者について、貯蓄と投資の時価総額（負債は控除）を年初と年末に計算し、その平均値から2万ユーロを差し引いて課税ベースを出し、みなし収益率として4%を乗じる（税率は30%なので純資産額に1・2%の税率を課すことになる）という税制で、かわりに資本逃避や租税回避を引き起こす要因であった富裕税は廃止された。

直接的なねらいは、これまで非課税であったキャピタルゲインを課税対象に取り込むことであったが、資本所得税を資産保有税で代替した点に税制として意義が見出される。もっともボックス3で課税される税収は全体の1%と、資本所得税の代替というほどの規模ではない。このようなオランダの税制改革は、後述するスウェーデンの二元的所得税の思想に通じるものである。

税制改革の結果、所得税と社会保険料は一元化され、勤労所得に対して課された税・社会保険料

図表1・7　オランダの2001年税制改革

1、所得税改革
・所得税の課税ベースの拡大―基礎控除等の人的控除を所得控除から税額控除に。低所得者対策として、児童税額控除や勤労税額控除を導入
・税率の引き下げ―33.9～60％から、32.35％～52％へ

2、ボックスタックスの導入
・金融所得に対する適正な課税を行うことを目的に、所得を三つのボックスに分類。ボックス3は、富裕税に代わるものとして導入。資産からの収益率を一定（4％）とみなし、資産価格の1.2％を税額とする税制

ボックス1	勤労・事業・居住用住宅からの所得	33.6％～52％
ボックス2	大口株主・出資者の持ち分所得	25％
ボックス3	資産からのみなし収益	30％

（出所）筆者作成

合計額に対して、基礎的税額控除と勤労促進を目的とした勤労税額控除の双方が適用される（相殺する方式で給付はない）こととなった。

一連の所得税改革は、付加価値税（消費税）の引き上げとほぼ同時に行われたが、全体として、30億ユーロの減税超過であった。女性の労働供給を増加させるとともに、課税ベースの拡大を通じて所得再分配機能が強化された。

2001年税制改正の効果・影響について、財務省から2005年に出された報告書（『課税ベースの拡大、税率のフラット化、簡素化は達成されたか？　2001年税制改革の評価』）は、効果が上がったと高く評価している。もっとも、2008年のリーマンショックを機に財政状況が悪化したため、現在、所得税制のさらなる見直しが検討されている。(注5)

また、所得税の課税単位をこれまでの家族単位から個人単位に改め、家庭の主婦を所得を稼ぐ単位とした。そのうえで所得のない（したがって使えない）配偶者の基礎控除分を、所得のある一方の配偶者が使える移転的基礎控除と

いう税制を導入した。この制度は、個人単位税制のもとで、控除額を夫婦がフレキシブルに使えるようにすることで、夫婦の勤労のあり方にかかわらず、税負担を一定にするという考え方によるものである。今日のわが国の配偶者控除のあり方を考えていくうえで大いに参考になる（第5章参照）。

(3) オランダから学ぶ

このように、「社会保障」と「税制」と「雇用政策」を一体として運営・実行していったところにオランダの政策の特色がある。オランダ流のワーク・シェアリングをワーク・ライフ・バランスに持っていく前向きの政策努力は、わが国でも参考になる。そのためには、国の役割だけでなく、企業、労働組合、家庭における夫の役割が重要なカギを握っていることはいうまでもない。

また、所得控除から税額控除への変更を行った大胆な税制改革は、所得再分配の強化という観点から大きく評価される。今後のわが国の税制改革を考えるうえで重要なヒントとなるものだ。

5　税制を変革して経済を復活させたスウェーデン

(1) ヒト、モノ、カネの国外逃避

不動産バブル経済が崩壊した１９９０年代、スウェーデンは、バブル経済崩壊に伴う経済の停滞に加えて、高い税や社会保障負担のもとでヒト、モノ、カネの国外流出が生じ、社会保障をまかなう十分な税収が上がらないという深刻な問題を抱えていた。

ヒトの面では、テニス選手のビヨン・ボルグ、映画監督のイングマール・ベルイマンなどの有名人が租税回避を目的として海外移住をした。また、所得税の最高税率が70％を超えていたため、医者や弁護士といった高所得の労働者たちが労働時間を調整する、あるいは後述するように複数の別荘を購入して租税回避を行うなどの行為が広まり、人々の納税モラルも低下しはじめていた。モノ（法人）の世界でも、企業は国際競争力を失い、スウェーデンを代表する企業が海外に本店を移すなどの事態が生じた。

カネの世界では、高所得者層の資本逃避が進んでいった。利子・配当・キャピタルゲイン（株式譲渡益）といった金融所得は、給与所得などの勤労所得と合算して累進税率を課す包括的所得税（総合課税）制度がとられていた。そのため、高所得者の金融所得に対しては高率の税が適用されるので、それを回避しようと高所得者が資本逃避を進めたのである。ひとたび外国に逃げた資本への課税は困難となる。

さらにスウェーデンの厳格な包括的所得税のもとでは、住宅投資を行った場合の借入金利子が経費として控除されるため、高所得者層が過大な住宅投資を行い、減価償却と利子控除により人為的な損失を作り上げ、自らの税負担を軽減するという租税回避行為が蔓延し、国家の歳入は落ち込み、社会の活力が失われつつあった。

このような事態を打開するために、法人が生み出す所得や資本から生み出されるキャピタルゲインや利子・配当所得など（これらを総称して資本所得という）の課税を、勤労所得と分離して異なる税体系で課税するという考え方が出てきた。

この税制は、二元的所得税と呼ばれ、北欧諸国から始まりその後の先進諸国の税制に大きな影響を及ぼすことになる。これにより、法人税率は52％から30％へとほぼ半減されるとともに、人為的な損失を生み出して勤労所得と相殺する租税回避は封じられた。

(2) 二元的所得税とは

二元的所得税とは、個人の所得を、賃金・給与等の「勤労所得」と、利子・配当・キャピタルゲイン・不動産所得等の「金融・資本所得」(以下、資本所得)との二つに分けて、勤労所得にはこれまでどおりの累進税率を課すが、資本所得は合算して分離し、比例税率を課すという税制である。資本所得の税率は、法人税率や勤労所得の最低税率(30％程度)と同水準に設定する。また、資本所得の中では、損益通算や損失の繰越が可能だが、勤労所得と資本所得の間の損益通算は原則としてできない。

基礎となったのは、デンマークの経済学者S・クノッセンの理論である。それは、「労働に比べて資本の供給弾力性は大きいので、資本に対しては勤労より軽い税率で課税することが効率的である」という最適課税論の考え方にもとづく。

この税制導入後は、税収も回復し、経済も活性化し、グローバル経済のもとで高度福祉国家を維持することが可能となった。

二元的所得税には問題もある。

第一は、所得再分配の問題である。高所得者層に偏る資本所得を分離して所得税の最低税率で課

図表1・8　二元的所得税

—S.Cnossen, “Dual Income Tax”（1997）に基づく概念図—

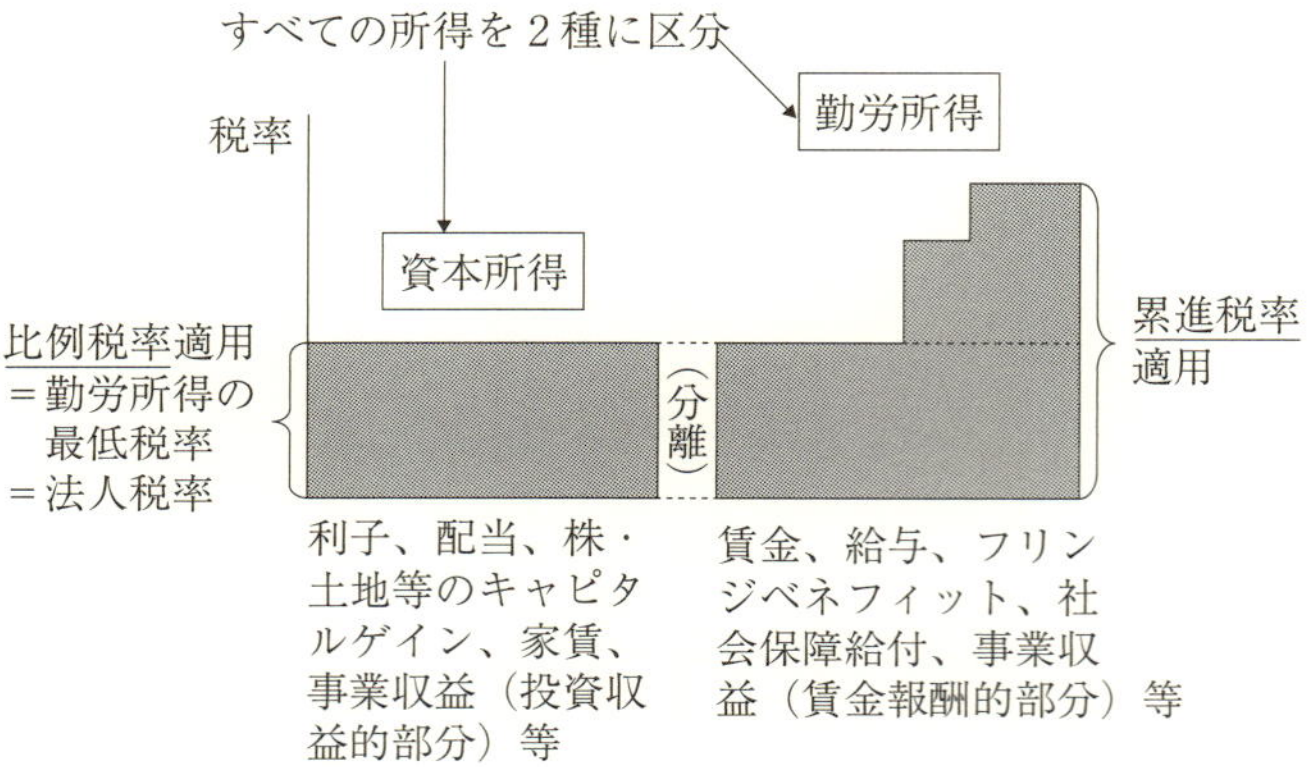

（出所）政府税制調査会資料を加工

税するという発想は、これまでの、公平性を重視する税制の考え方からは受け入れられにくい。

そこでスウェーデン政府は、このような所得再分配上の問題に答えるために、給付付き税額控除の導入など所得再分配機能の強化を行うとともに、住宅手当や子育て支援などの社会保障支出の拡充をあわせ行った。これは、効率的な税制の構築に、社会保障支出の拡充などを組み合わせることにより、全体として公平と効率のバランスをとる改革が行われたということである。

次に、二元的所得税のアキレス腱と呼ばれる問題もある。自営業者、企業オーナーの所得は、資本を活用する資本所得と自らの労働である勤労所得が合体したものといえる。両者は適用税率が異なるので、これをどう適切に分割して課税するかという問題が生じる。また納税者としては、ストックオプションなどを活用して、勤労所得を資本所得に転換し税負担を軽減させるインセンティブ

図表1・9　スウェーデン税制改革の全貌（1991年税制改革の税収見積もり）

税率引き下げと課税ベース拡大による中立化

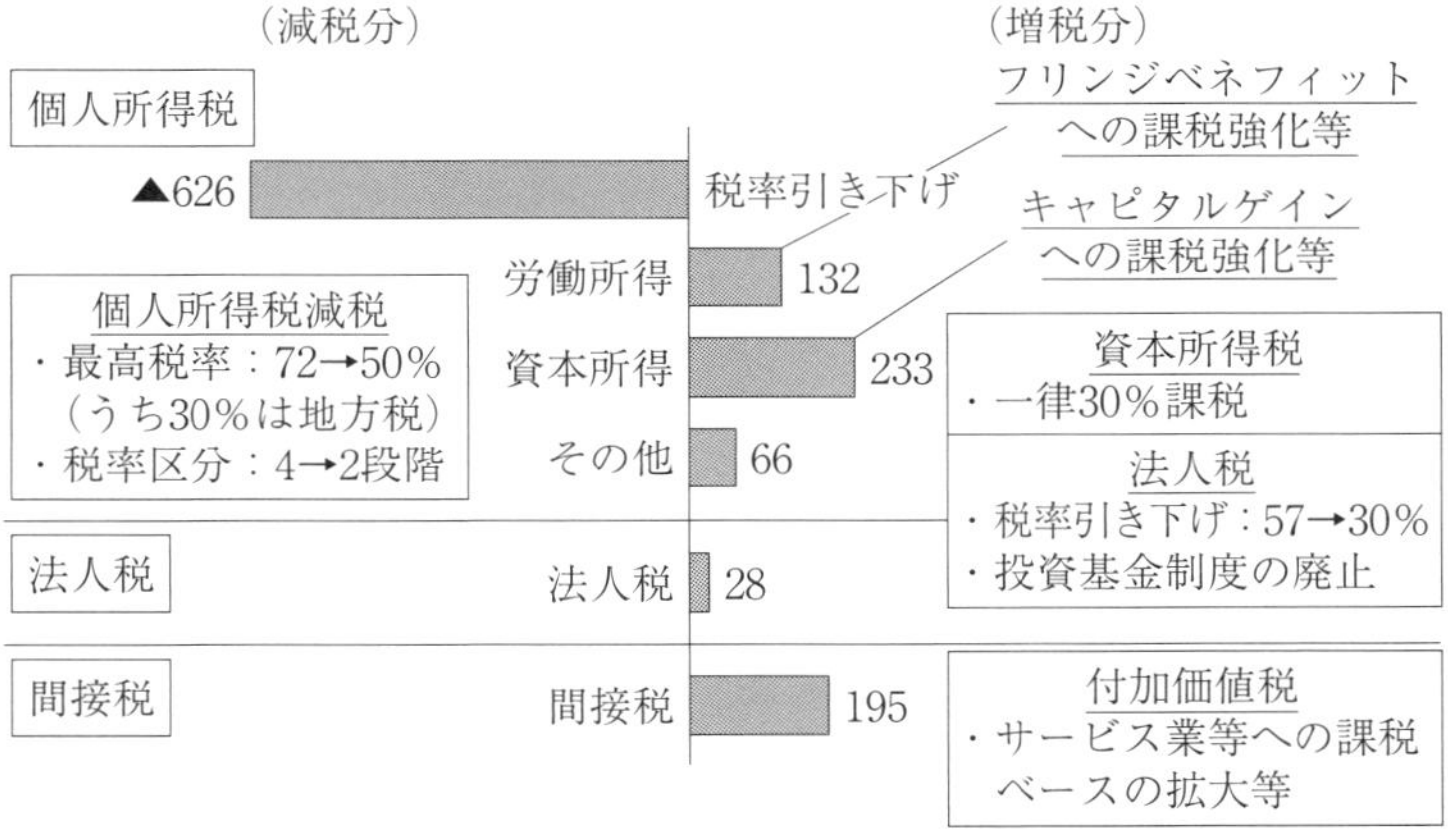

（出所）内閣府（2002）「世界経済の潮流―世界に学ぶ―日本経済が直面する課題への教訓（税制改革、ワークシェアリング）」2002年春

が働くので、これを防止する必要がある。今日までこの問題は北欧諸国にとって頭の痛い課題となっている。

(3)　二元的所得税の評価

この税制は、包括的所得税がグローバルな経済に対応できなくなってきたという現実への対応として、いわば「緊急避難的」に考案・導入された税制といえる。しかし、グローバル経済に伴う法人税率引き下げ競争や資本逃避という現実は、世界共通の課題であり、ＯＥＣＤはこの税制を、「厳格な税理論に裏打ちされた税制ではないものの、グローバル時代の諸問題に対処するため、包括的所得税から消費課税へ移行する中間的な性格を持つ、本格的税制、効率的税制」として位置づけている。

これまで、公平性の観点から理想的とされてきた包括的所得税を捨て、資本所得を分離して課税する二元的所得税の採用は、先進各国の税制に大きな刺激を与えることになった。

北欧諸国において導入された後、オーストリアやベルギー、イタリア、オランダ、ギリシャ、ドイツでも、この税制の基本的な考え方をもとにした税制改正が行われ、欧州諸国における税制の一つの流れとなっている。この税制が経済のグローバル化や国際的租税競争への対応策として現実的な税制としての存在意義を認められつつあることを示している。

コラム　二元的所得税の論点

2001年OECD租税委員会の場で、二元的所得税をどう捉えるべきかについて、以下の概要の議論が行われた。(注6)

二元的所得税の最大の論点は、勤労所得と資本所得の間の水平的公平性の問題、つまり資本所得のほうが勤労所得より軽課（低率）になることの論理である。勤労所得は、就労リスク、疾病リスクなど資本所得より大きいリスクがあるうえ、資本所得を得る人は高額所得者で、資本所得のほうこそ重課すべきであるという批判がなされた。これに対しては、ある種の資本所得のリスクはもっと大きい、現代福祉国家は社会保障を充実させて勤労所得に対するリスクを十分補償しているといった反論が行われた。

次に、効率の観点からは、二元的所得税は、包括的所得税の持つ、稼得と消費という時点の異なるライフサイクルを通じた税負担の歪みを緩和すること、資本所得への軽課は、実質的なインフレ調整となること、包括的所得税の持つ資産ロックイン効果（キャピタルゲインに高率で課税すると資本の流動性が凍結されること）の軽減につながること、資本所得を比例税率にするので、租税回避インセンティブを減少させることなどが効率の観点から評価された。

二元的所得税が、これら包括的所得税の問題点を完全に排除できるわけではないが、ある程度「緩和」する効果を持つこと、資本所得に対しては、所得再分配機能よりも、税制の効率性のほうを志向するべきであるという考え方が評価された。

さらに簡素さの観点から、二元的所得税を資本に対する各種の優遇措置の整理と組み合わせることにより、課税ベースの拡大・税制の簡素化が図れる点や、比例税率の適用、源泉徴収の活用等という点も評価された。また、法人税と資本所得の税率が定率で同率になることから、法人税と個人所得税の統合が将来的に容易となるという点についても評価された。

議論の結果として、次の内容の取りまとめが行われた。

「二元的所得税は、一方で公平への配慮と歳入確保の必要性、また他方で効率性と中立性のバランスをとることを意図している。資本所得は高所得ブラケットに集中する傾向があるため、二元的所得税は、水平的公平と垂直的公平の双方の目的と相容れないかもしれない。しかし、支払利子は、包括的所得税においては、限界税率に対して控除されるが、二元的所得税においては、資本所得税率に対して控除される。結果として、二元的所得税は、実質的に、公平な税制であるといえるかもしれない。

また、資本は国際的により流動的で、その供給は弾力的なので、資本に低い税率を適用することは効率性に資する。さらに、比例税率は、包括的所得税につきものの現在と将来の消費の選択に関する歪みを減少させ、また異なる源泉を持つ資本所得間の課税の中立性を高める。……二元的所得税は、税制の全体的な歪みを減少させながら、純粋な包括的所得税と消費（支出）課税との間の現実的な中間的方策（middle way）として機能してきた」。

(4) スウェーデンの税制改革から何を学ぶべきか

スウェーデンの税制から学ぶべき点は、以下のとおりである。

スウェーデンは、グローバル経済の中で高福祉社会を建設・維持しつつ財政もきわめて健全な国である。高い国民負担率のもとで所得再分配が行きとどいている一方で、企業は高い国際競争力を維持しており、社会もきわめて競争的である。このような国家運営の背景には、資本に対する税負担を軽くする二元的所得税という効率的な税制の構築があったのである。

そのうえで、社会保障を充実し、国民に受益と負担の見えやすい国家を建設したことは、高齢化社会における国家モデルのめざすべきところである。(注7)

6 先進諸国の経験と知恵を活用する

以上、概観してきた先進諸国の経験から、わが国は何を学ぶべきだろうか。わが国の抱える問題との関係で改めて整理してみよう。

第一に、「経済成長と財政健全化の両立」である。レーガン税制からは、税収中立、つまり「課税ベースを拡大しつつ税率を引き下げる」税制改正の哲学を学ぶことができる。「税収中立」という前提を置くことで、税率を引き下げたいという要求が、課税ベースを狭くしている特別措置を整理すべきだという議論に直結する。結果として、「課税ベース拡大」による水平的公平性の拡大と、「税率の引き下げ」による経済活性化効果の両方の達成が可能になり、財政再建ももたらされた、という事実である。

ドイツ・メルケル連立政権が実施した消費税・所得税増税、法人税・金融所得減税という広汎なパッケージの改革は、経済活性化と財政再建を両立させることとなった。政権が強いリーダーシップで3年間にわたる税制改革パッケージを公表し、実践していったことは、大いに学ぶに値する。いまやドイツは、世界で最も強い経済と健全な財政を兼ね備えた国である。

第二に、「公平と効率の両立」である。スウェーデンの税制改革は、グローバル経済のもとで高度福祉社会を維持するためには、税制が効率的であることが必要との観点から、法人や資本所得といった資本に対する税率を思い切って引き下げ簡素にした。あわせて、給付付き税額控除などの所得再分配を強化する措置も導入した。これは、効率一辺倒の改革ではない。改革の結果、財政基盤が強化された事実からも、公平と効率の両立する改革の重要性を学ぶことができる。

第三は、「税と社会保障の一体改革」である。その考え方は、ワーキング・プアへの対策として勤労インセンティブを導入し、自らの労働を通じて生活を自立させていくという思想を社会に浸透させていくものである。この観点からは、英国とオランダの勤労税額控除制度や移転的基礎控除（家族控除）などが参考になる。とりわけオランダは、ワーク・ライフ・バランス、1・5型の経済を実践していくべく、それにふさわしい税制改革を現在も試行錯誤しながら進めている。

わが国が抱えている問題は、これらの国々と実に多くの点で共通している。長いデフレ経済からは脱出しつつあるものの、少子高齢化の中で経済にさらなる活力が求められている。この点は、経済を活性化する改革の必要性で、ドイツや米国の税制改革に学ぶことができる。次に、格差・貧困問題への対応である。この問題を放置すれば、経済成長にも悪影響を及ぼす。この点で参考になるのは、スウェーデンや英国、オランダの税制改革である。これらの改革から多くを学びとり、改革を地道に実行していくことが、経済成長と財政再建の両立に結びつき、わが国をよみがえらせることになる。

第2章　究極の法人税改革

アベノミクス成長戦略の目玉は法人税改革である。法人税率を「数年かけて20％台まで引き下げる」ことが閣議決定され、２０１５年度税制で、国・地方を通じた法人実効税率（現行34・62％）の20％台までの引き下げの第一段階が決まった。

第一段階の減税財源は、基本的に法人税の課税ベースを拡大することによってまかなわれており、第1章に述べたレーガン第2期の税制改革の系譜につながるものといえよう。課税ベースを拡大しつつ税率を引き下げることは、特定産業・企業への優遇税制を縮小するので公平性を確保するという効果があるとともに、税率を引き下げることによりわが国経済のこれ以上の空洞化を防ぐという意義や租税回避防止の効果があるなどのメリットがある。法人税負担が軽減される以上、恩恵を受ける企業は、内部留保としてため込むのではなく、賃金増や配当増、さらには投資の増加などによって、従業員や株主、さらには国民経済にその成果を還元していく必要がある。

問題は、世界的な税引き下げ競争の中で、法人税率のさらなる引き下げへの圧力が高まることである。究極的には、地方法人税を含め、地方消費税の増税も含めた抜本的な税制改革を行うことによるもう一段の法人税減税が避けられない。

1 日本の法人税負担は高いのか

(1) 表面税率による比較

わが国の法人税負担は、諸外国と比べてどの程度高いのか。これを検証するには、さまざまな指標を使っていろいろな角度からみていく必要がある。

財務省がよく使う「法人税率の国際比較」という図表(図表2・1)は、「実効税率」ではなく、国税・地方税の表面税率を足し合わせ損金算入分の調整をしたもので、基本的には「表面税率」である。実効税率というのは、企業が実際にどの程度の税負担をしているかという指標で、法人税負担額を税引き前利益で割って求められるものである。

2014年現在で世界の「表面税率」を比較すると、日本(東京都)は35・64%と、米国(カリフォルニア州)の40・75%についで高く、欧州諸国の30%前後、アジア諸国の25%以下と比べて10%程度高いことがわかる。なお、(東京都)と書いてあるのは、東京都が、条例により、法人住民税と法人事業税に超過課税しているためで、標準税率では34・62%である。

ここで注目すべきは、表面税率の数字は、国税である「法人税率」(25・5%)に、地方税である法人住民税、法人事業税(以下「法人2税」)を合算したもので、この地方法人2税がわが国の

図表2・1　法人税率の国際比較（国・地方合計）、（2014年1月現在）

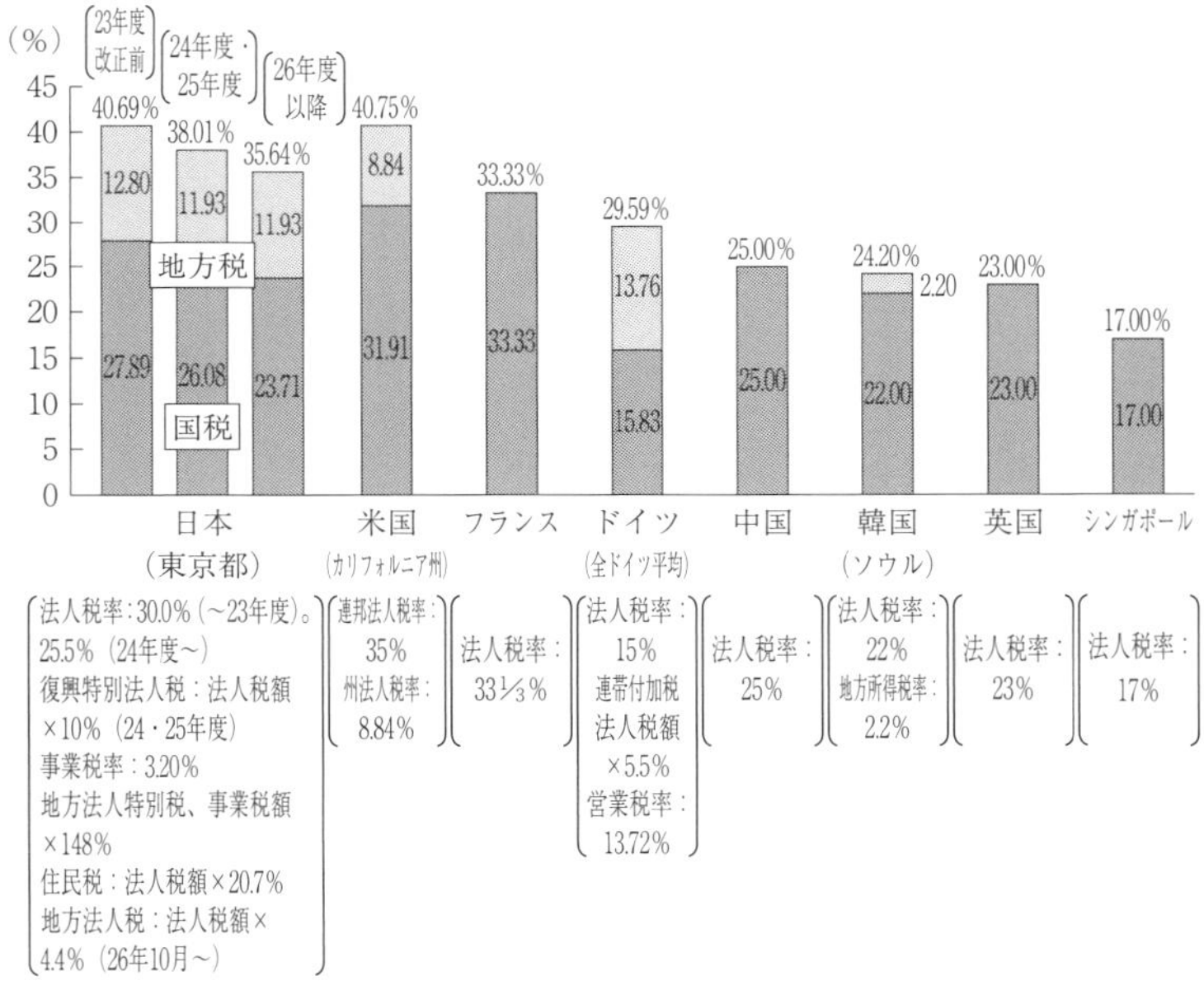

（出所）財務省資料

実効税率を引き上げているという事実である。これを除くとわが国の実効税率は国税だけになり、25・5%と、中国並みの水準になる。したがって、法人実効税率引き下げの検討を進めるうえでは、地方税である法人2税も含めた議論が必須であるということになる。

(2)　実効税率による比較

表面税率は、実際に法人が負担した税負担ではない。たとえばさまざまな特例措置により負担が軽減されている場合には、その状況が反映されていないという問題がある。そこで、実際に企業が利益の中から支払った税負担、つまり、「支払い法人税額」の「税引

図表２・２　法人実効税率の比較

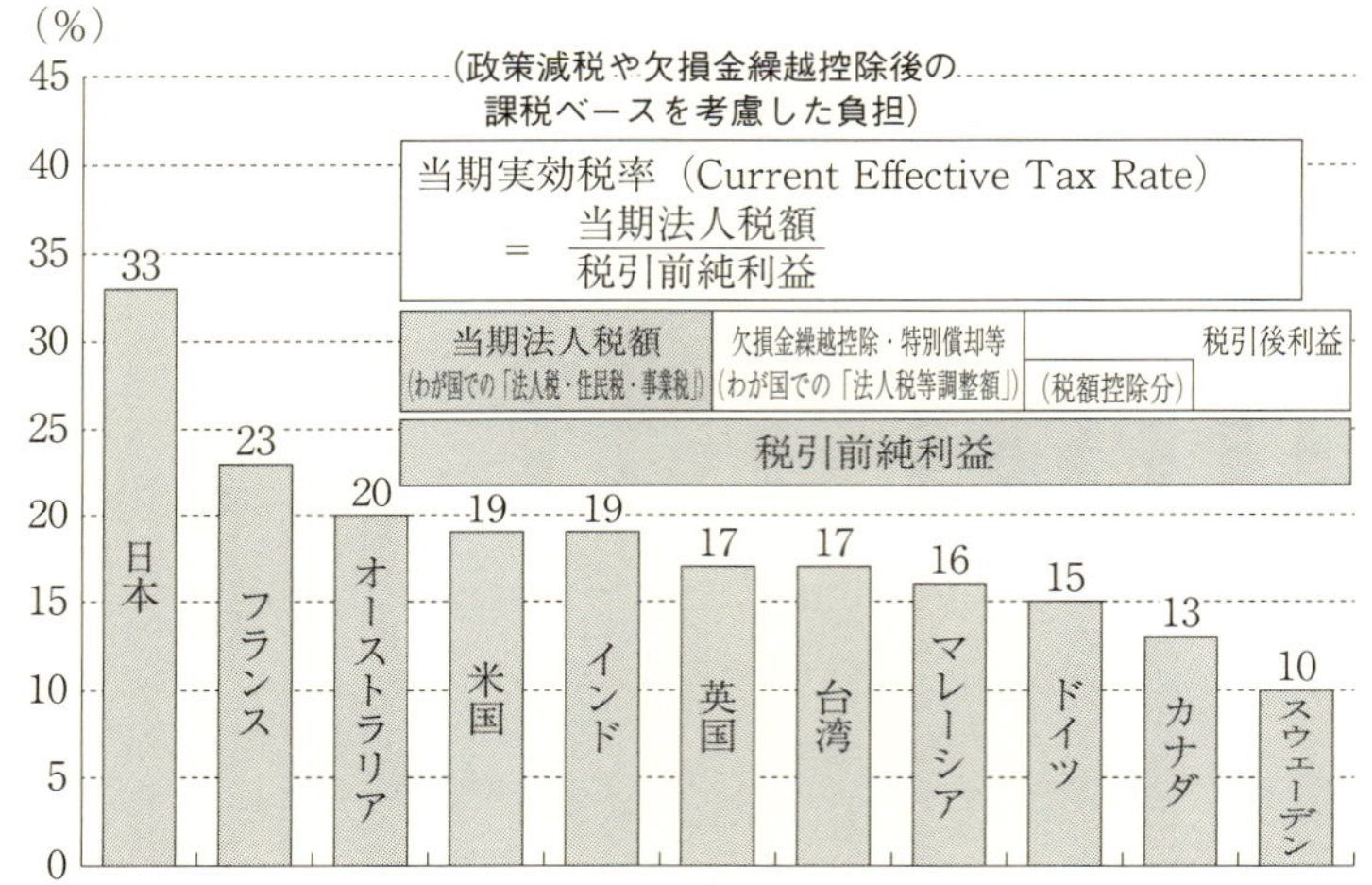

（出典）“CROSS-COUNTRY COMPARISONS OF CORPORATE INCOME TAXES”
（K.Markle, D.Shackelford, 2011年〈NBERワーキングペーパー〉）

き前利益」に対する比率である「実効負担率」という指標で比較してみよう。

米国のＮＢＥＲ（全米経済研究所）が企業の損益計算書から試算した数値で比較すると、わが国は33％、米国は19％と、日米が逆転する（図表２・２参照）。

もっとも、この「実効負担率」という数値は、ＧＤＰ統計や法人統計などからマクロ的に求めたもので、分母の企業所得の計算にあたって黒字企業の利益と赤字企業の赤字が相殺されてしまうため、赤字企業が多いと実効税率の数値が高く出るという問題がある。

これに対して、日本では日経２２５種、米国ではＳＰ２００の対象企業のうち黒字企業だけを集計して比較する方法がある。これを用いて計算した経済産業省資料（２００４〜２００６）によると、わが国の負担率は39・６％、米国は31・９％、欧州主要国企業は軒並み30％以下となっている。この指標も、連結ベースの比較となっているので、世界各国で稼いだ所得や各国で納税した分が含まれており、自国の法人実効税率の高低を比較するには問題がないわけではない。

財務省がKPMG税理士法人に委託して、自動車製造業、エレクトロニクス製造業、情報サービス業、金融業について、実効税率負担を調べた結果をみると、業種ごとにばらつきはあるが、おおむね、日本の企業負担は米国、英国よりは高く、ドイツ、フランスよりは低いという傾向がみてとれる。(注1)

このように、実効税率を比べることは容易ではない。しかし、どのような比べ方をしても、わが国企業の実効負担率は米国企業のそれより高いことがわかる。表面税率で比べるとわが国企業のほうが低いのだが、それが逆転するのは、米国企業の行う巧妙なタックスプランニングによる。

この点については、第3章で詳細に述べるが、結論をいえば、マイクロソフト、グーグルなどの米国多国籍企業は、企業利益の源泉である無形資産の管理会社（IP子会社、インタンジブル・プロパティー・カンパニーと呼ぶ）を低税率国（タックスヘイブンも含む）に設立し、そこに無形資産の使用料（特許料や著作権料等）を集中させるプランニングにより税負担を軽減させている。薬品や清涼飲料など莫大な特許権・商標権等の使用料が入ってくる多国籍企業も、巨額な利益を海外の低税率国に留保して再投資にあてている。

最近では、タックスヘイブン対策税制の適用を逃れるために、（子会社を設立するのではなく）本社そのものをタックスヘイブン国に移転させるという究極の節税策（コーポレート・インバージョン）も盛んに行われてきた。オバマ政権もその対応に悩まされているが、背景には、米国の高い法人税率（表面税率）と、全世界所得課税という税制が影響している。

現行米国税制のもとでは、多国籍企業が米国外で上げた利益を配当として本国に還流させると、米国の高い税率との差額が追加課税される。企業はそれを嫌って、世界に散らばる子会社に利益を還流させず留保するという対応が一般的である。それに課税しようとするのがタックスヘイブン対策税制であるが、タックスヘイブンに設立した会社を親会社にして、自らを子会社にすれば（インバージョン）タックスヘイブン対策税制をも逃れることができるのである。表面税率が高いと、このような租税回避行動を誘発する。

(3) マクロ指標による比較

もうひとつ、各国の法人税の負担度合いを比較する方法として、GDP統計からマクロ的にGDPに対する支払い法人税額の比率を求めるという方法もある。国際比較（2012年）を行うと、日本3・2%、米国2・7%、ドイツ1・5%、フランス2・1%、英国3・1%、韓国3・5%と、わが国の比率はやや高いということになる。この比較も、米国ではLLCやS法人のように、法人だがパススルー税制が適用されるなど制度の相違があり、正確な比較はむずかしい。それを調整すると米国の負担割合は3・4%となるという財務省試算もある。

さらに、企業は法人税だけでなく、雇用者の社会保険料を半分以上負担していることも考慮する必要がある。そこで、この負担割合をみると、日本5・1%、米国3・2%、英国3・8%、ドイ

図表2・3　主要国の法人税率（基本税率）の推移

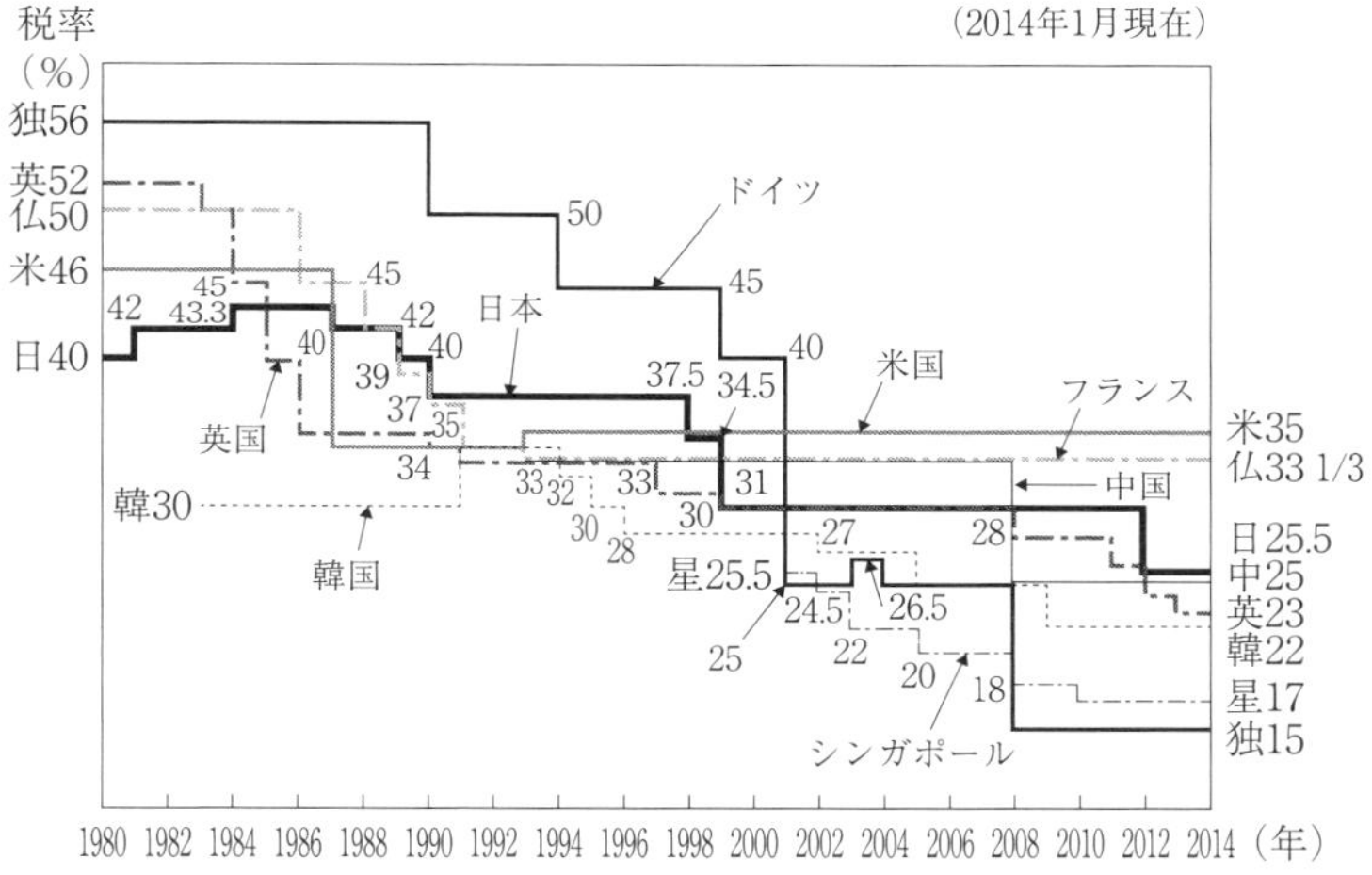

（出所）財務省資料

ツ6・7%、フランス11・3%（2012年）となっている。双方を合計すると、日本8・3%、米国5・9%、英国6・9%、ドイツ8・2%、フランス13・4%と、わが国企業の負担はドイツとほぼ同じでフランスよりは低いが、米英両国よりは高い水準にあることがわかる。

(4) 現実は引き下げ競争

このように、法人税負担が高いか否かの比較は単純、簡単なものではない。しかし現実は、ヒト・モノ・カネ、さらには無形資産が自由に国境を移動するなかで、各国とも法人税率を引き下げて他国から企業を呼び寄せようとする法人税引き下げ競争の真っ只中にある。たとえば英国の法人税率の推移をみると、2012年度は24%だったが、13年度に23%、14年度に21%、15年度には20%に引き下げられる。

ＯＥＣＤ諸国では、１９８２年から２００６年までの24年間に20％もの表面税率が低下した（図表２・３）。これは、各国に税率を引き下げ、自国に投資を呼び込もうという考えが蔓延していることを示している。わが国の法人税改革を考えていくにあたっては、そのような現実を前提におく必要がある。

2　法人税は企業の行動をどう変えるのか：「実効税率」と「表面税率」

次に、法人税が企業行動にどのような影響を与えるか考えてみよう。参考になるのが、英国シンクタンクＩＦＳがノーベル賞経済学者ジェームズ・マーリーズに依頼し、世界の経済学者が参加して作成した「マーリーズ・レビュー」である。同報告は、法人税の企業行動に与える影響を、「表面税率」「実効税率」「限界税率（投資１単位を行う場合に追加的に負担する税額）」の三つに分けて分析している。(注2)

企業が自国で生産するか他国で生産するか決定する際に影響を及ぼすのは「実効税率」である。一方、一国での投資水準に影響を与えるのは、政策減税などを加味した「限界税率」である。最後に、多国籍企業が利益をどこに留保するかという観点からは、「表面税率」が重要な指標となる。

この分析に従って、現在のわが国の状況に当てはめつつ、どのような税率の引き下げが必要なのかを考察しよう。

わが国の表面税率（地方税の損金算入を調整したもの）は、２０１４年度35・64％と、いまだ欧

図表2・4　マーリーズ・レビューの分析

表面税率・実効税率・限界税率

○マーリーズ・レビューではHorstman and Markuse (1992) 等の分析から、以下の４つの段階で、法人税が国際展開する企業行動に与える影響を整理している。
・第１段階：自国で生産・輸出するか、海外で現地生産（直接投資）するかを決定。
・第２段階：海外で現地生産する場合、どこの国で生産するかを決定。
・第３段階：投資先を決定のうえ、どの程度の規模で投資するかを決定。
・第４段階：どこの国に利益を集中もしくは帰属させるかを決定。
○意思決定の各段階において参考とする税率は異なってくる。

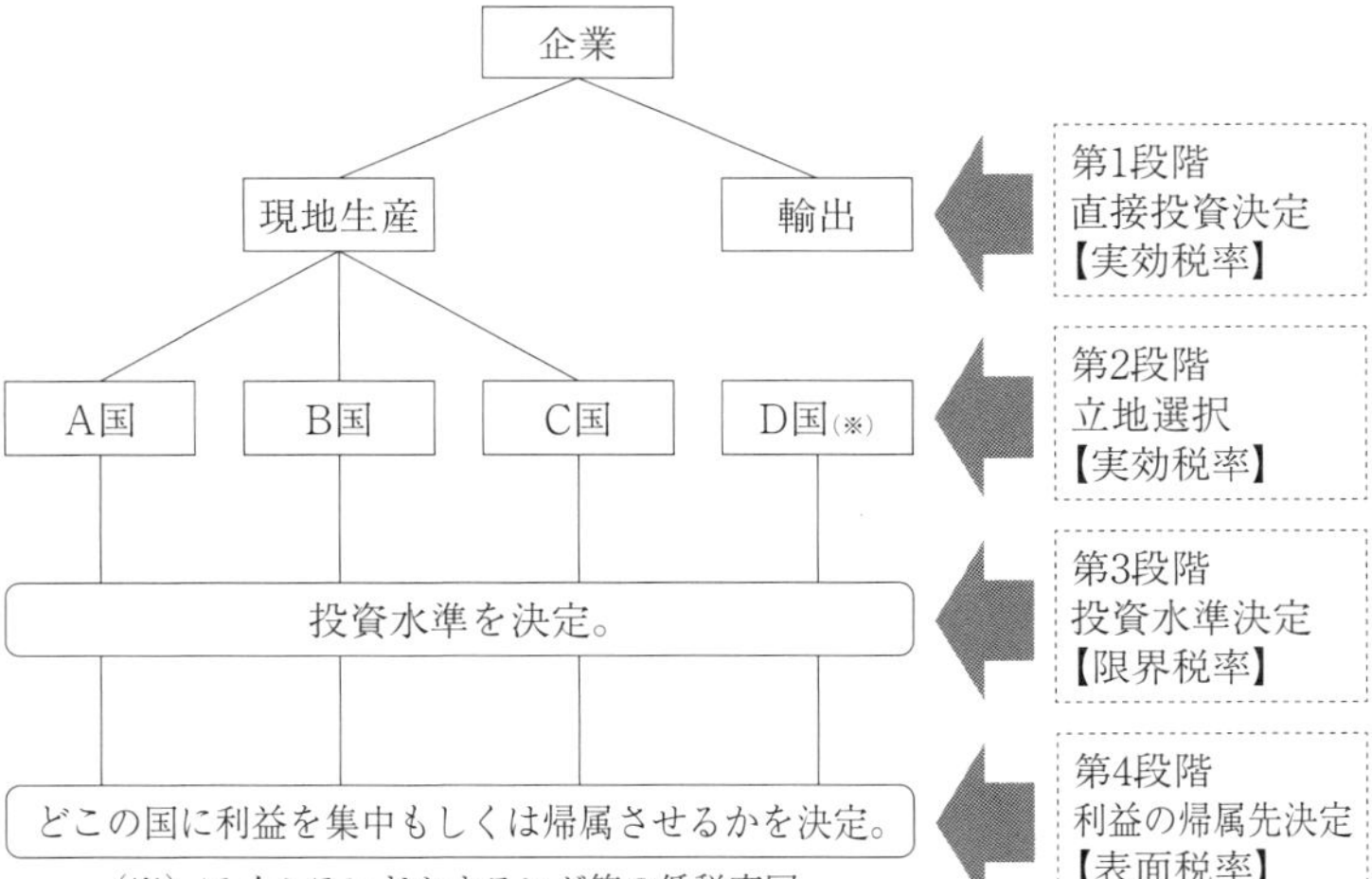

（※）アイルランドやオランダ等の低税率国

（出所）筆者作成

州先進諸国と比べて5%程度、アジア諸国と比べて10%程度高い。

この主たる理由は、冷戦終了後の1990年代以降、旧東欧諸国に端を発し先進諸国を巻き込んだ法人税引き下げ競争の結果、先進諸国の法人税率が1982年から1994年の間に10%程度引き下げられ、その後今日までさらに数%引き下げられるなど引き下げ競争が続いていることである。わが国でも、1998年、1999年、2012年と3度にわたって法人税率が引き下げられたが、依然前述のような差がある。

高い法人税率は、エネルギーコストなどと並んでわが国企業の立地コストに影響を与え、長く続いた円高の影響も加わって、グローバル企業を中心に海外移転・空洞化を招き、地方経済の雇用縮小の原因となっている。

したがって、一層の空洞化や雇用喪失を避けるためには、「実効税率」の引き下げによって、わが国の立地競争力を回復することが必要だといえよう。この観点からの税率引き下げは、わが国を取り巻く環境変化への対応という受け身の側面が強い。その先には、外国企業のわが国への誘致という目標もある。そこまで視野に入れると、税率以外の要因（成長戦略や人材など）も課題となり、また税率の引き下げ幅もより大きくならざるをえない。

一方、設備投資を誘発するための「限界税率」の引き下げは必要なのか。わが国企業の競争力を高める議論をする場合、法人税減税によって企業の税負担（コスト）が軽減された分が設備投資に回り、それが企業の国際競争力を高め、給与や雇用、さらには配当の増加につながり、経済の好循環が実現する、というストーリーが描かれることが多い。

しかし、これまでわが国は、デフレ対策と称して、度重なる政策減税を行ってきた。設備投資減税、研究開発減税などで、その結果、わが国の限界税率は先進諸国でも飛び抜けて低い水準にあるという試算もある。

また、限界税率引き下げ論に対しては、わが国の法人は2012年で1400兆円を超える莫大な内部留保、わけても200兆円を超える現預金を積み上げていることを根拠に、経済の先行きに対する確信が持てないなかでの設備投資誘発効果は限定的だという有力な反論がある。つまり、現下のわが国企業の手元流動性などから考えて、限界税率の引き下げが投資行動に大きな影響を与えるとは考えられないという議論である。

以下のような批判もある。これまでの投資減税の効果の十分な検証なくして追加的に減税を行うことは財政資金の無駄遣いだ、減税というアメで無理やり設備投資を増やせば、収益性の低い投資が行われるだけで、ますますわが国の成長力を弱めることになる、投資減税は、投資を行う重厚長大産業をそのターゲットとしているが、わが国の産業構造は、雇用の8割近くを維持しているサービス産業へと大きな転換をしており、彼らには大きな利益は及ばない、というものだ。

さらに、投資減税により国内産業の限界税率を引き下げても、外国からの企業誘致には結びつかないという批判も多い。外国企業の参入については、法人税減税以外の成長戦略のほうが重要であり、規制改革などで新たに利益を獲得できる分野を広げることが必要だというもので、特区を含めた、いわゆる「日本再興戦略」の実行がカギを握っているとする。このように、「限界税率」の一層の引き下げには消極論が多い。

では「表面税率」の引き下げについてはどうか。多国籍企業が低税率国に所得を移転させるプラニングが主要国サミットでも大きな課題になったが、わが国の直接投資の国別動向を国際収支統計でみると、オランダやケイマンなどのタックスヘイブンを経由する資金が急増していることがわかる（第3章参照）。

また、コーポレート・インバージョンという国境を越えた企業再編による租税回避も増加している。2014年4月、米製薬会社ファイザー社が英国製薬会社アストラゼネカ社に買収提案（その後批判を受けて撤回）をしたが、その目的は合併により本社を英国に移転（インバージョン）して税負担の軽減を図ることであった。米国法人税率（表面税率）は40％、英国は20％なのでその差は大きい。

インバージョンにより、企業が保有する特許権や商標権などの無形資産が、課税繰り延べで低税率国の親会社に移転される結果、合併後の利益は米国の課税権の及ばない外国企業の利益になる。米国は、将来の所得を生む「金の卵」を失うことになる。また、インバージョン時に外国親会社から多額の負債を負い、利払いにより米国企業から外国親会社に利益を移転させるプラニングを行えば、米国の税収は減ってしまう。

このような行為に対してブッシュ（子）政権時に防止措置が導入されたが、抜け穴が多くあり、現在もこの流れは続いている。たとえば、米国アプライドマテリアルズ社と東京エレクトロン社が経営統合したが、親会社はオランダに置かれた。このM＆Aに対して、米議会上院は、無形資産が移転され米国の税収が減ると警告を発している。

わが国でも、タックスヘイブンに親会社を作るインバージョン取引は、法律で規制されたものの、タックスヘイブンへの移転以外の取引は野放しの状況だ(注3)。

このような事例は、わが国でも「表面税率」を引き下げて租税回避のインセンティブを軽減することの必要性・重要性が高いことを物語っている。

以上の検討から、わが国で必要な法人税減税は、サービス業など広く全業種に恩典が及び、自国経済の空洞化を防止し、外国からの企業を呼び込む「実効税率」と「表面税率」の両方の引き下げだということになる。

「骨太方針2014」は、税率引き下げの目的として、「日本の立地競争力を強化すること」と「我が国企業の競争力を高めること」の二つを記述している。

そのうえで、2014年末に、「15年度を初年度とし、以後数年で、法人実効税率（現行：34・62％）を20％台まで引き下げることを目指す。15年度▲2・51％・16年度▲3・29％の引下げを決定する。その際課税ベース拡大等により、恒久財源をしっかりと確保する」という法人税改革の第1段階がまとまったのである。

3　法人税パラドックスと自然増収論

ＯＥＣＤ諸国の直近20年間の法人税率（法定税率）の動向をみると、ほぼすべての国で法人税率が引き下げられ、「Race to the bottom」とも呼ばれる激しい税の引き下げ競争の状況がうかがえる。

旧東欧諸国をはじめとする国々が法人税率を引き下げてドイツやフランスなどの企業を自国に引き込もうとする政策と、それに対抗する先進諸国のやむをえざる引き下げの結果であるが、EU諸国の状況を子細にみてみると興味深い事実が浮かび上がる。それは、1980年代以降一貫して法人表面税率は下がってきたが、法人税収の対GDP比は上昇しており、税収の低下は起きていないということである（図表2・5）。

これが、「法人税パラドックス」と呼ばれるものである。EUではこれについてさまざまな研究が行われている。代表的な研究では、これを法人税収、法人企業利益、営業利益（総利益）の三つに分解して調べ、以下のような結論を導いている。(注4)

パラドックスが生じた原因は、第一に、各国で（表面）税率引き下げと同時に課税ベースの拡大が行われたこと、第二に、個人から法人への所得シフト（法人成り）が生じたこと、第三に、税率引き下げにより企業のアントレプレナーシップが発揮され経済が活性化したことである。これらがうまく組み合わさって、税率は下がったが税収は確保されるという結果が生じたのである。

このことは、わが国の法人税改革にも重大なメッセージを伝えてくれる。それは、わが国の法人税改革も、「課税ベースの拡大」や「成長戦略・規制緩和」とセットで行われなければ、経済成長・税収増につながらず、パラドックスは生じないということである。逆にいえば、課税ベースの拡大や成長戦略とセットで行われれば、「経済成長と財政再建の二つが達成できる」ということでもある。

経済財政諮問会議でもこの法人税パラドックスが議論となった。その背景には、法人税減税の財

図表2・5　法人税パラドックス

法人税パラドックス（表面実効税率を引き下げても、GDPに占める法人税収は増加傾向）

◯EU15カ国（注）では、この10年間で表面税率を10％程度引き下げ。

（注）1998時点でのEU加盟国

表面税率と名目GDPに占める法人税収のウエイト
（対象：EU15カ国 1995～2007年）

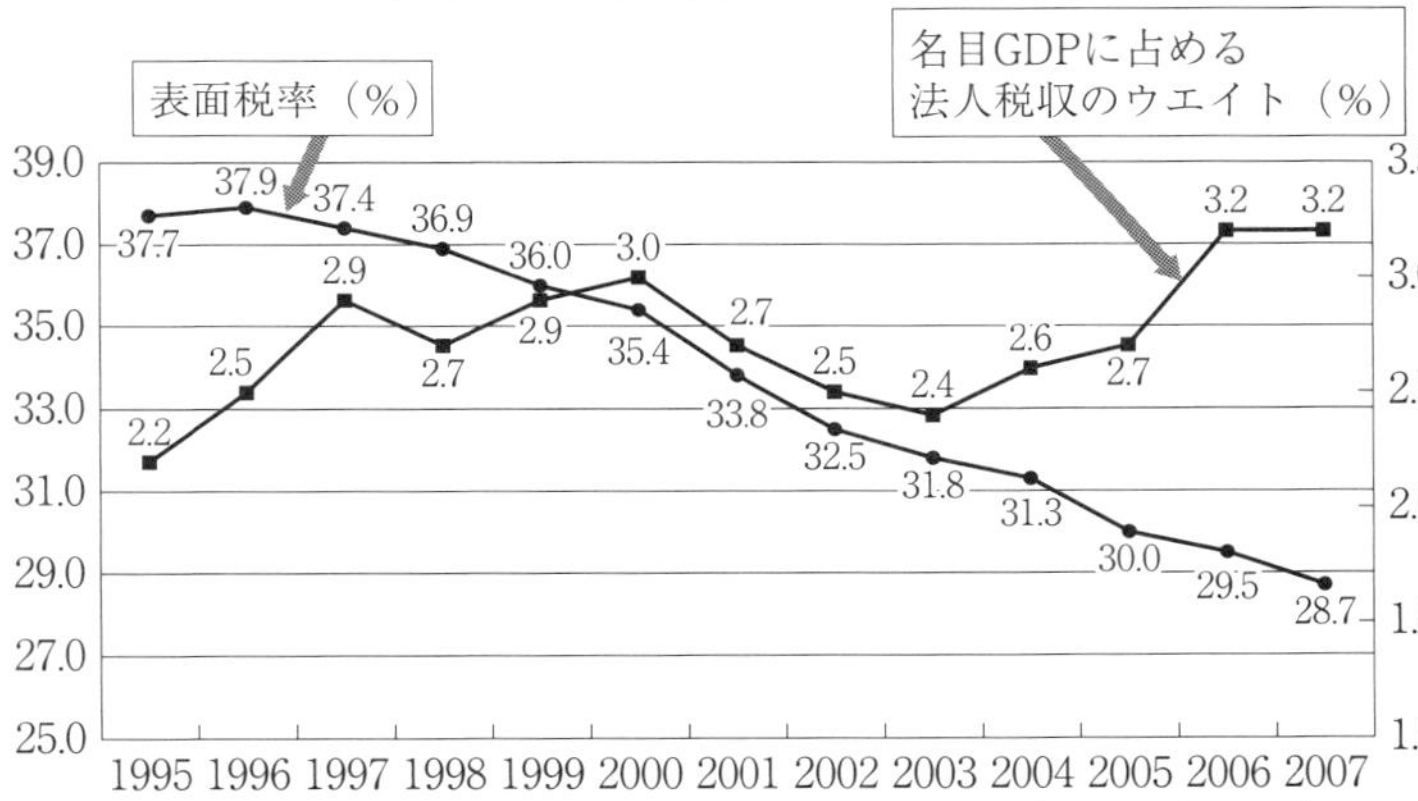

（出典）OECD Revenue Statistics及びIMFのデータから1995年～2007年におけるEU15カ国の表面実効税率、税収額、名目GDP及び実質GDP成長率を抽出し、経済産業省にて作成

（出所）経済産業省資料を加工

源をアベノミクスの経済政策による自然増収でまかないたいとする考え方がある。なかには、レーガン第1期の税制改革で脚光を浴びたラッファー・カーブと同じように主張する論者もいる。

しかし「法人税パラドックス」はラッファー・カーブとはまったく異なるものである。「法人税パラドックス」は、EU各国の実際の経済データ、財務データを詳細に分析した実証研究であり、理論というより現実の分析である。

一方、ラッファー・カーブは、経済学者のアーサー・ラッファーが唱えた「減税すれば経済が活性化し財政黒字が生じる」というレーガン第1期の経済政策の柱となった考え方だが、結果的に減税が大赤字につながったことから、後に「ブードゥー・エコノミクス」と呼ばれたことは、第1章で論じたところである。

２０１４年末に決定された２０１５年の税制改正大綱では、法人税減税の財源は、2年間それぞれ２０００億円程度の先行減税はあるものの、基本的には法人事業税外形標準課税の拡充を含めた課税ベースの拡大で捻出された。

コラム　自然増収による減税論を考える

２０１４年秋の経済財政諮問会議では、「中長期の経済財政に関する試算……をベースに、税収の実績が基準を上回った場合、その超過分を」財源にした法人税減税が民間議員から提言された。しかしベースとなる２０１４年7月の内閣府の試算そのものが、大変楽観的なシナリオにもとづき作成されていることは議論されていない。試算は、２０２０年度の名目経済成長率を3・6％と想定し、その前提として、わが国経済の生産性（全要素生産性：ＴＦＰ）の毎年の伸びをバブル期並みの1・8％としている。それでも財政目標である２０２０年度のプライマリーバランス（基礎的財政収支）黒字化には11兆円（一般会計ベースでは9・5兆円）不足すると推定している（その後15年2月に新たな試算が公表され、プライマリーバランス黒字化に必要な額は9・4兆円となった）。

このようなきわめて楽観的な内閣府試算を前提にして、「さらに」法人税収の自然増があると考え、それを法人税引き下げの財源として期待するのが経済財政諮問会議の議論であるが、この考えは現実的であろうか。新しい内閣府試算は、アベノミクスが成功したケースで、2020年度の一般会計税収を68・4兆円と見積もっている。この見積もりは、わが国の税収のピークであるバブル期の60・1兆円をはるかに上回るもので、消費税率の10%への引き上げはあるものの、法人税率は当時より10%以上下がっており、所得税も地方への税源移譲などで税収が伸び悩む中でのこの見積もりは、過大であろう。「それをさらに上回る」税収を自然増収として法人税率引き下げ財源に使うという議論は「捕らぬ狸」になる。仮に内閣府試算を上回る自然増収がでれば、それはプライマリーバランスの不足分9・4兆円の補填に活用すべきで、減税財源として先取りするのは財政再建との両立という哲学に反するのではないか。アベノミクスの成功により法人税パラドックスの自然増収が生ずれば、それは「おつり」と考えて、借金の減額にあてるべきだろう。

4　構造改革としての課税ベースの拡大

財政再建のため消費税率を引き上げている状況では、「課税ベースを広げながら財源を確保しつつ法人税率を引き下げていく」という考え方を基本にせざるをえない。問題は、その場合の具体的な課税ベースの拡大策である。

法人税の課税ベースは、産業ごと、個別企業ごとに異なっており、見直しの内容いかんにより、「総論賛成、各論反対」になる。租税特別措置の抜本的な改革を行うなら税率引き下げはいらないという結論になりかねない。

図表2・6　法人税の課税ベース——法人税額（国税）と税引き前利益の関係（平成24年度）

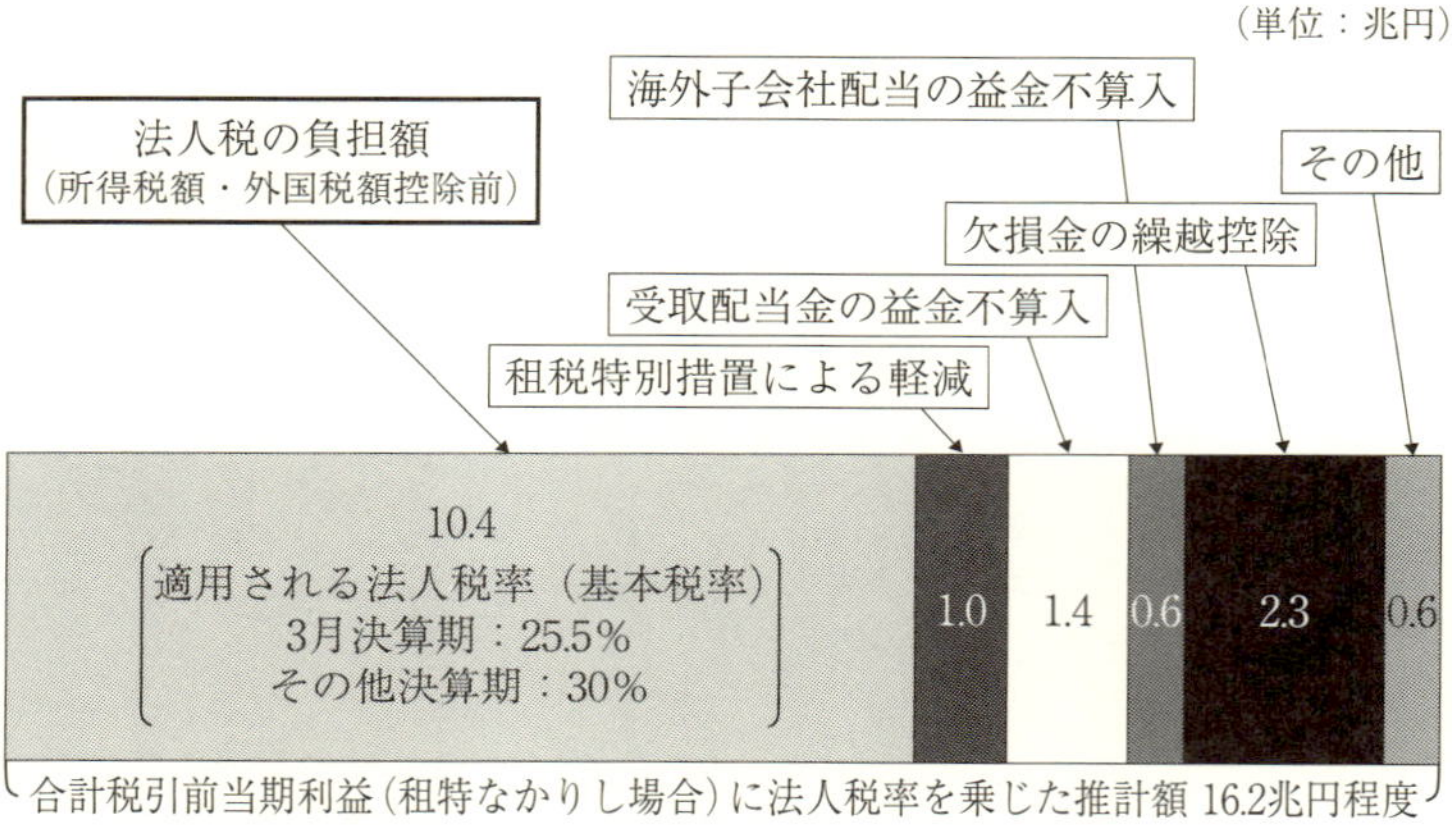

（注）　国税庁「会社標本調査」（平成24年度）等にもとづき財務省で推計。

わが国では具体的にどのような課税ベースの見直しが考えられるだろうか。財務省の作成した「法人税の課税ベース」という資料（図表2・6）をみると、欠損金の繰越控除により2・3兆円、受取配当益金不算入制度で1・4兆円、租税特別措置で1兆円の税収が脱漏していることがわかる。つまり、これを廃止・縮小することが課税ベースの拡大で、減収分の財源が得られるということである。

もうひとつ、図表2・7にみるように、租税特別措置の恩恵は、業種ごと企業ごとに異なっている。これを、どの企業にも平等に恩恵となる税率の引き下げに変えていくことが、課税ベースを拡大して税率を引き下げるということである。

さまざまな議論を経て2015年度税制改正では課税ベースは図表2・8のように見直された。

今後、課税ベースの見直し・拡大として議論となるのは、租税特別措置の見直しである。特定の

図表2・7　業種別法人税の税負担率

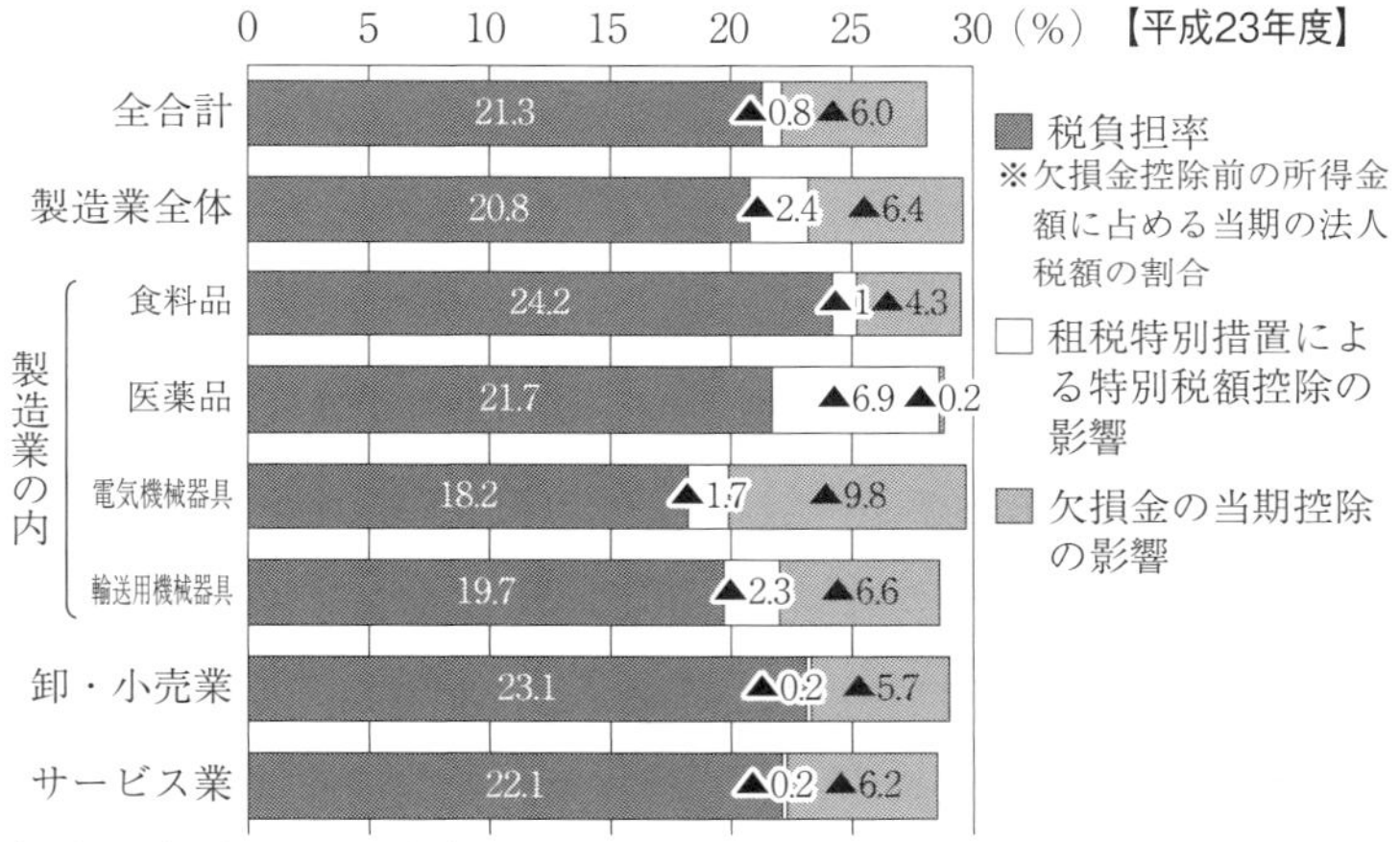

（注1）平成23年度の法人税率は30%
（注2）申告の集計データに基づき財務省で作成

産業にのみ恩恵が偏っていないか、政策効果が上がっているかなど十分な検証を行いつつ、これまでの累次の経済対策として優遇の程度が過大・過剰になっている部分を集中的に見直す必要がある。とりわけ、デフレ対策として導入された特別措置は、デフレ脱却が果たされれば役割が終了するので、期限がきた段階で廃止する必要がある。時限措置の租税特別措置は、時限が切られているからこそ効果がある。

もう一つ重要な見直し項目は、減価償却制度である。現在わが国の償却は、２００%加速度償却になっており、設備投資にインセンティブを与えている。この加速度償却制度を改め、通常（定額償却）に戻せば財源が出る。このような見直しはドイツや英国の税制改革でも行われたものだ。ただし、減価償却の見直しは、所詮期間損益の話なので、これによる財源は恒久財源ではないという見解もある。

図表2・8　2015（平成27）年度改正による課税ベースの拡大（財務省資料）

①　欠損金繰越控除の見直し（法人税）

◇欠損金の繰越控除制度が課税ベースを大きく浸食している状況を改善するとともに、控除制限を受けたくない企業には収益改善のインセンティブをもたらすよう、大法人の控除限度（現行：所得の80%）を、27年度に「所得の65%」、29年度に「所得の50%」に引き下げる。

◇繰越期間（現行：9年間）については……10年に延長する（29年度に生じた欠損金から適用）。

②　受取配当等益金不算入の見直し（法人税）

◇支配目的の株式と、それ以外の目的（たとえば、資産運用目的）の株式等との間で、取り扱いを分ける。

◇「支配目的の株式（＝持株比率が高い株式）」への投資については、経営形態の選択や企業グループの構成に税制が影響を及ぼすことのないように100%益金不算入としつつ、持株比率の基準（現行：25%以上）を「1/3超」に引き上げる。

◇「支配目的が乏しい株式等（＝持株比率が低い株式等）」への投資は……益金不算入割合（現行：50%）を引き下げることとし、持株比率5%以下の場合は20%益金不算入とする。

③　外形標準課税の拡大（法人事業税）

◇地方法人課税における応益課税を強化し、企業が「稼ぐ力」を高めるインセンティブともなるよう、大法人の法人事業税のうち、外形標準課税（現行：全体の2/8）を、27年度に「全体の3/8」、28年度に「全体の4/8」に拡大する。これにあわせて、所得割の税率（現行：7.2%）を引き下げる。

④　租税特別措置の見直し（法人税）

◇研究開発税制（総額型）

・控除限度額の総枠は「法人税額の30%」を維持しつつ、オープンイノベーションを推進する観点から、共同研究・委託研究などの「特別試験研究費」については、控除限度を別枠化（5%）する（限度超過額の繰越制度は廃止）。

5　成長戦略と租税特別措置の見直し

(1) 構造改革・成長戦略と租税特別措置の見直し

新陳代謝が活発に行われる経済を築くための税制として、既存の古くなった租税特別措置（以下、租特）を大胆に見直すことは大きな意義がある。租特の中には、わが国の政治経済体制の岩盤ともいえる政・官・財のトライアングルの中で既得権益を守る役割を果たしているものが数多い。したがって、その見直しは、活力のある経済に向けた構造改革にも結びつく。

つまり、「特定の納税者の負担を軽減することにより、特定の政策目的の実現を図ろうとする税制上の措置」である租特を、時代のニーズに合わせて抜本的に見直すことが企業の自由度を広げる成長戦略だ、といえる。

課税ベースを拡大することにより、これまで特例などで税負担の生じていなかった者の税負担を拡大させ、これまできちんと税負担をしてきた者の負担を税率の引き下げにより軽減することが、新規開業の増加や新陳代謝につながるのである。

いったん優遇措置が講じられるとそれが既得権益化し、政策効果の再検討が十分行われないまま長期にわたって継続されがちである。さらに、その実態が、外部からは見えにくく「隠れ補助金」と呼ばれ、財政の透明性や政策評価の観点からも問題視されてきた。特別会計同様、財務省の査定対象となりにくい仕組みとなっている。

その理由は、次のようなものである。特定の政策を遂行する場合、一般的に、補助金という予算措置か租特という減税のどちらか、あるいは両方がセットとなる。予算（歳出）措置は、毎年財務省によって査定され、また国会審議を経るのでマスコミなど外部からのチェックが入りやすいが、租特は創設時こそ国会審議の対象となるものの、その後は当事者（納税者）が法律適用の可否を判断して税務申告を通じて行われるので、誰がどの程度、減税の恩典を受けているのか、効果はどうなのか、所管官庁すら正確な姿は把握していない。

ここに最大の問題点がある。後述する租特透明化法により、使用実績がある程度判明したが、ほとんど使われない租特が長期間温存され、効果の検証はほとんど行われていないことがわかった。

(2) 租税特別措置の歴史

租特の歴史的経緯を振り返ってみよう。第2次大戦後の税制を形作ったシャウプ税制では、「課税ベースは広く、税率は低く」という哲学のもとで税制が構築されたので、租特は必要最小限に限定されてきた。しかし、その後戦後の経済復興、高度成長経済のもとで、生産力を高めるための資本蓄積や輸出促進などの観点から、さまざまな優遇税制が形成されていった。政府主導の経済復興、経済成長が行われるなかで、補助金と租特は企業に対するインセンティブとして大きな役割を果たしてきた。その結果、族議員を巻き込んでの予算や租特の分捕り合戦が行われてきたのである。

しかし石油危機を経て、経済成長が鈍るなかで税収が不足し、歳出抑制のため予算は「ゼロシーリング」（予算要求基準）などを設けて厳しく抑制されるようになった。そこで各省や政治家は、シーリングの対象とならない減税、つまり租特を多用することに重点をシフトさせてきた。そのため、租特は1970年代ごろから急速にその数が膨れ上がった。

その結果、課税ベースに多くの穴が開き、水平的公平性に問題が生じるとともに、税制は複雑化していった。税法の分量を文字数で比較すると、租特の分量は、所得税法、法人税法、相続税法などを合わせた分量に匹敵する。税制を知るには、所得税、法人税などの本法に加えて、大量の租税特別措置をあわせ学ばなければならなくなっており、税制の簡素性という観点からも大きな問題をはらんでいる。

そこで、1987〜1988年の消費税導入にともなう抜本的税制改革を契機に、租特を整理して、中立性や公平性を高めるべく「課税ベースを拡大し税率を引き下げる」税制改革が行われた。しかし「ゼロベースの見直し」が必要といわれた租特は、トライアングルのもとで、今日までしぶとく生き残ってきたのである。

2007年度（平成19年度）ベース減収額でその内容をみると、企業関係租特では、研究開発税制（6060億円）、中小企業投資促進税制（2300億円）、情報基盤強化税制（1070億円）など、合計1兆1420億円の減収に相当する租特がある。別途交際費の損金算入を制限する特別措置による増収があり、一概に減税だけというわけではない。また、ここ数年は、スクラップアンドビルドの原則で見直しを行い、新たな導入措置を上回る租特の廃止が行われ、総数は微減傾向にある。

(3) 租税特別措置の意義とその検証

ここまで、租税特別措置（租特）のマイナス面を述べてきたが、すべての租特が悪いということではない。政府が支援することにより、市場原理で決まる量を超えて供給が促進され、その結果経済・社会全体が便益を得るという場合がある。これは、特定の行為が「経済外部性」を持っている場合である。その場合には、何らかの支援を行う公的な理由が成り立つ。

政府税制調査会は、「法人税の改革について 平成26年6月」の中で、租特の見直しの基準として以下の点を挙げている。

基準1：期限の定めのある政策税制は、原則、期限到来時に廃止する。
延長が繰り返されて期限が有名無実化すれば政策手段としての効用が損なわれ、さらに税負担の歪みも固定化するおそれがある。

基準2：期限の定めのない政策税制は、期限を設定するとともに、対象の重点化などの見直しを行う。
政策手段としての効果を最大限に発揮させるとともに、定期的に検証を行う。

基準3：利用実態が特定の企業に集中している政策税制や、適用者数が極端に少ない政策税制は、廃止を含めた抜本的な見直しを行う。
たとえば、不特定多数の適用を想定しながら、上位10社の適用が8割超の場合や適用が10件未満の場合は、必要性や効果の検証を徹底する。

経済が停滞しているときには、特定の政策税制が有効な場合があるが、経済がデフレを脱却し正常化した場合には、政策税制を廃止して、その財源で法人実効税率を引き下げるほうが望ましい。問題は、一度成立した租特は、十分な効果の検証もなく、延長され半永久的にに継続されていく点にある。

その代表例として、肉用牛の非課税制度（所得税）を取り上げてみよう。租税特別措置法を開いて、第25条をみると、以下の規定がある。「農業を営む個人が、……次の各号に掲げる売却の方法により……肉用牛を売却した場合において、その売却した肉用牛が（……売却価額が100万円未満である肉用牛に該当する……）免税対象飼育牛であるときは、……売却により生じた事業所得に対する所得税を免除する」と、事業所得があるにもかかわらず非課税とされている。そして、第67条の3でその条件として、「農業協同組合又は農業協同組合連合会のうち政令で定めるものに委託して行う売却」ということが法律で規定されている。つまり、農協の事業と非課税が連動しているわけで、農協という組織と税制が深く結びついていることがわかる。この租特は、かつての自民党政権時代、民主党が租特の代表例として激しく国会で追及してきたものだ。しかし、政権交代後の民主党はこの措置を延長した。政権交代の荒波の中でも生き残ったという点において、象徴的な租特である。

(4) 租税特別措置透明化法と租特の抜本見直し

米国など先進諸国では、家計部門も含めた税による「隠れ補助金」を「租税支出」(tax expenditures) ととらえ、その減税額や政策効果などが「租税支出レポート」として公開されている。

米国では、包括的所得に関する学界の蓄積のうえに、1967年に当時のスタンレー・サリー財務次官補が「租税支出」という概念を提唱し、1968年に法律により「租税支出予算」一覧表を財政年次報告書に公表することが義務づけられ、毎年公表されている。

租税支出レポートの公開は、財政の透明性を高め、政府の信用力を高める。財政再建を進めるうえでも、租税支出(減税)と直接支出(補助金)の政策評価の比較を行ううえでも、租税支出レポートの公開は重要である。この観点から、民主党政権下の2010年に租税特別措置透明化法が制定され、その使用実績などが国会報告されている。(注5)

国会報告された運用状況をみると、特定高度通信設備の特別償却や、国際戦略特別地域において機械等を取得した場合の法人税額の特別控除などは適用件数がゼロとなっている。これまで闇の中であった使用実績が明らかになったわけで、これを活用して抜本的な整理統合を行うことが可能になったのである。

しかし、本当に政策効果があるものを残し、そうでなく惰性で続いてきたものを廃止する抜本改革は、何度も論じられてきたが掛け声だけに終わっている。各省とも、従来からのしがらみで延長しているが、できれば廃止したい租特は相当数あると推測される。それらを事業仕分けのような方法で整理していくことも一案であろう。それが、税制の信頼向上に大きな効果をもたらす。

6　公平な法人税制の構築

法人税改革が国民の支持を得るために必要なことは、公平な法人税制を構築するという問題意識だ。巧妙なタックスプランニングにもとづき赤字法人を作り税負担を免れる、あるいは民間企業と競合する業務であるにもかかわらず、公益法人という理由で税制優遇が行われるような制度を見直し、税制としての信頼を確保する作業が重要だ。ここでは、赤字法人課税と社会福祉法人の問題を取り上げる。

(1)　赤字法人課税の徹底を

(イ)　赤字法人はなぜ多いか

わが国にはおよそ250万の法人があるが（2012年度）、そのうち70・3％が赤字（税務上の欠損法人）である。筆者は、外国人投資家に日本の税制を説明する機会があるが、その際税制の問題点として必ず質問されるのが、わが国の赤字法人の比率の大きさである。さらに驚くべきことは、5期以上連続で赤字法人（欠損）の割合が半数を占めていることである。なぜこのように赤字法人（税務上）の数が多いのか、5年以上赤字でどうやって法人として生き延びているのか。外国人投資家でなくとも素朴な疑問がわいてくる。

赤字法人が多い理由は、個人事業形態より法人形態で事業を行ったほうが税制面で有利という理由からの「法人成り」によるところが大きい。このように事業形態を選べるのは、実質的な経営が同族によって行われている同族会社（3人以下の株主が50％以上の株式を所有する会社）だが、わが国の法人の大部分（96％超）は同族会社である。

法人成りが税金面で有利になるメカニズムは、以下のとおりである。まず、税率が国税・地方税合わせて55％の最高税率になる所得税より法人税率は低い（中小軽減税率は15％）こと、配偶者や子供など家族を役員とすることで所得を分散し全体としての税負担を軽減できることなどである。

この背景には、経費の「二重控除」という問題が指摘されてきた。

法人は社長などの役員に対して給与を支払うが、その給与は、法人にとって「経費」となり、給与をもらった役員はさらに、「経費」相当の給与所得控除を受けることができるということである。個人事業であれば、自らへの給与支払いは事業経費として控除できないが、法人形態では、法人段階で「経費控除（損金）」を受け、個人段階で「給与所得控除」を受ける二重控除が可能になるのである。

(ロ) 廃止された一人オーナー会社課税

とりわけ一人オーナー会社（特殊支配同族会社、業務主宰役員の社長一族が株式の90％以上を有しており、役員の過半数が社長一族の会社など）では、利益が出そうな場合、（あらかじめ）自ら（役員）の給与をそれ以上取ることにより、法人の決算を赤字にする（法人税は払わない）ことが可能となる。2005年に新会社法が成立し、最低資本金規制や一人会社禁止規制が撤廃され、「法人成り」が容易になる機会（2006年度）に、税制当局は、二重控除を制限することを考え、以下のような法律改正を行った。

自らの判断で法人の意思決定を行うことができる一人オーナー会社の社長の給与については、給与所得控除相当額を経費として損金算入することができないという制度（「一人オーナー会社課税制度」）を創設し、経費の「二重控除」の道を閉じたのである。

ところが、この方法には税理論上の問題があった。二重控除は、本来所得税法の問題なので、給与所得控除の問題として対応すべきものである。しかし、諸般の事情から、法人税法での対応となった。そこで、二重控除是正の手法として不適当ではないかとの疑問、批判が相次いだ。

このような中で政権交代が起き、民主党政権は直ちにこの規定を廃止した。しかし、廃止の決定過程はきわめて不透明で、政府税制調査会での公開議論ではなく、密室での民主党幹事長と政府税調幹部（政治家）との会談による決着となった。なぜ廃止するのかという議論に関する議事録は残されていない。ただ、関係者からの強い働きかけを受けての意思決定であることは間違いない。

2010年度（平成22年度）税制改正大綱は、「本制度は平成22年度税制改正で廃止します。その上で、給与所得控除を含めた所得税のあり方について議論をしていく中で、個人事業主との課税の不均衡を是正し、『二重控除』の問題を解消するための抜本的措置を平成23年度税制改正で講じることとします」と記し、所得税のあり方として検討を続けることを約束した。

その後2011年度税制改正大綱では、「役員給与等に係る給与所得控除の見直し」として、「特に、高額な役員給与については……過大となっていると考えられます。このため、役員給与に係る給与所得控除を見直し、4000万円超という特別に高額な役員給与については……給与所得控除額の2分の1の額を上限とします。なお、2000万円を超え4000万円までの間では……控除額の上限を4分の3とする部分も含め、調整的に徐々に控除額を縮減します」とされたが、政権交代もあり今日まで実現していない。

この問題は、給与所得控除での対応だけでなく、妻や子供など親族への給与支給を利用した所得分割への対策、同族会社の留保金課税制度の問題とも関連しており、総合的な検討をしていく必要がある。

(ハ) もう一つの赤字法人課税問題

実は、赤字法人課税という場合、法人成りの問題に加えて、地方税である法人事業税・外形標準課税の問題がある。

2015年度税制改正で、事業税の外形標準部分は、2015年度と2016年度の2年をかけて2倍に拡大していくことになった。しかし、外形標準課税が適用されるのは資本金1億円を超える企業だけである。法人数に直すと2万4000社、わが国の法人のわずか1%である。今回の一連の見直しの中で適用範囲の拡大が議論されたが、政治的に抵抗があったのか、一切手がつけられなかった。

この問題は、「地方の法人に対する応益税はどうあるべきか」という観点から議論されるべきものである。その際には、外形標準課税だけでなく、地域社会の会費的な性格を持つ法人住民税（地方税）均等割もあわせ議論の俎上にのせて、赤字法人でも地方サービスの対価として応分の負担をするという観点からの見直しが必要だ。この点については、第7節の地方税改革のところで詳細に述べる。

(2) 公平な競争と社会福祉法人の税制見直し

(イ) 公益法人改革では手つかずの社会福祉法人課税

監督官庁の天下りなどが問題にされ、2007年の公益法人改革を受けて2008年に公益法人課税の改正が行われた。この際、一般社団・財団法人法により設立された一般社団法人と一般財団法人のうち、公益法人認定法により公益性の認定を受けた公益社団法人と公益財団法人の両者を公益法人と呼ぶことになり、これまで公益法人の中に含めて議論されてきた社会福祉法人と宗教法人は、公益法人の定義から外れることになった。その結果、公益法人に関する税制は大幅に改革されたが、特別法にもとづく社会福祉法人や宗教法人の優遇税制についてはなんら見直しが行われなかった。

社会福祉法人・宗教法人に対する課税は、一般法人と比べて以下の三つの面で優遇されている。

第一に、税率の軽減である。

公益法人（公益社団・公益財団法人）の税率が25・5％であるのに、これら法人は19％と軽減されている。

第二に、収益事業のみが課税される。

一般法人は、収益・非収益を問わず、すべての所得に対して、益金（収入）から損金（経費）を差し引いた残りに課税される。しかし、社会福祉法人・宗教法人は原則非課税で、「収益事業から生じた所得に対してのみ課税」される。これら法人が収益事業を行う場合には、同種の収益事業を行う営利法人の競争条件を不利にしないという公平性の観点から、課税されるのである。収益事業については、法人税法施行令5条1項で、物品販売業、不動産販売業、不動産貸付業、倉庫業、請負業などの34事業（付随して営まれるものを含む）で、継続して事業場を設けて営まれるものと決められているが、後述のように、すべてを網羅しているわけではない。

第三に、みなし寄付金制度がある。

収益事業に属する資産のうちから、収益事業以外の事業のために支出した金額は、収益事業からの寄付金とみなして、一定の限度額の中で、損金算入が認められる。社会福祉法人については、所得金額の50％、あるいは年200万円の多いほうが損金算入限度となっており、この部分は収益事業からの所得にもかかわらず非課税となる。つまり収益事業の課税が事実上半分に軽減されるのである。

(ロ) 多すぎる社会福祉法人の内部留保

社会福祉法人のうち特に補助金の恩恵を受けている施設経営法人約1万6000について、キヤノングローバル戦略研究所の松山幸弘研究主幹が財務データを推計した結果によると、「施設を経営する社会福祉法人全体では黒字額が4451億円（収入に対し5・9％）、純資産が12兆8534億円（総資産に対し79・4％）となった。トヨタ自動車（11年3月期の連結最終利益4081億円＝2・1％、自己資本10兆3323億円＝34・7％）を上回る水準」となっている。(注6)

社会福祉法人は、制度上配当という形で内部留保を外部に流出させることが制限されているので単純な比較はできないが、国や地方公共団体から補助金を受け取りながら莫大な内部留保を蓄積しているという事実は、前述した優遇税率・税制と無関係ではない。

収益事業課税の範囲をみていくと、社会福祉法人は、収益事業の範囲から不動産貸付業、席貸業及び医療保健業が除外されており、さらに保育事業については現行の収益事業34業種のいずれにも該当しないものとして取り扱われている。

介護サービス事業（医療保健業に該当）や保育事業などは、すでに多くの民間企業が参入しており、社会福祉法人は非課税で株式会社等は課税、というアンバランス、不公平が生じている。

社会福祉法人が事実上非課税とされている理由は、かつては他の公益法人等に比べて厳しい規制がかかっていたことや、社会福祉事業の分野に民間企業が参入しておらず、その分野で公の代替を期待されたという事情がある。しかし現状において、なお非課税とする明確な理由が存在するかという疑問が残る。

そこで、民間企業と競合状態にある事業については、収益事業課税の対象とする、または社会福祉法人制度を見直して公益社団・財団法人と同様の明確かつ厳格な基準を設けたうえで、本来事業（社会福祉事業）を非課税にするといった課税方式の抜本的な見直しを検討すべきであろう。

２０１５年の税制改正大綱では、「公益法人等の課税について、非収益事業について民間競合が生じていないか、収益事業への課税において軽減税率とみなし寄付金制度がともに適用されることが過剰な支援となっていないかといった点について実態を丁寧に検証しつつ、その課税のあり方について引き続き検討を行う」とされ改革は先送りされた。課税の公平性という見地から早急な見直しが必要だ。

7　地方税改革としての法人税改革

⑴　地方税を改革することの重要性

図表２・１でみたように、わが国の法人税率を高止まりさせている主因は地方法人課税にある。この部分を大胆に引き下げない限り、アジア諸国並みの20％台半ばへの引き下げは不可能だ。つまり、法人実効税率を25％程度に引き下げようとするならば、地方法人税の根本的な見直しが必須ということである。

地方にとっても、現行の地方法人２税（法人住民税と法人事業税）は、税収の安定性と税収格差という二つの点で、多くの問題のある税制である。これまで、この点を是正しようと、さまざまな改革と議論が行われてきた。しかしそのような改革は、すべてこま切れ、かつ小手先のもので、本質的な問題は何も解決されていない。

そこで、今回の法人税改革という絶好の機会をとらえて、地方税改革もあわせて行い、地方分権にふさわしい税制を確立することが必要である。

その際には、地方税の課税ベース拡大も必要である。具体的には、法人住民税の均等割りの拡大や、固定資産税の抜本的な見直しである。

固定資産税については、農地や新築住宅などの分野でさまざまな特例措置が設けられているが、どれも政策的な意義として時代遅れになっている。これらの特例を縮小・廃止して課税ベースを拡大する必要がある。後述する資産格差問題への対応としても、固定資産税の強化・充実を図っていくことが求められる。

そこで、まず地方法人税のこれまでの議論を整理してみよう。以下、代表的な税制改革として、法人事業税改革・外形標準課税の創設、地方法人特別税の創設、地方法人税の創設の三つを取り上げる。

(2) 法人事業税・外形標準課税の導入

法人事業税は、1878（明治11）年に創設された税制だが、1896（明治29）年に資本金等の外形的なものを課税標準とする税制に衣替えした。その後1949（昭和24）年・1950年のシャウプ勧告で、企業が地方公共団体のさまざまな公的サービスから受ける対価としての税、つまり「応益税」と性格づけられた。

そこで課税ベースは、狭く変動する「所得」でなく、給与、利子、賃借料などの付加価値という広いものとされ、所得型付加価値税として立法化された。しかし戦後の混乱の中で関係者の理解が得られず施行されないまま廃止になった。かわって、「税の性格は応益的であるが中身は所得課税」という、現在まで続く法人事業税が制定された。

その後1990年代の後半、バブル崩壊後の経済低迷が長引くなかで、産業の空洞化が問題となり、法人実効税率を引き下げる手段として、事業税の課税ベースを所得から付加価値に改めることによって、所得部分の負担を軽減しようという議論（以下「外形化」）が税収中立のもとで進められた。今日と同じような議論である。

外形化することのメリットとして、法人の「所得」部分にかかわる税負担が軽くなることに加えて、所得課税では税負担の生じない赤字法人にも税負担を生じさせるので、応益税としての税負担の公平性を図ることになる点が強調された。

その後、地方財政の悪化が深刻化し、東京都のいわゆる銀行条例騒動もあって、議論の主眼は、地方税源の安定化のための外形化となった。当初導入に積極的であった経済界は、外形標準課税の複雑さもあって、消極姿勢に転じはじめた。

結局、バブル経済崩壊後の法人事業税収入の激減という状況の中で、地方分権を支える安定的な地方税源確保のための外形化の必要性という主張が勝って、2003年度改正で2004年度からの一部（全体の5分の1）外形標準課税の導入が決まった。

内容は、「法人課税の枠内で、法人の所得にかかる税を軽減し、その分法人の付加価値に対する税負担を増加させる（税収中立）」という考え方のもとに、資本金1億円を超える法人（2012年度2・4万社）を対象にし、外形化した部分の3分の2は付加価値割（0・66％）で、残りの3

図表2・9　法人事業税の経緯

明治11年	営業税の創設（地方税）
明治29年	営業税の国税移管
昭和15年	新営業税
昭和22年	営業税の国税移管、課税ベースは純益
昭和23年	営業税の廃止、事業税の創設（地方税、課税ベースは所得）
昭和25年	シャウプ勧告による付加価値税の創設（延期）
昭和29年	付加価値税の廃止、事業税の恒久化（課税ベースは所得）
平成16年	外形標準課税の導入
平成20年	地方法人特別税の創設

（出所）政府税制調査会資料をもとに筆者作成

分の1が資本割（0・48％）というものであった。しかし、さまざまな特例措置が導入されたため、きわめて複雑で課税ベースの狭い税制となった。2012年度の税収は、付加価値割が4000億円、資本割が2000億円である。

このような経緯を経て導入された外形標準課税であるが、今日の経済・財政の状況の中でどう評価するかについては、異なる見解がある。

前向きな評価は、「外形標準課税は、税源の偏在性が小さく税収が安定的な良い税だ。したがって、法人事業税をすべて外形標準課税にすべきだ」というものである。背景には、導入から10年以上経過しそれなりに定着してきたことや、大企業が正規雇用を減らし人件費を切り詰めてきた結果、外形標準課税の負担が当初想定したよりも軽いという事実や、赤字法人にも応分の負担を求めることに大きな意義があるという認識がある。

これに対し批判的な意見は、以下のとおりである。

現行の外形標準課税は特例が多く課税ベースが狭く、本来の応益税とは異なる、税制が複雑で多大の事務負担がかかる、付加価値割は実質的な賃金課税で雇用に悪影響を与える、資本割は事業規模を

図表2・10　法人事業税外形標準課税の概要

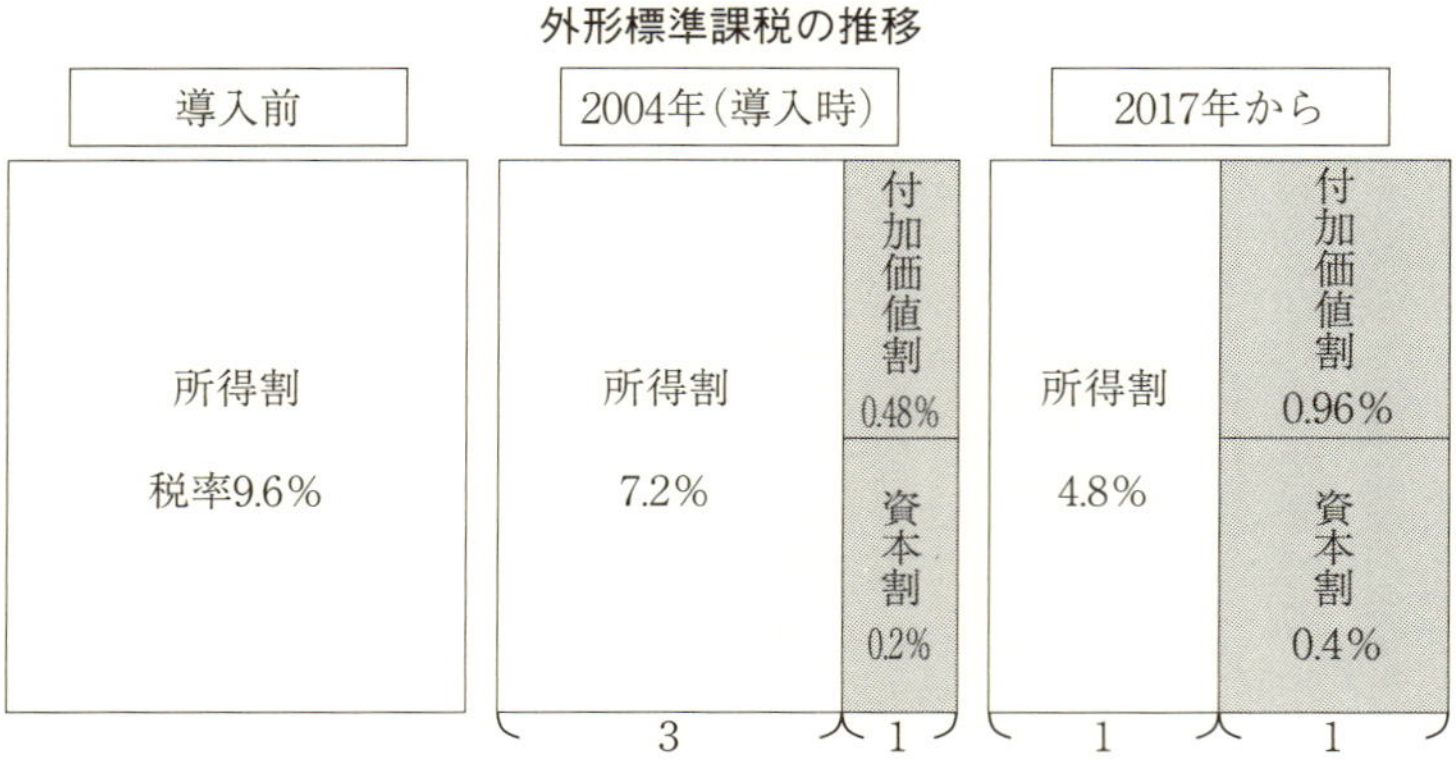

（出所）筆者作成

表す指標としては不適切だ、などである。

また、外形標準課税は、（同じ付加価値をベースとする税である）消費税のような国境調整（輸出時の税還付）ができないという税制としての問題もある。そこで、多くの学者は、外形標準課税を本来の付加価値税である地方消費税と入れ替えることが望ましいと考えている。

筆者も、法人実効税率を20％半ばまで引き下げていく過程では、そのような大胆な税制改革、つまり、外形標準課税部分を含めて法人事業税全体を地方消費税に置き換えていくことにより、地方財源の安定化と法人実効税率の引き下げを図ることが必要だと考える。

(3) 地方法人特別税の創設と経緯

外形標準課税の導入も「偏在性の小さい地方税体系の構築」という課題の解決にはつながらなかった。税収偏在の問題は、小泉内閣の三位一体改革でも手が着けられず、結局、消費税を含む抜本的税制改正時に改めて議論することとなり、それまでの間の「暫定的措置」として、

図表2・11　外形標準課税（付加価値割）と消費税の違い

税目	付加価値の計算方法	直接税／間接税	課税原則	帰着	国境税調整
外形標準課税（付加価値割）	加算型	直接税	源泉地主義	企業	不可能
消費税	控除型	間接税	仕向地主義	消費者	可能

（出所）筆者作成

2008年度税制改正で、法人事業税の半分（当時税収2・5兆円＝消費税率1％分相当）を、「地方法人特別税」として国にプールし、その全額を「地方法人特別譲与税」として、法人事業税の配分基準とは異なる基準、つまり2分の1を人口基準、残りの2分の1を従業者数基準で都道府県に再配分することとされた。本格的な議論を先送りした応急措置である。

この税についても賛否両論がある。賛成論は、「自治体が執行の責任を果たしつつ偏在性是正に一定の役割を果たすもので現実的な選択肢だ」というものだ。これに対し、「自ら徴収した税収が他県の税収になることは、地方税の応益性を逸脱するので望ましい税ではない」との反論がある。とりわけ財源の持ち出しになる東京都、大阪府などは廃止要求をしてきた。

本来、抜本的税制改革、つまり消費税率の引き上げ時に解決しようという考え方であったが、民主党政権による消費税率の引き上げ議論（社会保障・税一体改革）の中で消費税増収分がすべて社会保障目的税とされたため、2008年度改正時に予定していた地方法人特別税の代替財源（廃止財源）として使うことができなくなった。

議論は迷路にはまりこんだが、2014（平成26）年度改正の中で、

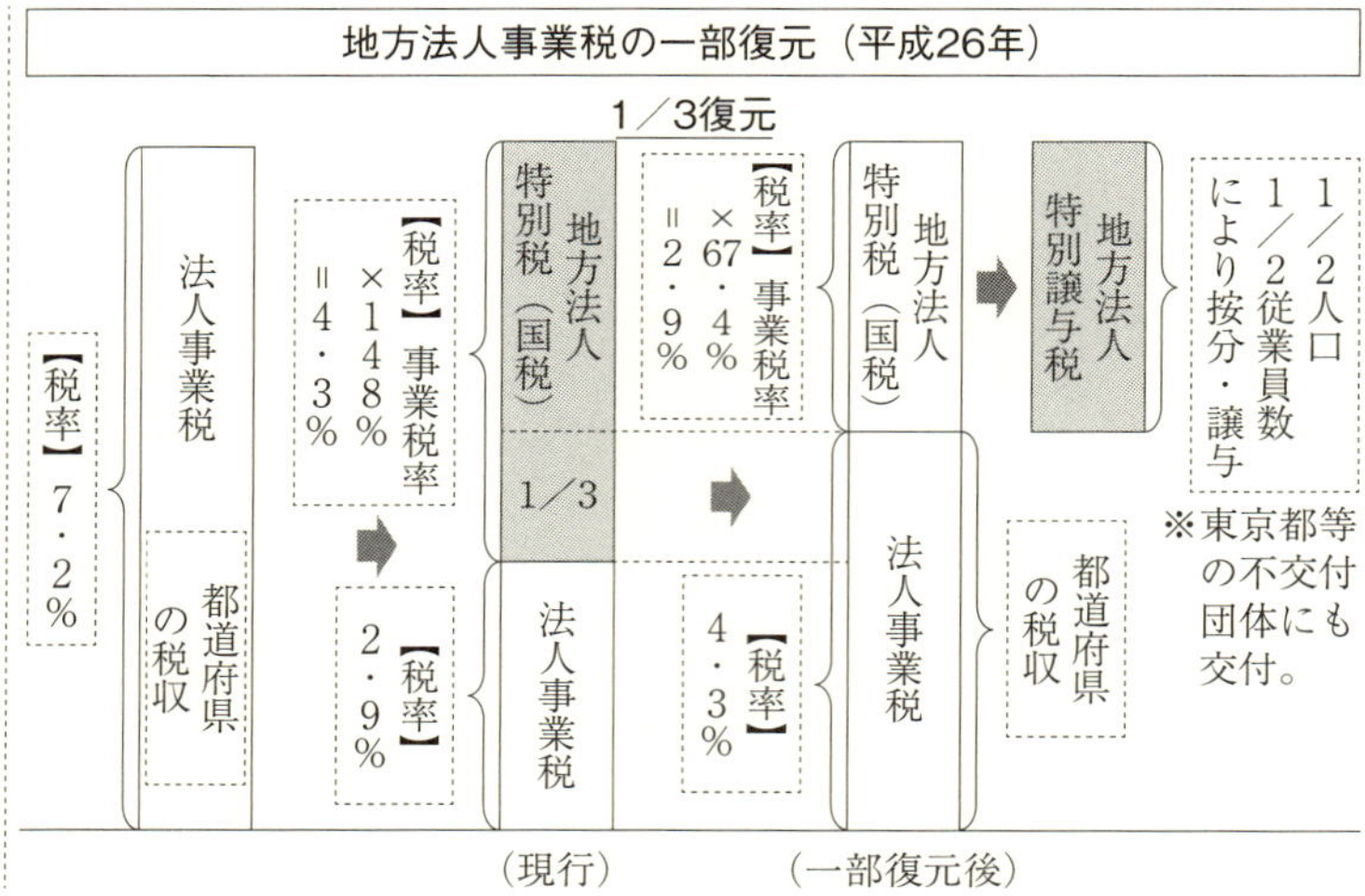

これから述べる法人住民税の国税化とセットで縮小された。

平成26年度改正で、税源の偏在性の是正と財政力格差の縮小を図るため、法人住民税法人税割の一部を国税化して、「地方法人税」を創設し、その税収は全額地方交付税財源に入り交付税として地方に配分されることとなった。あわせて、地方特別法人税については、3分の1の規模を法人事業税に復元する（縮小する）こととされた。さらに消費税率を10％に引き上げる時点で、法人住民税法人税割の地方交付税原資化はさらに進めることとされている。

この改革の趣旨は、法人住民税が法人税に連動しているため、税収が大きく振幅し地方間格差の原因になっているところから、税収をいったん国に集中させて、国で地方交付税として再配分しようというものである。また、地方法人特別税については、その役割を縮小していこう

図表2・12　地方特別法人税と地方法人税の概要

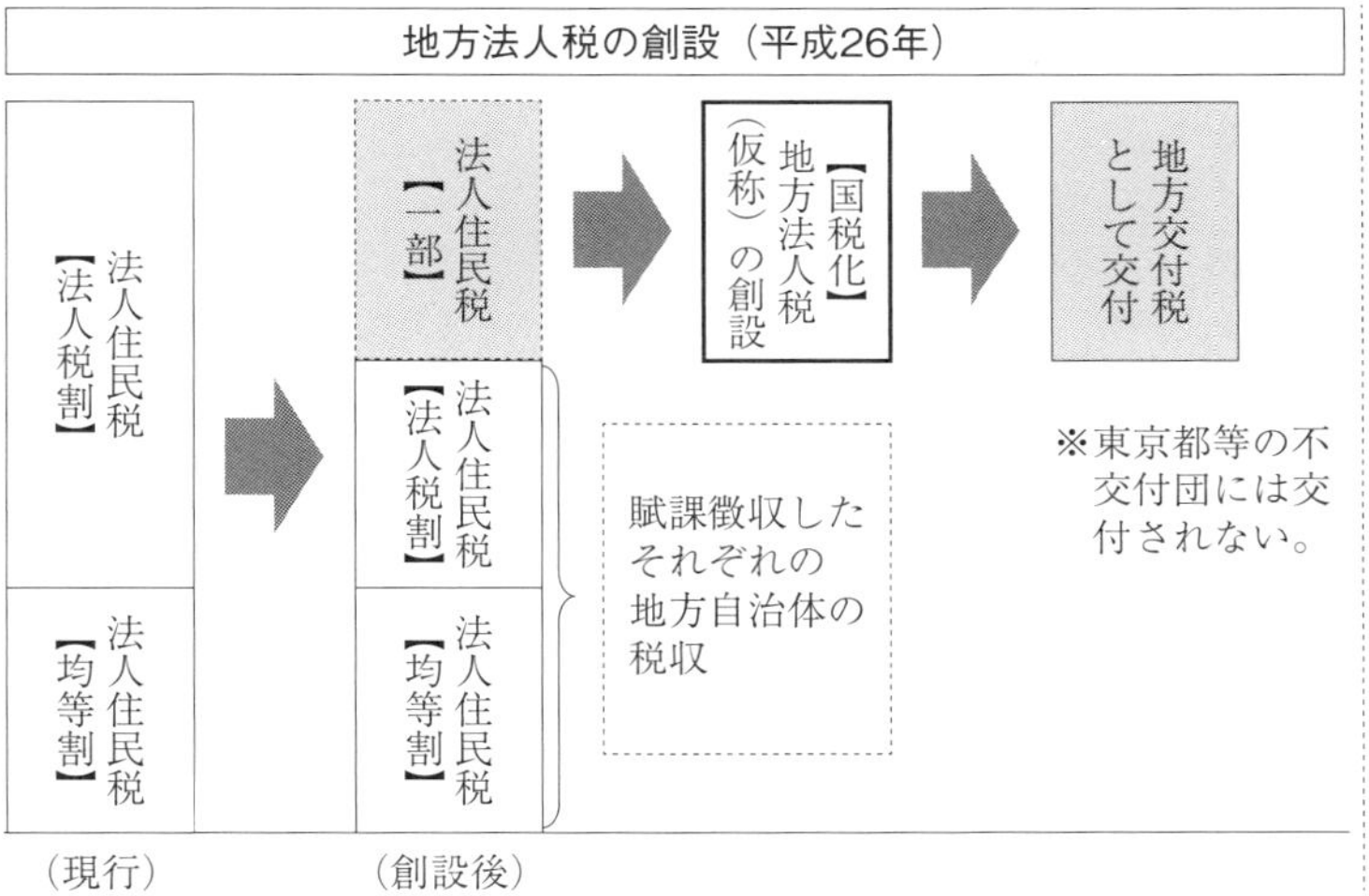

（出所）政府税制調査会資料

という考えである。

全体としてみれば、法人所得課税が安定財源を必要とする地方税としてふさわしくないことを認めているともいえる。これから述べる抜本的な法人税改革の方向を考える際に大きなヒントとなる。

(4) 応益税としての地方税にふさわしい法人課税のあり方

上述のように、地方法人税については、事業税のあり方を中心にさまざまな議論が行われてきた。結果として地方法人2税は、一般国民には理解不能で、複雑怪奇な税制になっている。その理由は、税収格差や税収の不安定性を除去するという、地方税にふさわしい税制の構築を、パッチワークで実現してきたことである。

一般的に、地方税としてふさわしい性格として、応益性・分任性が挙げられる。これらは、各々が公的なサービスから受ける便益に応じて課税すべきという考え方である。

この観点からは、負担者が明確でなく（したがって受益の程度がはっきりしない）、選挙権のない法人への課税から、選挙権を持つ住民に対する直接税へ振り替えていくことが望ましいことになる。具体的には、住民税の課税最低限を引き下げつつより多くの住民に負担を求めることや固定資産税の評価を充実させるなど適正な負担を求めることなどが考えられる。

(5) 地方税体系の国際比較

この点を検証するため、ＯＥＣＤ統計で地方税体系を国際比較してみよう。

先進諸国の地方税体系を比較すると、おおむね以下のような特色がうかがえる。

固定資産税などの資産課税が主要な税目となっている国が多い。とりわけ、英国では地方税はすべて資産課税（固定資産税）となっている。フランスでも半分が資産課税（固定資産税）となっている。米国やカナダでも20～30％が資産課税（財産税）である。

これに対してスウェーデンでは、地方税はほとんどすべてが個人所得課税（住民税）となっており、ドイツでも個人所得課税が半分を占めている。

消費課税の比重が高いのは、ドイツ（付加価値税は国と州の共有税）、米国（小売売上税）、カナダ（付加価値税）で、4～5割を占めている。

一方、わが国の地方の税収構造は、個人所得課税（住民税）が30％程度、固定資産税が30％程度、法人課税が15％、消費課税（地方消費税）が20％弱となっている（２０１１年）。バランスの

図表2・13　地方税収の構成割合の国際比較

○地方税収に占める法人所得課税の割合は、諸外国と比較してわが国が最も高く、景気の動向に左右されやすい不安定な税収構造。

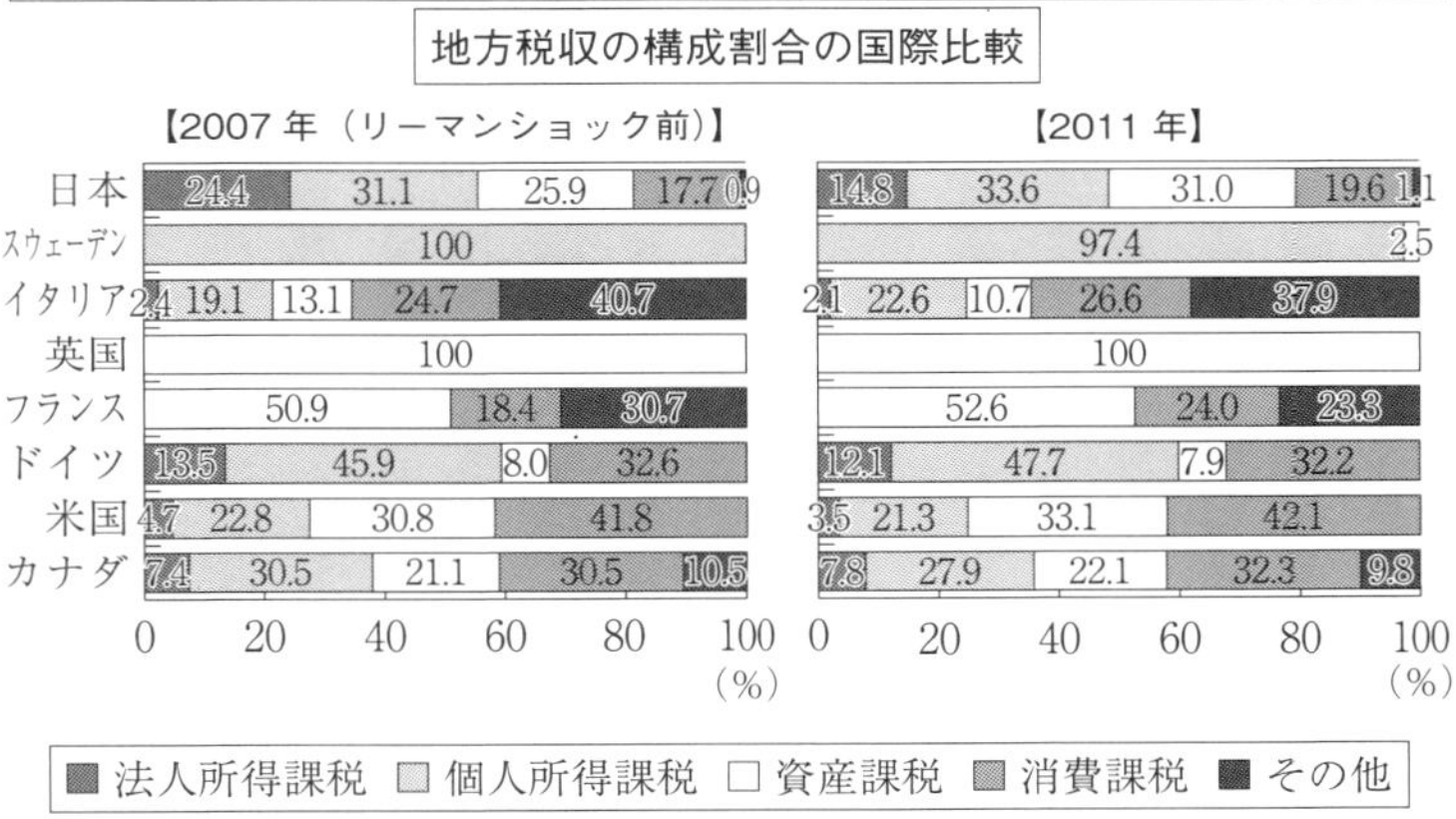

（注）ドイツ、米国、カナダは州と市町村を合算した数値
（出所）OECD「Revenue Statistics」

とれた体系のようだが、法人課税の割合は、英国、フランス（ともにゼロ）、米国（3・5％）、ドイツ（12・1％）に比べて高くなっている。とりわけ単一国家である英国、フランス、スウェーデンには、地方税としての法人課税は存在せず、わが国と対照的である。

地方政府に法人課税がない、あるいは比重が少ない理由は、先述のように、法人税はその負担者が明確でなく、選挙権もないので応益的な性格を持つ地方税としてはふさわしくないためや、税収が不安定で偏在するためと説明されている。さらに、地方住民が追加的なサービスを望む場合、他のサービスを削減するか増税するか住民が選択できるようにするという限界的財政責任の考え方から、固定資産税や個人所得税（住民税）など負担者の明確な直接税がふさわしいという説明もなされている。

実際、すべての財源を固定資産税で調達している英国では、自治体サービスの優劣に応じて数倍の税率格差があり、住民は受益と負担の選択が可能となっている。スウェーデンでは、地方政府を通じ手厚い社会保障サービスを提供しているが、その財源はすべて個人所得税であり、自らの受益は自らが負担するという意識が醸成されている。ドイツの市町村でも、個人所得税が税収の3分の2を占めており、住民の負担で行政サービスを実施するという意思が明確で、限界的財政責任のとれる税制を構築しているといえよう。

応益性という観点からは、付加価値を課税ベースとすることも十分な理由がある。企業も含め、行政サービス受益の多寡を表す指標としては、付加価値が最もすぐれているからである。実際、カール・シャウプも、地方税として加算型付加価値税がふさわしいと勧告し、それにもとづいた税制が導入されたが、時期尚早ということで廃止になり、今日の法人事業税となっていることは前述したとおりである。

このように、地方税改革の主眼は、応益性を高めるために住民税や固定資産税など直接税の充実を図ることと、付加価値への課税割合を高めながら法人への課税を軽減・廃止していくことである。法人課税が地方税体系の基幹税のひとつとして位置を占めている国は、わが国以外には見当たらない。

以上みてきたように、法人税改革のためには、地方税改革も同時に行うことが必要である。税率水準を他国並みに引き下げ、経済の空洞化を防ぎ、立地の競争力を回復させ外国企業を呼び込む。

同時に、地方政府の税収を安定化させ、地域間格差の縮小を図ることを目的とする改革である。

8 抜本的な法人税改革に向けて

(1) 減税論から改革論へ

法人税減税について国民世論の支持は必ずしも高いものではない。その理由は、何のために法人税減税を行うのか、どのような経済効果が期待されるのか、恩恵を受けるのは一部のグローバルに事業を展開する企業だけではないかという疑問があるということであろう。その背景には、社会保障に必要な財源を求めて消費税率の引き上げを行っている最中に、法人税率引き下げが国の政策として矛盾しないのか、という素朴な疑問がある。

そこで、法人税減税は恒久的な財源の手当をしたうえで、財政再建と矛盾しない形で行う必要がある。

具体的には、課税ベースの拡大や、他の税目による代替財源を確保しながら税率を引き下げていくことである。あわせて、法人税改革を今後の経済成長につなげていくための成長戦略を具体化し、経済成長実現への道筋を示すことが必要になる。そして、赤字法人や社会福祉法人などの公益法人税制を見直し、税制の信頼性を高めていく必要がある。

(2) 法人税改革は2段階で

これまで述べてきた分析をもとに、地方税改革・法人税改革のピクチャーを描いてみたい。

当面は「数年で法人実効税率を20%台まで引き下げる」ことをめざして法人税改革が行われるが、想定されている税率は29%程度であろう。しかし、先進諸国の税率引き下げ競争は終わっていないこと、わが国企業の競争相手がアジア諸国企業であることから、最終的には実効税率を25%程度まで引き下げていく必要がある。冷戦終了後の税率引き下げ競争により、わが国の法人実効税率は相対的に高水準になっており、立地競争力の低下を招いているからである。

つまり今後の法人税議論は、「数年かけて5%程度引き下げ、29%程度にする第一段階」と、「さらに5%程度引き下げ、25%程度にしていく第二段階」の二つに分かれる。法人税減税1%分の財源は5000億円と試算されており、5%引き下げに要する財源は2兆5000億円、消費税率1%分になる。一方、政府は2020年度のプライマリーバランス(基礎的財政収支)黒字化を約束しており、安易なネット減税を行う余裕はない。

法人税改革の第一段階は、繰越欠損金控除の縮小、受取配当非課税制度の改組、減価償却制度の定額法化、租税特別措置の見直し、さらには法人事業税の外形標準課税化などを地道に行うことによって、ネット減税なしで達成できよう。すでに2015年度に32・11%に、2016年度に31・33%に引き下げられることが決定している。

問題は、第二段階である。課税ベースの一層の拡大だけで2兆5000億円を超える財源を捻出することは不可能である。その財源は他の税目、とりわけ消費税に求めざるをえない。しかし法人税減税の財源を消費税増税でまかなうことは国民感情を考えると容易ではない。したがって、国・地方の税源交換も含む税体系全体を見直す、大きな税制改革の一環として行う必要がある。

具体的には次のとおりである。法人事業税（外形課税を含む）を（地方）消費税率1％引き上げにより廃止する。2014年度地方財政計画ベースで法人事業税（所得割）の税収は2兆円弱、法人事業税外形標準課税部分は7000億円弱、合計2兆6000億円強で、ほぼ（地方）消費税1％分と等しい。さらに、法人住民税はすべて国税化する。そのうえで地方交付税として全額地方に返す。これで地方に法人所得課税はなくなり、地方財源は安定化し地方間の税収格差も縮小することが可能になる。

このような改革は、けっして絵空事ではない。というのは、2008年に法人事業税の半分を地方法人特別税（国税）に改組したが、これは将来消費税率を引き上げる際に税源交換することを前提としたものであったことはすでに述べたとおりである。

また、2014年度に創設された地方法人税（国税）は、法人住民税の一部を国税化したうえで交付税として地方に返すもので、これらは今述べた筆者の改革案と同じ方向性を持つものである。問題は、消費税率を2017年4月に10％に引き上げた後、さらなる消費税率の引き上げと、それを財源とした法人税率の引き下げを行うことが政治的に可能かという点である。しかし、ドイツ、英国、スウェーデンなどの欧州諸国は、この道、つまり消費税率の引き上げと法人税減税のセットの改革を行ってきたのである。

とりわけドイツは、メルケル大連立政権時に、3年間にわたり、消費税率の3％引き上げと法人

図表2・14　先進諸国の法人税と消費税

	消費税率の引き上げ	法人税率の引き下げ
スウェーデン	1990年に23.5%から25%	1991年に53%から30% 1994年に30%から28% 2009年に28%から26.3% 2013年に26.3%から22%
ドイツ	2007年に16%から19%	2008年に実効税率38.36%から29.51%（2014年では、29.58%）
英国	2010年に15%から17.5% 2011年に17.5%から20%	2009年に30%から28% 2011年に28%から26% 2012年に26%から24% 2013年に24%から23% 2014年に23%から21%

（出所）筆者作成

実効税率の29%台への引き下げ、社会保険料企業負担の軽減などをパッケージで行い、それは今日のドイツ経済の強さの一因となっている。

グローバル経済の中で勝ち組になるためにはこの道しかない、というのもまた真実である。

(3) 法人税改革の成果を、個人と国家に還元を

法人と個人はけっして対立しているわけではない。個人は法人から、労働の対価として賃金をもらい、銀行を通じた預金から利子を受け取り、株式投資を通じて配当と株式譲渡益を受け取る。いわば、同じ船に乗っているわけで、法人税改革が成功すれば、企業業績の向上を通じて家計の所得増、配当増、株式譲渡益増へとつながっていく。さらに、成長戦略が効果を上げれば、欧州で起きたような法人税パラドックスが生じ、税収増を通じて国家財政にも恩恵が及ぶことになる。

そうなってこそ世界から称賛を浴びる経済政策が実現する。

第3章　税の攻防：企業vs.国家――租税回避への対応

米国多国籍企業を中心に、法を犯す脱税でもなく、合法的な節税でもない、グレーの分野の租税回避行動が、国際的規模で広がっている。これを放置すれば、税の公平性や納税道義が損なわれ、高齢化対策の費用捻出や財政赤字に悩む先進諸国の税収減につながる。これは、企業と国家の税金をめぐっての知恵比べともいえる戦いである。そこでＯＥＣＤの場で、ＢＥＰＳ（税源侵食と利益移転）というプロジェクトが立ち上げられ、政府・民間双方を巻き込んで国際規模の検討が行われている。

これまでわが国企業はそのような租税回避行為とは距離を置いていたこともあり、わが国政府の対応も積極的なものではない。しかしグローバル経済の中でわが国企業も巻き込まれざるをえず、租税回避行為への対応を積極的に考えていく必要がある。

また、個人の世界でも、国境を越える租税回避行為に対しては、近年さまざまな税制措置が講じられ、２０１５年10月からはいわゆる「出国税」も導入される。この動きは今後とも続くであろう。

1　スターバックスが火をつけた租税戦争

(1)　スターバックスの租税回避プラニング

2012年のロンドン、スターバックスの店先で、「税金を払え」というプラカードを持った市民がデモを行った。英国スターバックス社（以下、スタバ社）の税金不払い問題が報じられ、消費者の不買運動に広がったのだ。スタバ社は、1998年に英国で事業を開始して以来法人税の納付はわずかに1回、30億ポンドの売り上げがあったにもかかわらず860万ポンドの納税しかしていなかったという。

騒ぎはなかなか沈静化せず、結局スタバ社が「2013年、14年の2年間、自発的に1000万ポンドの〝税金〟を英国政府に対して支払う」ことに合意し、なんとか不買運動は収まるところとなった。

一方、この問題を知った英国キャメロン首相は激怒したといわれており、翌年6月に行われたサミット（先進国首脳会議）で租税回避の問題を取り上げるところとなった。サミットの共同声明には、「租税回避防止のための情報交換や多国間モデルを、OECDと協力して取り組む」との決意が表明され、本格的な取り組みが始まった。この動きはG8にとどまらず、引き続き開催されたG20でも、共同行動に向けての意思が確認された。今日まで続く「多国籍企業」vs.「国家」の戦いの幕が切って落とされたのである。

図表3・1　スタバ社のタックスプラニング・スキーム

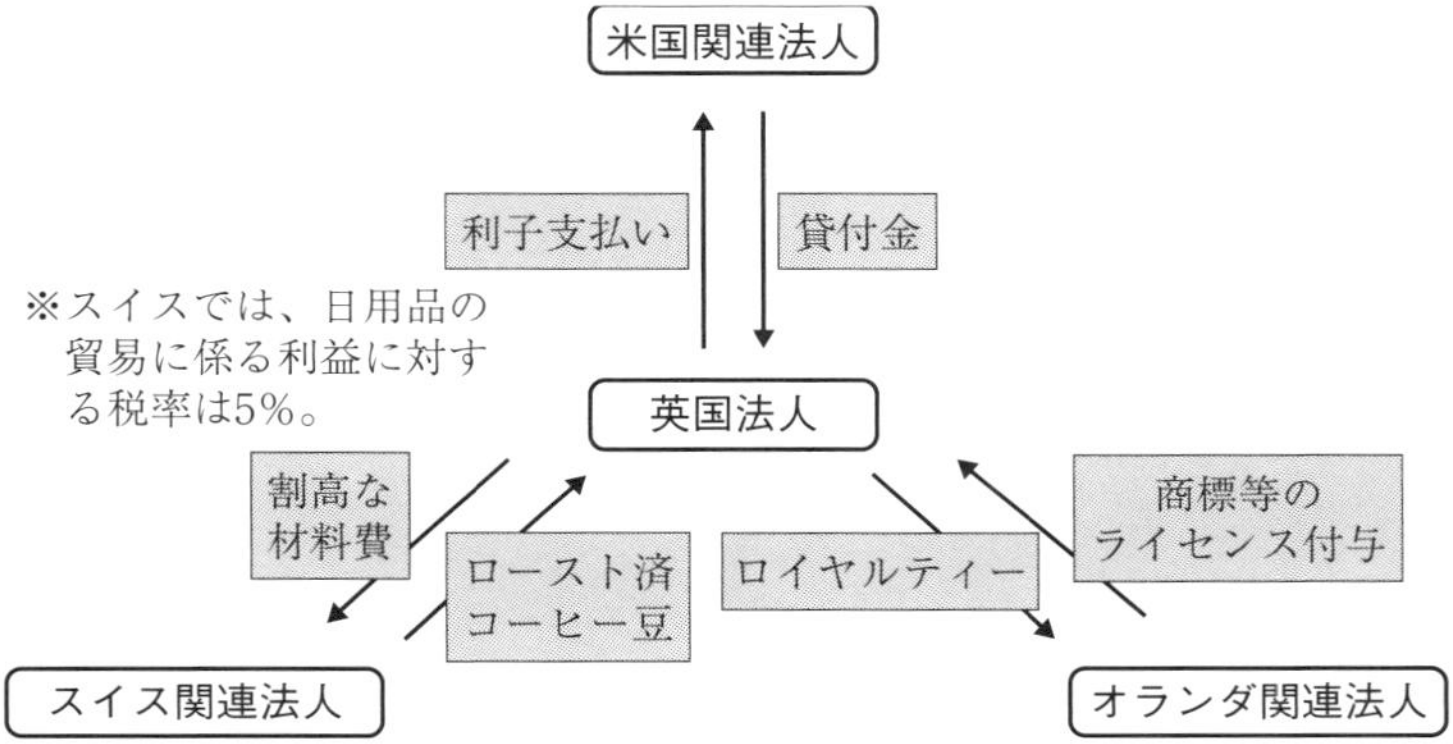

(出所) 財務省資料

では、スタバ社はどのようなタックスプラニングを行って租税回避をしていたのであろうか。その概要を、新聞報道をもとに推測するとおおむね以下のとおりである。

スタバ社は、原材料であるコーヒー豆をスイスの関連法人から仕入れているが、仕入価格を通常の取引価格より高めに設定している。またスタバ社の使用する商標や特許、接客マニュアルなど無形資産のロイヤルティー(使用料)をオランダの関連法人に多めに支払っている。さらに、米国の関連法人から、多めに借金をして多額の利子を返済している。このような関連会社との取引を通じて経費の支払いを多くすることにより英国法人の利益を圧縮し、低税率国のオランダやスイスの関連法人に利益をシフトしている――これが、英国当局の主張である。

このスタバ社のスキームには、法を犯す脱税の要素はない。関連企業の取引を市場価格に比べて恣意的に(多めに)設定して租税を回避するということがプラニングの中心で、複雑なものではない。このような企業の行動に対して、国家は、移転価格税制という対抗手段を持っており、取引価格を市場価格に合わせることによって租税回避を防止できる。

移転価格税制とは、資本や人的支配関係のある外国関連会社と取引を行う場合、その取引価格が恣意的になりやすいので、それを独立企業間価格で行われたものとして課税所得を算定する税制で、transfer pricing taxationと称されるものである。英国政府がこのケースでこの税制を発動したかどうかは不明である。

しかし、これから述べるグーグル社やアップル社の租税回避スキームははるかに複雑だ。

(2) グーグル、アップルはダブルアイリッシュ・ダッチサンドイッチ

グーグル社が使っているタックスプラニングは、「ダブルアイリッシュ・ダッチサンドイッチ」と呼ばれるスキームである。

図表3・2にもとづきながら説明してみよう。

米国のグーグル本社は、アイルランドに二つの法人（子会社Aと子会社B）を設立する。本社はA社に、自らの持つ無形資産（IP）について、米国外の事業に使用することを許可するライセンスを譲渡する。A社はこれをさらにB社にサブライセンスする。B社がこのライセンスを利用して、米国外でグーグルのオンライン広告事業などを行い、収益を得る。BからAへのロイヤルティーの支払いの際には、オランダに設立したC社を介する。つまり資金の流れはB社からC社へ、さらにC社からA社へ、という具合である。これがメインスキームである。

まずA社について検討しよう。A社は、本社からライセンスを付与されているので、本来本社に

図表3・2　ダブルアイリッシュ・ダッチサンドイッチ

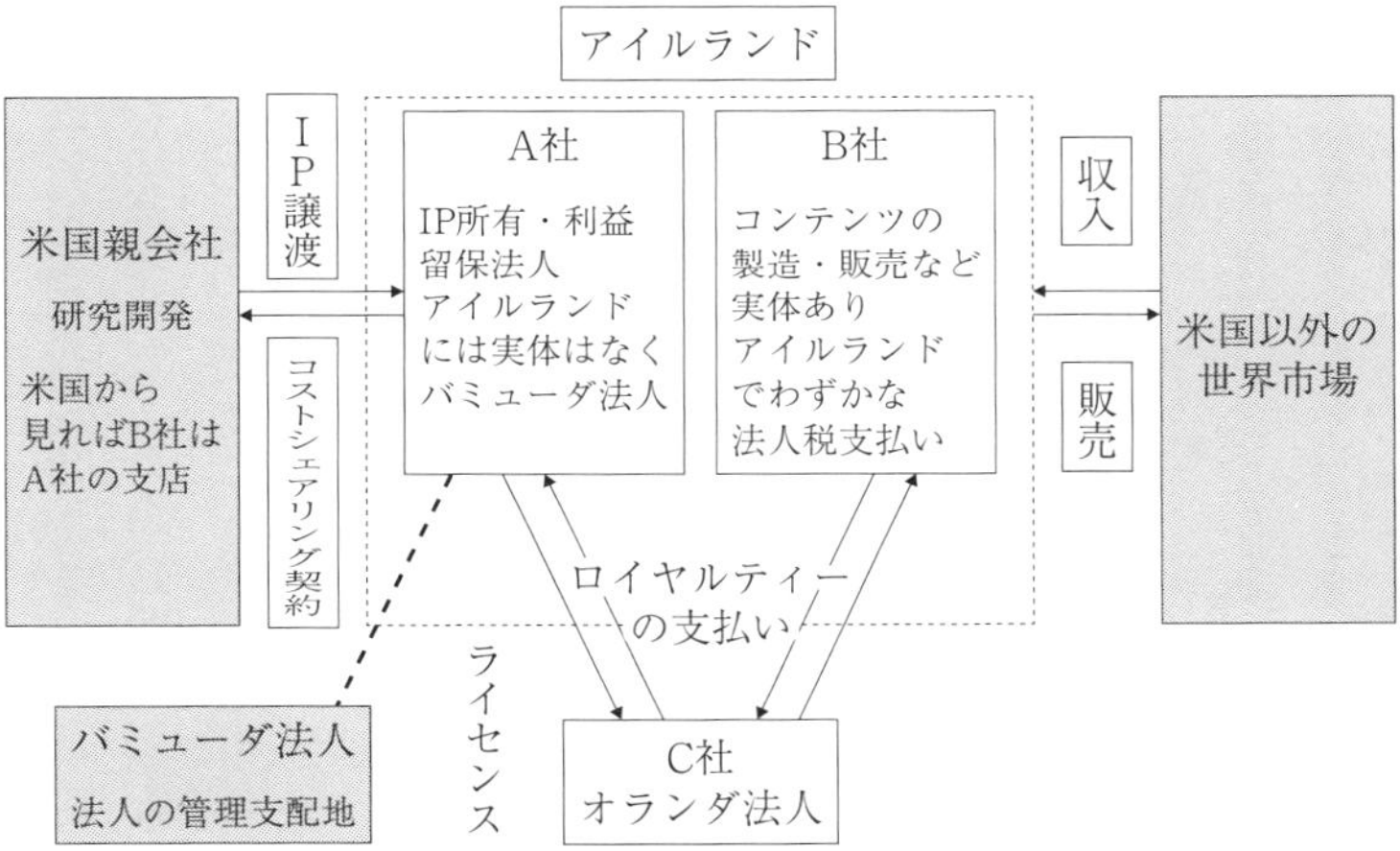

（出所）筆者作成

多額のロイヤルティーを支払う必要がある。しかしA社は、本社と本社の無形資産の開発コストを一部負担する（出資する）という費用分担契約（コストシェアリング契約）を締結することにより、その負担を軽減している。新規の無形資産の研究開発コストを分担することで、その分担割合に応じた無形資産の持ち分を開発時に取得することになる。その結果、技術的になんら開発に携わっていない関連会社でも、無形資産からの利得を持ち分に応じて得ることが税務上認められ、支払いロイヤルティーは少なくなるのである。本来このような税負担軽減のためだけに開発コストを負担する契約は、移転価格税制により市場価格に引き上げられる可能性があるが、グーグルはＩＲＳ（米国内国歳入庁）との間でＡＰＡ（Advance Pricing Agreement、移転価格事前合意制度）を締結し、その課税リスクを回避している。

その後Ａ社は、Ｂ社に特許権や著作権などの無形資産をサブライセンスしてロイヤルティーを得ることになる。ロイヤルティー管理会社であるA社が受け取るロイヤルティーについては、本来アイルランドで法人税を支払うことになるのだが、これをアイルランドの法制を活用して回避する。

A社はアイルランドで登記しているものの、株式総会の開催や中枢を担う経営・管理などの事業活動は英領バミューダで行う。そうすると、アイルランドの法制では、A社はバミューダ法人となり、アイルランドでは法人税が課税されないのである。

このアイルランドの法制度は、「管理支配主義」といい、課税対象となる国内法人かどうかを、実際に法人を管理している場所で判断する。ちなみにわが国など多くの先進国は、法人登記地が法人税の納税地となる「準拠法主義」をとっており、このようなことは起こらない。

一方、バミューダはタックスヘイブンなので、結局ここに集められた所得は課税されないまま、バミューダ法人に留保されることとなる。

さらにB社について。B社はA社からのサブライセンスにより実際に事業展開して収入を得ており、かつアイルランドに経営管理の中枢を置くアイルランド法人である。したがって、その全世界所得につきアイルランドから法人税を課される。しかし、B社は収益から、サブライセンスに対するロイヤルティーや手数料をA社に支払うので、自社に残る法人所得はわずかなものとなる。B社の利益率はわずか1%程度で、実質的に法人税はかからないといえる。

加えて、B社はライセンスフィー等を直接A社に支払うのではなく、オランダに設立したC社に支払い、その後C社がA社に支払う形態をとる。アイルランド法では、B社からA社（アイルランド法ではバミューダ法人）への支払いは、アイルランドからＥＵ域外への支払いに当たるので20％の源泉税が課せられるが、それを回避するためである。アイルランドとオランダの租税条約によれば、アイルランドとオランダ間のロイヤルティー支払いには源泉税が課されない。この結果、Ｃ社からＡ社に支払われるロイヤルティーには源泉税が課されることはない。

このようなスキームにより、Ａ社はタックスヘイブンであるバミューダに、膨大な利益を非課税のまま留保することができるのである。

実は、もう一つ問題がある。

このようなスキームでは、通常わが国や米国などの先進国が導入しているタックスヘイブン対策税制によって、バミューダに留保した所得も課税されることになる。つまりＡ社がＢ社、Ｃ社を迂回して受け取りバミューダに留保している所得については、本社のある米国で課税されることとなる。この税制は、米国でサブパートＦ条項といわれるものだ。

しかしグーグル社は、米国のチェック・ザ・ボックスルールを活用することにより、この税制もかいくぐることができる。チェック・ザ・ボックスルールとは、ある事業体を法人課税するか、出資者などの構成員に直接課税するか（パススルー税制）か、自ら選択できる（どちらを選択するか四角いボックスにチェックをつけるのでこの名称となった）制度で、米国特有の制度である。

パススルー税制を選択すればＢ社はＡ社の支店になるので、Ａ社とＢ社は一つの会社になる。Ｂ社は、Ａ社のからサブライセンスを受けコンテンツを米国外の市場へ販売する会社で、多くの従業員を抱えているので、ペーパーカンパニーでなく事業実態がある。そこでＡ社は米国のタックスヘイブン対策税制の適用除外となるのである。

このような一連のプラニングにより、次のようなビジネスモデルが完成する。グーグル社は、自ら開発した無形資産を活用して、コンテンツなどを米国外市場に販売し収益を上げるが、その収益は、まず実際にコンテンツを配信しているB社に入ってくる。その後、オランダ法人を経由してバミューダ法人であるA社に、ロイヤルティーの支払いという形で送金される。つまり利益の大部分は、バミューダにあるA社に留保され、そこでは税金はかからないので、グーグル社の租税負担は劇的に軽減される。

このような複雑なスキームを活用するのは、グーグルだけではない。アップル社など米国IT企業の租税回避も、基本的な構成・要素はほぼ同じである。

(3) 米国政府と議会の対応

米国政府は、タックスヘイブンに留保された利益に対し、親会社の所得と合算して課税できる税制（タックスヘイブン対策税制、サブパートF）を持っているが、その適用を尻抜けにしているのはチェック・ザ・ボックスルールである。これを活用した租税回避は、ここ十数年大きな問題となっているにもかかわらず、米国政府や議会は何ら有効な対策を講じてこなかった。議会は、アップル社、グーグル社などから幹部の証言を求めるなどの対応はしているものの、彼らが、米国内の事業については応分の法人税を負担していることもあり、抜本的な対策は講じてこなかった。

うがった見方をすると、このスキームは、米国の巧妙な知財戦略といえる。アップル社が米国外の市場から上げる収益を非課税にし、その資金をタックスヘイブンに留保しつつ、米国親会社の必要に応じて無形資産の価値向上のために活用でき、強いＩＴ産業を育成することにつながるからだ。

2　脱税と節税の間をねらう租税回避とは

(1) 租税回避（Tax Avoidance）とタックスプラニング

このように米国多国籍企業は、各国の法制度や税制を研究し、その隙間をねらって「租税回避」を行っている。租税回避とは、先述したように、違法な脱税でもない合法な節税でもない、グレーの分野の行為である。

租税回避は、さまざまな問題を生じさせている。第一に、租税公平性の要請、つまり租税回避が多国籍企業や高所得者を中心に行われることからくる、水平的・垂直的公平性の問題や、正直者、正直な企業が馬鹿をみるという納税道義の問題を生じさせている。第二に、国家が本来得るべき税収を失っているという問題である。とりわけ国境を越えた租税回避については、主権国家として税源を確保するという視点が重要となる。第三に、優秀なタックスローヤーなどが関与することによる人的資源の無駄の問題である。優秀な人材が、租税回避という社会的厚生の少ない（さらには国家の税収を減少させる）分野に投入されることは、人的資源上大きな無駄である。

むずかしいのは、これらの取引が法律違反（脱税）ではないということである。スタバ社のように、取引の相手が自らの関連法人なので、無形資産の対価をはじめ取引価格に自由裁量の余地があり、合法的な取引の範囲内での節税行動が可能となるのである。しかし、先進諸国が高齢化対応の費用の財源に悩むなかで、合法であれば過度な節税も許されるのか、といった問いかけがなされており、「アグレッシブな租税回避」は、私法上の取引そのものは有効であるものの、その結果もたらされる税効果は認められない（税法上否認される）とする考え方が一般的である。

しかし、どのようなスキームが「アグレッシブ」なものかについては、なかなか統一基準を設けることがむずかしく、ケースバイケースで考えていくしかない。

いずれにしても、租税回避は、先進国間の税金の取り合いという側面も持っており、今後ますます大きな問題となる。

(2) 租税回避を防止する包括的否認規定

わが国を除くG８諸国では、国内法で行きすぎた租税回避を防止する規定を作って対抗している。それは包括的否認規定と呼ばれるもので、ＧＡＡＲ（General Anti Abuse Rule）と称される。

米国では、連邦（内国）歳入法に包括的否認規定（ＩＲＣ§７７０１（ｏ））を設けている。内容は、１９３５年のグレゴリー事件の判決で示された「事業目的原理」や「経済実質原理」と呼ばれる原理（principal）をベースにしたものである。わかりやすくいえば、その取引を行うことに、租税回避以外の事業目的があるかどうかを問うものである。

２０１０年3月に成立した内国歳入法第７７０１（ｏ）条は、「経済実質主義の適用を前提に、（Ａ）納税者の経済的ポジションが税引前と税引後で有意に変化すること（客観テスト）、および

（B）納税者にその取引を行う税以外の相当な目的があること（主観テスト）を満たす場合にのみ経済実質がある」ことを規定している。(注1)

一定のプラニングを、「経済ポジションが有意に変化した」という客観的要件と「納税者の租税回避の目的」という主観的要件の二つを吟味することにより、否認すべき租税回避かどうかを判断するもので、二分肢テストと呼ばれている。

経済ポジションの変化については、取引から合理的に期待される税引き前利益の現在価値と、当該取引が尊重される場合に期待される租税利益の現在価値とを比べて、相当な程度の差異があるかどうかで判断されることになる。

このような立法に対して、納税者側から、負担が増えて誠実な商取引が阻害されるおそれがある、租税回避に対しては、開示制度の強化によることが効果的である、高い税率のペナルティーを科すことは問題だ、といった批判が寄せられた。課税当局側からも、適用に際しての柔軟性を奪う可能性がある、税務執行が複雑化する、税務当局の調査が遅延・長期化する危険があるといった批判が行われた。しかし、長年の判例法の積み重ねをベースにして、立法で要件を定義したことで法的安定性が図られたわけで、この規定がアグレッシブな租税回避の抑止に大きな役割を果たしていることは間違いない。

このような米国のアプローチに対して、英国、カナダ、オーストラリアなどでは、権利濫用アプローチをとっている。

英国では、アグレッシブな租税回避スキームの存在は競争条件を歪め、それを否認するため裁判所は、法律の目的的解釈や拡張解釈が必要になり、租税法規の複雑化を招いているということが長年大きな問題にされてきた。そこで、事業活動に対してより公平な競争条件を提供すること、目的的解釈による不確実性の問題を回避すること、租税法規の簡素化を図ることの三つを目標として包括的否認規定（ＧＡＡＲ）が導入された。導入にあたって、２０１１年に有識者の意見を集約したアーロンソン報告書が取りまとめられ、パブリックヒアリングを経て13年に立法化された。

内容は、「その締結又は実施が、適用される租税規定との関係において合理的な行動の道筋（a reasonable course of action）であると合理的に考えることができない場合（cannot reasonably be regarded）には、濫用的である（税法上否認される）」というダブル・リーズナブル・テスト（客観基準）を要求するものとなっている。注目すべき点は、租税回避の認定にあたって、課税庁側の挙証責任、諮問委員会（ＧＡＡＲ ＰＡＮＥＬ）への付議、コミッショナーの承認を条件としたことである。つまり、国税当局の見解よりも、民間有識者の見解を尊重したのである。(注2)

これに対しわが国では、同族会社や組織再編税制などの場合を除き、包括的否認規定は存在しない。同族会社については、「税務署長は、同族会社等の行為又は計算で、これを容認した場合にはその株主若しくは社員又はその特殊関係者の所得税の負担を不当に減少させる結果となると認められるものがあるときは、税務署長の認めるところにより、所得等の金額を計算することができる」旨規定しており（法人税法１３２条）、組織再編税制においても同様の規定がある（法人税法１３２条の２）。しかしそれらの場合を除いて一般的な否認規定はない。

そこで、それ以外（同族会社など以外）の場合について、明文の否認規定がないにもかかわらず、租税回避の否認と同様の結果になる課税庁の処分が許されるかどうかということが、かねてから税務当局や学界で議論されてきた。

この点に関する最高裁判所の判例や学界の通説は、「租税法上の明文の規定がない限り租税回避の否認はできない」というものである。一方で、「特定の目的の下で租税を減免する規定がある場合には、その要件を法律の趣旨・目的にそったものであるかどうか限定解釈することによって、租税回避否認と同様の効果をもたらすことができる」ことについても、大方のコンセンサスがある。また、最高裁の外国税額控除余裕枠りそな銀行事件判決（2005年12月19日）では、複雑なスキームを使っての取引が、明文の根拠規定はないものの、法の趣旨を外れた「権利の濫用」とされ租税上の効果を否認した。

しかし、「租税の減免規定の限定解釈」という否認の方法は、立法趣旨が必ずしも明確でない場合が多い状況では、法的安定性の見地から問題が指摘されている。

また、現在の同族会社等の包括的否認規定も、「不当に税負担を減少させる」という規定で内容が漠然としており、法的安定性が確保されているとは言いがたい。たとえば、最近話題になっている租税回避事案として、ＩＢＭ事件とヤフー事件がある。これらの法人の行った取引が、税務上否認される租税回避に当たるかどうかという点に関して、下級審レベルでの判決では、前者は国側が敗訴し後者は勝訴となっているが、否認規定の不明確性が問題になっている。

このような状況のもとで、わが国でも、規定要件を明確にしたうえでの立法的な対応、つまり包括的否認規定を立法化すべきだという見解が出はじめている。

かつて1961（昭和36）年の政府税制調査会で、「租税回避行為に対処するための立法のあり方」と題する答申が出されたが、これには慎重論も多く出て、その後具体的な議論は行われてこなかった。

しかし、最近の米国での包括的否認規定の立法化、英国でのアーロンソン報告書にもとづいた包括的否認規定の導入などの動きは、わが国においても導入の必要性を物語っているといえよう。

いずれにしても、租税回避問題は、伝統的な納税者と課税当局という図式ではなく、租税法弁護士・プロモーター（投資銀行や会計事務所）vs.税務当局の知恵比べという状況に変わりつつある。放置すると、納税道義の問題や税収の問題が生じるだけでなく、正常な取引を行う大部分の企業活動にも不利な状況を生じさせる。

納税者の予見可能性を確保するという観点から、事前照会・文書回答制度の一層の充実や、外国の制度などを参考に、わが国でも包括的否認規定の立法化を正面から議論する時期に来ている。

コラム　租税回避とロースクール　マニュピレイト・ウイズイン・ロー（Manipulate within Law）

著者は米国のコロンビア大学ロースクールで授業を受けた経験があるが、租税回避について次のような感想を持った。

ロースクールの最初の授業で教えるのが、「租税負担をできる限り低くするように取引内容を工夫することは、何ら非難されるべきことではない。何人も法が要求する以上に税金を払うという公法上の義務を負っているわけではない」というグレゴリー事件のハンド判事の言葉である。税負担を可能な限り低くするタックスプラニングそのものは否認されるべき行為ではない、という原則を授業で教える。

しかしタックスプラニングを教える立場は、教授によって微妙に異なる。

ニューヨーク大手ローファームのパートナーも兼ねる教授は、これぞ米国の租税弁護士という教授である。最初の講義で彼が言った言葉が「マニュピレイト・ウイズイン・ロー」である。私が授講したパートナーシップ税制の授業は、パートナーシップという制度を活用して、いかに法の枠内で税負担の軽減を図るか、ということ「のみ」を教える。学生も、その方向での思考方法を徹底的に教え込まれる。いろいろな設例を貸借対照表を使いながら解説していくのだが、驚くような節税効果が得られる最後の瞬間には、学生一同が（感嘆の）ため息をつく。

教授の顧客には日本の銀行がいて、多額の損失を抱える投資案件を、米国でパートナーシップを組成することによって、損失を必要としている米国人投資家といかに結びつけるか、それにより銀行は損失をどの程度先送りすることが可能か、といった実例を取り上げて授業が行われたのには驚いた。

また、「悪いことを考えつくのはインベストメントバンカー、ローヤーはそれに法律的なアドバイスをするだけ」というのが口癖の教授もいた。

その一方で、終身教授の資格を持つ税法の大御所の教授は、租税回避にはニュートラルで、「諸君は将来課税庁側で働くかもしれないし、弁護士として顧客にアドバイスする側になるかもしれない。どちらの立場に立っても、一つ一つの事実関係を、いろいろな角度から分析し評価できる力をつけることが大切だ」と教えていた。

また、ロースクールの授業には、必修科目としてエシックス（倫理）の授業があり、法律を犯すようなアドバイスをすることの問題についても徹底的に叩き込まれる。このバランスをどうとるかは、学生個人の問題となる。法律の守護神「女神テーミス」が持っているのは、そのバランスを量る天秤である。

ロースクールの先生の多くが、優秀な学生が租税回避を促進するタックスシェルター開発の仕事に従事することは残念だ、と嘆いておられた。

エール大学のグラエッツ教授は、租税回避を「頭の良い人によって考え出されるものの、税金以外の観点からはまったく意味のないばかげた取引」と定義している。

3　ＯＥＣＤで国際的なガイドラインを作って対応を

(1)　ＢＥＰＳプロジェクトの立ち上げ

国際的な租税回避については、スターバックス問題をきっかけとして、Ｇ８やＧ20の首脳たちが問題意識を共有した結果、２０１２年６月、ＯＥＣＤ租税委員会に「税源浸食と利益移転への対応（ＢＥＰＳ：Base Erosion and Profit Shifting）」というプロジェクトが立ち上げられ、具体的な対応策を探ることとなった。多国籍企業のタックスプランニングの手法や、それに対する対抗措置について具体的な議論を行い勧告するための検討が始まっている。

この場には、OECD非加盟のG20メンバー8カ国（中国、インド、ロシア、アルゼンチン、ブラジル、インドネシア、サウジアラビア、南アフリカ）も参加し、次の15の行動計画について、新たに国際的な税制の調和を図る方策を勧告するなど、今後とも検討が続いていく(注3)。

BEPSプロジェクトの基本的な認識は、国境を越えた取引の広がりなど、経済のグローバル化に対し、現行の国際課税ルールが追いついていないというものである。近年、源泉地国でも居住地国でも十分に課税されない「二重非課税」の問題や、本来課税されるべき経済活動が行われている国で所得計上されないという問題が顕在化している。リーマンショック後の財政悪化や所得格差の拡大を背景に、一部の多国籍企業が払うべき税金を適正に支払っていないことについて、先進諸国は政治的に看過できなくなっている。そこで、国境を越えた租税回避スキームに対し、国際協調のもとで戦略的かつ分野横断的に問題解決を図ろうとしているのである。

(2) わが国の対応

今後わが国が、OECDの検討を踏まえて具体的な検討を行う場合の論点を整理すると、以下の三つが挙げられる。

第一に、多国籍企業の租税回避問題を、単なるモラルの問題としてとらえるのではなく、防止に向けた実効性のある具体的なルール作りにつなげていくことである。

租税回避行為については、どこまでが許されどこからは税法上許されないのかというルールが不透明である。このような状況の中で感情的な企業批判が生じれば、国民や税務当局との相互不信だ

行動	概要	期限
7	恒久的施設（PE）認定の人為的回避の防止 人為的に恒久的施設の認定を免れることを防止するために、租税条約の恒久的施設（PE：Permanent Establishment）の定義を変更する。	15.9
8	移転価格税制（①無形資産） 親子会社間等で、特許等の無形資産を移転することで生じるBEPSを防止するルールを策定する（移転価格ガイドラインの改訂）。 また、価格付けが困難な無形資産の移転に関する特別ルールを策定する。	14.9 15.9
9	移転価格税制（②リスクと資本） 親子会社間等のリスクの移転又は資本の過剰な配分によるBEPSを防止する国内法に関する移転価格ガイドラインを策定する。	15.9
10	移転価格税制（③他の租税回避の可能性が高い取引） 非関連者との間では非常に稀にしか発生しない取引や管理報酬の支払いを関与させることで生じるBEPSを防止する国内法に関する移転価格ガイドラインを策定する。	15.9
11	BEPSの規模や経済的効果の指標を政府からOECDに集約し、分析する方法を策定する	15.9
12	タックスプラニングの報告義務 タックスプラニングを政府に報告する国内法上の義務規定に関する勧告を策定する。	15.9
13	移転価格関連の文書化の再検討 移転価格税制の文書化に関する規定を策定する。多国籍企業に対し、国ごとの所得、経済活動、納税額の配分に関する情報を、共通様式に従って各国政府に報告させる。	14.9
14	相互協議の効果的実施 国際税務の紛争を国家間の相互協議や仲裁により効果的に解決する方法を策定する。	15.9
15	多国間協定の開発 BEPS対策措置を効率的に実現させるための多国間協定の開発に関する国際法の課題を分析する。 その後、多国間協定案を開発する。	14.9 15.12

図表3・3　OECD租税委員会BEPS行動計画（概要）

行動	概要	期限
1	電子商取引課税 電子商取引により、他国から遠隔で販売、サービス提供等の経済活動ができることに鑑みて、電子商取引に対する直接税・間接税のあり方を検討する報告書を作成。	2014年9月 （以下14.9）
2	ハイブリッド・ミスマッチの効果の無効化 ハイブリッド・ミスマッチとは、金融商品や事業体に対する複数国間における税務上の取り扱いの差異であり、これを利用した税負担の軽減が問題視されている。ハイブリッド・ミスマッチの効果を無効化する国内法上の措置を勧告するとともに、モデル条約の規定を策定する。	14.9
3	外国子会社合算税制の強化 外国子会社合算税制（一定以下の課税しか受けていない外国子会社への利益移転を防ぐため、外国子会社の利益を親会社の利益に合算）に関して、各国が最低限導入すべき国内法の基準について勧告を策定する。	15.9
4	利子等の損金算入を通じた税源浸食の制限 支払利子等の損金算入を制限する措置の設計に関して、各国が最低限導入すべき国内法の基準について勧告を策定する。 また、親子会社間等の金融取引に関する移転価格ガイドラインを策定する。	15.9 15.12
5	有害税制への対抗 OECDの定義する「有害税制」について ①現在の枠組み（透明性や実質的活動等に焦点）に基づき、加盟国の優遇税制を審査する。 ②現在の枠組み（透明性や実質的活動等に焦点）に基づき、OECD非加盟国を関与させる。 ③現在の枠組みの改定・追加を検討。	14.9 15.9 15.12
6	租税条約濫用の防止 条約締約国でない第三国の個人・法人等が不当に租税条約の特典を享受する濫用を防止するためのモデル条約規定及び国内法に関する勧告を策定する。	14.9

（出所）財務省資料など

けが増大していく。この点わが国を除くG7諸国では、アグレッシブな租税回避は、税務上否認できる（認めない）包括的否認規定が税法に導入されており、その要件も法律で規定されている。その結果、取引の透明性、法的安定性もその分確保されることになる。一方、わが国ではこのような包括的否認規定が立法化されておらず、線引きがあいまいなままであり、このような規定の整備を検討する時期に来ている。

第二に、多国籍企業だけの問題ではなく、租税回避のプラニングを提供する会計事務所、投資銀行（証券会社）や法律事務所、さらには軽減税率で外国企業を引き寄せる国家、タックスヘイブンの存在も問題である。彼らを巻き込んだ議論を並行して行う必要がある。先述のように、企業側に複雑なタックスプラニングを提供するプロモーターと呼ばれる専門集団が存在しており、これを、たとえば米国のような登録制にする、一定のスキームをディスクローズさせるなど、透明性の確保をしていくことが考えられる。

また、無形資産を活用した租税回避スキームでは、ケイマン、バミューダといったカリブ海のタックスヘイブンだけでなく、オランダやアイルランドなどOECDメンバー国の名前が出てくる。オランダは、課税のゆるさを売り物にするダッチ・サンドイッチと称される租税回避に欠かせない租税条約を提供している。税の優遇措置で外国資本を引き込もうという考え方をとっている国である。さまざまな優遇税制を提供するアイルランドも基本的には同様の考え方を持っており、これらの国の税制のあり方も議論の俎上に載せる必要がある。このような動きは徐々に広がりつつある。

第三に、企業はどう考えるべきだろうか。

そもそもわが国の大企業の感覚として、ＢＥＰＳの議論は、多少の違和感をともなうものである。問題の租税回避行動（二重非課税問題）は、大部分が米国多国籍企業によるもので、まずは彼らの問題として処理すべきではないか、わが国企業にとっては二重課税の完全排除が先決の課題ではないか、という認識である。

一方で、米国企業だけがタックスプランニングによって租税を回避しつつ、税務コストを削減できるのでは、競争条件が不公平になる。ＯＥＣＤの場で、そのような米国多国籍企業の行動を問題視して議論することは、日本企業のメリットにもつながる。この立場からは、なるべく厳しい対応をとるべきだということになる。

もっとも、厳しく対処しすぎると、日本企業がアジア諸国相手に、無形資産を活用して事業を展開している状況に跳ね返ってくる可能性もある。今回の議論には、前述のように非ＯＥＣＤ８カ国が含まれていることを考慮する必要がある。

このように、日本企業にとって、ＢＥＰＳ問題への対応は単純なものではない。どこに重点を置くべきか、個別の会社、業種によって異なるといえよう。重要なことは、わが国が積極的に国際的なルール作りに参加すること、内外の投資を阻害しないような透明性と法的安定性の確保されたルールにすることであろう。

最後に、この問題は、事務レベルでの検討と並行して、政治レベル、最高首脳レベルでの話し合いがなければ解決しないということだ。なぜなら、この問題の本質は多国籍企業の節税だけでなく、「先進諸国間の税金の取り合い」という側面があるからである。

すでに、ＢＥＰＳ行動計画にもとづく勧告案も出ている。租税回避事例の分析、情報交換の促進などに加えて、無形資産の評価手法を明確化する検討も煮詰まってきている。わが国は、ＯＥＣＤ租税委員会議長国であり、このプロジェクトには積極的に参加しているが、政治的な関心はいまだ薄い。

(3) 問題の核心は無形資産取引

タックスプラニングの中心になるのは、特許権や商標権など無形資産の使用料（ロイヤルティー）の取り扱いである。グーグル社、アマゾン社、アップル社などでは、低税率国やタックスヘイブンに設立した関連会社に多額の使用料を支払って租税を回避する点が問題にされ、英国や米国の議会に証言を求められた。

商標権や特許権などの使用料は、そもそもどの程度なら適正なのか客観的に把握することがむずかしい。なぜなら、これら無形資産は、それぞれの多国籍企業の中で長年形成されてきたもので、ほかに比較すべき事例が見当たらないばかりでなく、課税当局の持つ情報ではなかなか数量化できないからである。

わが国でも、グローバルに事業を展開する米国多国籍企業が、グループ子会社の事業を再編成することにより税負担を軽減させるタックスプラニングが増えている。たとえば、これまでわが国に法人を設立し輸入販売の事業を行っていたもの（これを、バイ・セルモデルという）を、ケイマンやアイルランドなどのタックスヘイブンや低税率国に作った会社を通じて販売事業を行い、わが国の子会社の業務をアフターサービスなどに限定させる（これを、コミッショネアスキーム、問屋スキームという）ことにより、わが国での税負担の軽減を図るという事例（アドビ事件）もみられるところとなった。この事件は、スキームの巧妙さもあり国側が敗訴した。

わが国の企業も、アジアなどの低税率国に設立した統括会社などに経営ノウハウなど無形資産を移転することで、わが国の税負担を軽減するプラニングも広がりつつある。先進諸国にとってそのような事業再編は、自国税収の不当な脱漏につながる可能性がある。

ＯＥＣＤにおける国際的な議論の進展や経済活動の実態をみきわめながら、超過収益の源泉である無形資産を海外に移転させる事業再編に対する課税のあり方については、今後とも継続して検討していく必要がある。具体的には、無形資産の定義、評価、課税の方法などをＯＥＣＤの議論を踏まえて、法令で規定していく作業が必要だ。

コラム　税に対する意識の低い日本の経営者

G20財務大臣・中央銀行総裁会議の意向を受けてOECD租税委員会が主導するBEPSの議論が盛り上がっている。OECD租税委員会は、2013年7月に公表した15の行動計画に対して、パブリックコメントを経て、2015年12月までに新たに国際的な税制の調和を図る方策を勧告することとしている。今後この勧告がわが国の税制や租税条約に具体的にどう反映されていくのか、きわめて興味深い展開が続いていく。

BEPSで取り上げられている租税回避は主として米国多国籍企業の事例である。このような事例を目の当たりにして、日本の多国籍企業はいかなる感想を持ち、今後自らの企業行動に変化を生じさせようとしているのだろうか。

過日、ある日本を代表する製造業の財務・経理責任者と話をする機会があったので、ＢＥＰＳの議論が日本企業に及ぼす影響、とりわけ日本企業のタックスプラニング（租税回避）が積極的になるかどうかについて尋ねてみた。

彼が答えたのは、「わが社は現在、『当局から否認されないギリギリの範囲で税負担軽減のプラニングをする』という発想は一切持っていない。したがって、たとえば法務部門から自発的にタックスプラニングを提案するような仕事はない、というのが実情だ」ということであった。

では今後、将来に向けて、わが国企業においてもそういう機能の発揮が求められることはないのか、と尋ねると、回答は、「わが国企業がその方向に向かっていくためには、ＣＥＯなど企業経営トップマネジメントからの方針、トップダウンによる明確な指示が必要だ。それにもとづき、その指示を行動に移すためのミッションを明確に持った組織や人員配置などの体制の構築ができる。それなしには無理だ」というものであった。

かつてＯＥＣＤ租税委員会事務局長を務めたオーエン氏が筆者に、「日本の企業経営者は先進国で最も税に対する認識が低い。ニューヨークで自分が講演すると企業のＣＥＯが集まるが、経団連の講演では経理担当重役か部長止まりだ」と語ったことが思い出される。

ＢＥＰＳで問題になっているようなアグレッシブなタックスプラニングは、ＯＥＣＤ租税委員会の場できちんと議論して、新たなルールを作り抑制していくべきだと考えている。一方で、伝統的日本企業の倫理観の高さには頭が下がる思いがするものの、それだけでグローバルな競争社会を勝ち抜くことが可能かという疑念も湧いてくる。

法人税引き下げに向けての議論が続いているが、各種統計資料をみると興味深いことがわかる。わが国の法人税率は、表面税率（法定税率）で比較すると米国より5％程度低いが、個々の企業の税引き前利益に占める法人税負担を比較した実効税率ベースで比較すると、わが国企業のほうが10％程度高くなるという逆転現象が起きているのである。この最大の要因は、米国多国籍企業のタックスプランニングにあると考えられ、これを放置したままでは法人税率を引き下げてもわが国企業の国際競争力は回復しない。

「健全な」タックスプランニングは進めつつ、アグレッシブなものはＯＥＣＤでの議論を踏まえてルールの明確化により抑制していくという方向こそが日本企業の国際競争力の強化や向上につながるのではないか。もっとも、その線引きがむずかしいことは十分承知のうえの話である。

4　タックスヘイブンとの戦い

(1)　タックスヘイブンと何か

租税回避問題を考えるうえで、タックスヘイブンの存在は重要な問題だ。

タックスヘイブンとは、租税回避地（租税天国＝タックスヘブンではない）のことで、かつては、税率ゼロ、または低い国・地域という意味合いで使われてきたが、近年では、銀行の機密性が高いなど情報の透明性に欠けるという点が重要な判定要素となっている。タックスヘイブンに先進諸国がどう対処するかは、いまや、G8サミットやG20の場における最高首脳レベルでの討議課題となっている。

なぜタックスヘイブンが最高首脳レベルで取り上げるべきイシューとなったのだろうか。これまでタックスヘイブンは、税負担の公平性を損なったり、国庫に入るべき税収を損なうという観点から議論されてきたが、最近では、国際的な資金の流れの歪みを助長している、という認識が加わることとなった。きっかけはリーマンショックで、ヘッジファンドなどを通じてタックスヘイブンへ逃避した資金が、世界的な金融経済危機（リーマンショック）を増幅させたことである。これが、財政赤字に悩む先進諸国にとって、税収確保の必要性という事情と重なり、G8、G20の最重要課題のひとつとなった最大の理由である。

もちろん脱税がらみの話も依然大きな問題である。この件については、世界を揺るがした、2008年のリヒテンシュタイン事件と、米国におけるUBS銀行事件から語る必要がある。

リヒテンシュタイン事件は、同国のプライベート・バンカーからの告発によって発覚した。ドイツの課税当局が、プライベート・バンカーから秘密口座のリストを購入したところ、ドイツポストの会長などドイツの著名な財界人の秘密口座が発覚し、税当局や国民を驚かすとともに、資金逃避の現実を白日のもとに知らしめた。

ほぼ同時期に、スイスのUBS銀行の不正取引による米国人富裕層の脱税も発覚、それ以来米国政府は、スイスの銀行機密保護という国家政策そのものに挑戦し、その重い扉をこじ開けることに成功した。

加えて、これまで述べてきたような米国多国籍企業による租税回避が、スターバックス事件を契機に、英国、フランス、ドイツなどの欧州諸国や米国で大きな議論となり、タックスヘイブンが大きくクローズアップされてきた。

そして、2009年のロンドン・サミット首脳宣言で、「財政及び金融システムを保護するために、非協力的な国・地域に対する制裁を行う用意がある」とされ、「銀行機密の時代は終わった」と有名なフレーズが発せられたのである。

実は、すでにわが国も、ケイマンや香港などのタックスヘイブンがらみの資金移動の渦中にある。図表3・4は、日本銀行の国際収支統計（2013年）でわが国の対外・対内直接投資の相手先国をみたものである。これによると、わが国に直接投資を行っている国（残高ベース）の第1位は米国であるが、第2位はオランダ、第4位はシンガポール、第7位はケイマン諸島である。他方で、わが国が対外直接投資を行っている国をみると、第1位は米国であるが、第3位はオランダ、第6位はケイマン、第8位シンガポールとなっている。

これはわが国の対内・対外直接投資の多くが、タックスヘイブンなどの低税率国経由で行われていることを示している。投資家には、外国企業だけでなく、わが国の商社なども含まれている。

もっとも、これらが直ちに脱税がらみというわけではない。大部分は、租税負担の回避や規制を逃れるための投資資金で、これがタックスヘイブンを経由して出入りしているということであろう。

このように首脳レベルのトップ議題となったタックスヘイブン問題だが、先進諸国の対策は、着々

図表3・4　わが国の対外・対内直接投資の上位国・地域

対外直接投資

（単位：億円）

	国・地域	直接投資残高（2013年末）	直接投資（フロー）2012年	直接投資（フロー）2013年
1	米国	349,237	25,609	42,964
2	中国	103,402	10,759	8,870
3	オランダ	101,631	6,822	8,468
4	英国	71,379	9,4811	3,085
5	オーストラリア	57,018	8,689	5,640
6	ケイマン諸島	50,948	1,797	401
7	タイ	46,975	464	10,132
8	シンガポール	38,512	1,283	3,550
9	ブラジル	35,195	3,284	3,932
10	大韓民国	31,453	3,197	3,220
11	香港	20,884	1,880	1,752
12	インドネシア	20,850	3,039	3,821
13	ベルギー	20,539	392	2,643
14	フランス	18,936	1,853	△258
15	ドイツ	17,988	1,445	2,612
16	カナダ	17,684	3,019	2,766
17	インド	14,476	2,228	2,102
18	マレーシア	13,913	1,052	1,233
19	台湾	12,442	90	319
20	ベトナム	11,369	2,049	3,177

対内直接投資

（単位：億円）

	国・地域	直接投資残高（2013年末）	直接投資（フロー）2012年	直接投資（フロー）2013年
1	米国	55,216	△106	1,323
2	オランダ	29,150	△358	514
3	フランス	15,014	△369	△636
4	シンガポール	14,077	765	334
5	英国	13,819	970	589
6	スイス	10,715	4,065	△350
7	ケイマン諸島	9,912	△1,572	△1,050
8	ドイツ	6,783	357	12
9	香港	5,742	693	171
10	ルクセンブルク	3,548	△3,548	1,240
11	台湾	2,395	292	183
12	大韓民国	2,190	445	41
13	カナダ	1,564	40	36
14	スウェーデン	1,356	△47	465
15	オーストラリア	1,301	99	360
16	イタリア	897	△14	88
17	中国	607	57	138
18	マレーシア	507	△12	73
19	ニュージーランド	373	△1	10
20	タイ	116	30	3

（備考）直接投資（フロー）のマイナスの数値は、その年の投資の回収額が投資額を上回ったことを示す。

（出所）日本銀行「国際収支統計」から筆者作成

と進められてきた。

ＯＥＣＤは２００１年に、タックスヘイブンの判定基準から、「所得に対する税負担の無税もしくは名目課税」をはずし、「実効的な情報交換の欠如」「税制の透明性の欠如」を重視することとした。２００５年には、ＯＥＣＤモデル条約が改正され、自国に課税利益がない場合でも情報を収集し提供できるように情報交換根拠規定を強化した。各国ともこれに従った条約改定が行われている。そして２００９年、ロンドン・サミットにおいて、ＯＥＣＤが実効的な情報交換に非協力的な国のリストを公表するとともに、非協力国への対抗措置を表明した。このような動きは今日まで続いている。

(2) 進む情報交換

わが国は、スイス、バミューダやケイマンなど次々とタックスヘイブンと情報交換協定を締結している。タックスヘイブンにとっても、先進諸国と情報交換を行わなければ、自らの存在意義が問われる時代になったのである。

この結果、スイス、バミューダやケイマンなどのタックスヘイブンからわが国の税制当局に、日本人（日本居住者）の海外所得についての情報が数多く寄せられつつある。これにもとづき、日本人の相続税脱税事件や、リヒテンシュタインの銀行やスイスの銀行に預けられた脱税マネーが摘発されている。外資系企業社員のストックオプションがらみの申告漏れも、この情報交換にもとづくものだといわれている。

租税条約等にもとづく情報交換には、「要請に基づく情報交換」「自発的情報交換」「自動的情報交換」の三つの類型がある。国税庁は、ホームページに、2013(平成25)年度における租税条約等にもとづく情報交換事績の概要を公表しているが、情報交換の件数が増加していることがみてとれる。

さらに近年では、米国やOECDレベルでの協力体制の強化によってわが国の対応も大きく進みつつある。

米国では、2008年のスイスUBS事件などを受けて、国内で批判が高まり、2010年3月、米国市民による外国金融機関の口座を利用した脱税を防止する「外国口座コンプライアンス法(FATCA)」が成立し、2013年1月から施行されている。これは、海外送金、海外資産(口座残高が1万ドルを超える場合)について、詳細な資料情報の提供を義務づけるなど、個人富裕層をターゲットとして、オフショア金融口座など厳しい取り締まりを行い、納税者の開示を要求するとともに、提出義務違反には民事罰、刑事罰を科すものである。

2012年2月以降、各国がFATCAへの対応について米国と合意をし、国内の米国人の口座情報の提供を始めた。わが国も、財務省、国税庁、金融庁等と米財務省の間で2013年6月に当局間声明を公表、米国人口座の情報を提供することとした。

これを契機にOECDでも、多国間および二国間の自動的情報交換に関する国際基準の策定に着手し、2013年9月のG20サミットにおいて、2014年央までに自動的情報交換の技術的様式を完成させることにコミットした。今後先進諸国間でも情報交換は急速に進んでいく。

図表3・5　わが国の租税条約ネットワーク

《63条約、88カ国・地域／2014年11月1日現在》

欧州（36）	アイルランド	イギリス	イタリア	オーストリア	オランダ	スイス
	スウェーデン	スペイン	スロバキア	チェコ	デンマーク	ドイツ
	ノルウェー	ハンガリー	フィンランド	フランス	ブルガリア	ベルギー
	ポルトガル	ポーランド				
	ルクセンブルク	ルーマニア	英領バージン諸島（※）	ガーンジー（※）	マン島（※）	リヒテンシュタイン（※）
	（税務行政執行共助条約のみ）					
	アイスランド	アルバニア	エストニア	ギリシャ	クロアチア	スロベニア
	マルタ	ラトビア	リトアニア			
中東（6）	アラブ首長国連邦	イスラエル	オマーン	クウェート	サウジアラビア	トルコ
アフリカ（5）	エジプト	ザンビア	南アフリカ			
	（税務行政執行共助条約のみ）					
	ガーナ	チュニジア				
南アジア（4）	インド	スリランカ	パキスタン	バングラデシュ		
東・東南アジア（11）	インドネシア	韓国	シンガポール	タイ	中国	フィリピン
	ブルネイ	ベトナム	香港	マレーシア	マカオ（※）	
大洋州（4）	オーストラリア	ニュージーランド	フィジー	サモア（※）		
ロシア・NIS諸国（12）	アゼルバイジャン	アルメニア	ウクライナ	ウズベキスタン	カザフスタン	キルギス
	グルジア	タジキスタン	トルクメニスタン	ベラルーシ	モルドバ	ロシア
北米（2）	アメリカ	カナダ				
中南米（9）	ブラジル	メキシコ	ケイマン諸島（※）	バハマ（※）	バミューダ（※）	
	（税務行政執行共助条約のみ）					
	アルゼンチン	コスタリカ	コロンビア	ベリーズ		

（注1）多国間条約である税務行政執行共助条約、及び、旧ソ連・旧チェコスロバキアとの条約の複数国への承継のため、条約数と国・地域数が一致しない。

（注2）条約数、国・地域数の内訳は以下のとおり

・二重課税の回避、脱税及び租税回避等への対応を主たる内容とする条約（いわゆる租税条約）：52条約、63カ国・地域

・租税に関する情報交換を主たる内容とする条約（いわゆる情報交換協定）：10条約、10カ国・地域（図中、（※）で表示）

・税務行政執行共助条約（締約国はわが国を除いて全43カ国（図中、国名に下線）、うちわが国と二国間条約を締結していない国は15カ国）

（出所）財務省資料

図表３・６　共通報告基準による自動的情報交換のイメージ（外国⇒日本）

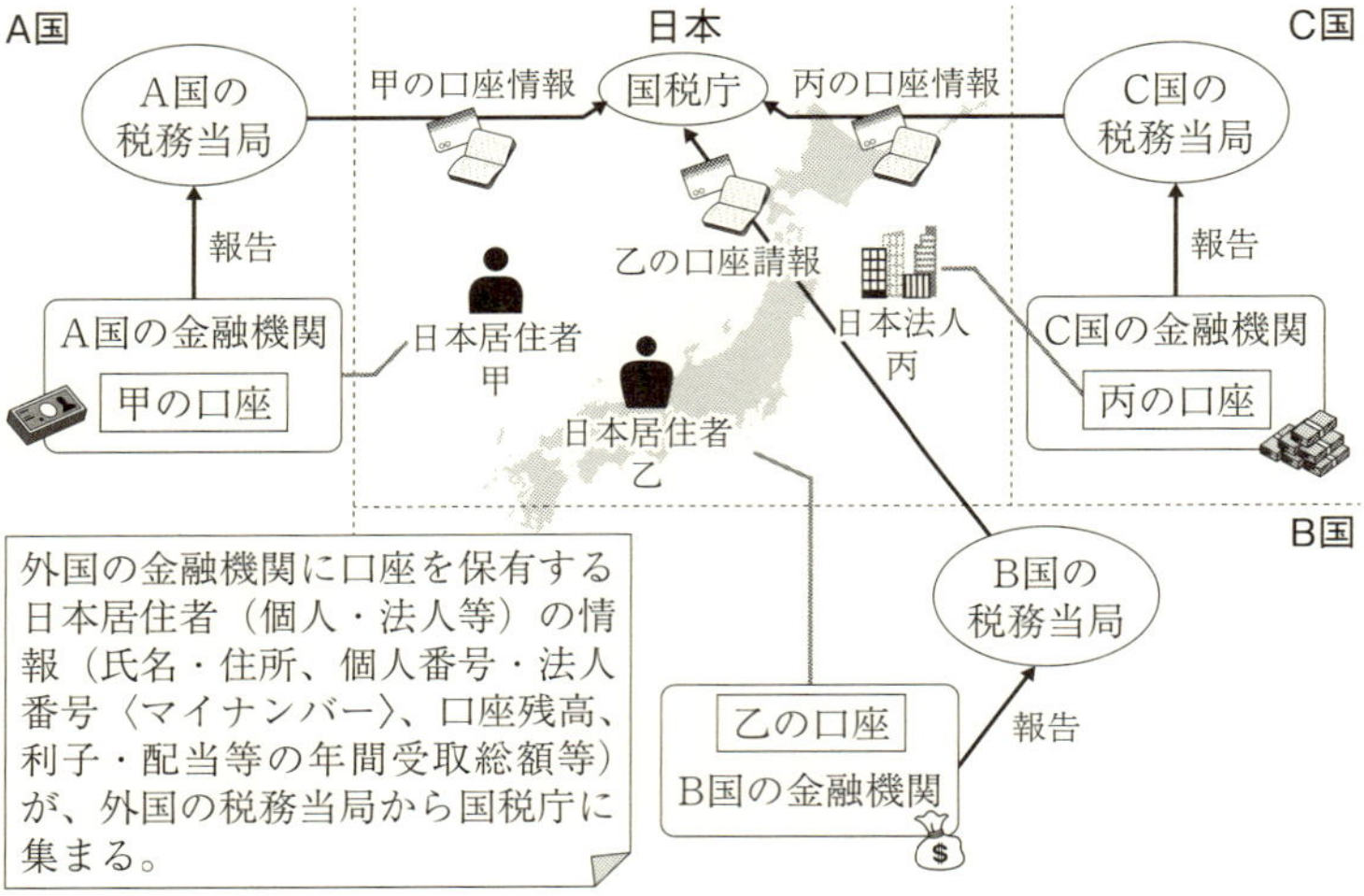

（出所）財務省資料

このように、国境を越える非合法な脱税への対応は相当程度進んできている。これは、脱税と決めつけることのできない国際的租税回避への対応（ＢＥＰＳプロジェクト）とは異なることに留意する必要がある。

わが国でも、貴重な税源・金融資産が海外に流出すれば、その後の課税が困難になるという認識がある。今後、ストック経済や高齢化の進展のもとで、相続税・贈与税がらみで海外へ逃避する金融資産の把握方法が大きな課題となる。

そこで、２０１２年度税制改正で、日本居住者が５０００万円を超える国外財産を有する場合、財産の種類、数量、価額その他必要な事項を記載した国外財産調書を提出しなければならない制度を、罰則付きで導入した。国税庁は、海外に５０００万円を超える財産を持つ日本人について、２０１３年末の時点で、少なくとも

5539人に上り、財産の総額は2兆5142億円、1人当たりで4億5000万円余りになると公表している。

また、財産債務調書制度の創設（2018年から）、国際的な税金の徴収の共助に関する国内手続の整備なども進みつつある。タックスヘイブンに資産を移せば、脱税が可能になるという単純な時代は、終わったといってよい。

5　出国税：逃げる富裕者への対応

(1)　資産を他国に移す富裕者たち

企業の世界だけでなく個人の世界でも、株式などの含み益を持つ富裕層がタックスヘイブンに居住地を移し、その後譲渡益（キャピタルゲイン）を実現させる租税回避がみられる。

日本の富裕層の間でも、相続・贈与税や所得税を回避するために日本脱出を図るタックスプランニングが盛んになりつつあり、富裕層を対象とした、タックスヘイブン国への脱出をアドバイスする書物やサービスも拡大している。政府税調資料によると、シンガポール、香港、ニュージーランド、スイスといったキャピタルゲイン非課税国への永住者数（邦人）は13年で2万人弱に上り、ここ10年で2倍以上増加している。

日本の居住者であるかぎり、たとえタックスヘイブンや銀行機密保護が強力なスイスなどに金融資産を移したとしても、そこから生じる所得は、日本で税務申告する義務がある。これを怠れば、脱税として刑事罰の対象となる。つまり、日本での税負担を回避するためには、日本からタックスヘイブン国に居住地を移す（日本の非居住者になる）必要がある。

この問題に最も過敏に対応策を講じているのは米国だ。米国には、市民権課税という仕組みがあり、市民権を持っている以上、どこの国の居住者であっても全世界所得に対して課税される。この点、日本国籍を持っていても、非居住者になれば基本的に税負担が生じないわが国とは、大きく異なっている。

(2) 居住地を移すということ

居住者とは、「日本国内に住所を有し、又は現在まで引き続いて1年以上居所を有する個人」のことであり、この定義から外れれば非居住者となる。

いったん非居住者になれば、不動産化体株式といった特殊な場合を除いて、売却した株式譲渡益については、その者がわが国に恒久的な施設（ＰＥ）を持たないかぎりわが国では課税されない。そこで、株式などの巨額の含み益を抱えているわが国の富裕層（日本の「居住者」）が、シンガポールなどキャピタルゲイン課税のない国に出国し、その国の居住者（日本の「非居住者」）となった後に、保有する株式などを売却して巨額のキャピタルゲインを得、わが国での課税を逃れる租税回避事例が生じている。ＩＴの発達で、非居住者となってもわが国の株式などを売買できる環境が整っているので、資産逃避を考える富裕層やそれを手助けするアドバイス業務が増えている。

非居住者となることにより租税を回避して裁判になった代表事例として、ユニマット事件（東京高裁平成20年2月28日）と武富士事件（最高裁平成23年2月18日）があるが、どちらも国（税当局）が敗訴している。

ユニマット事件では、日本を出国しシンガポールの居住者となった者が、香港で株式の譲渡を行った際の「住所」がどこかが争われた。結論として、日本の非居住者ということになった。

武富士事件は、相続・贈与税を逃れようとした事案である。武富士の元会長が、自ら保有する武富士株をオランダの会社に移し、その外国会社の株式を、贈与時香港に在住していた子息に贈与した。当時の税制では、非居住者が贈与により受け取った国外資産（オランダ株式）は、日本の贈与税の対象にならなかった。香港にも贈与税はないので、相続税対策としてそれなりに活用されていたスキームである。この事件では、子息が日本の居住者にならないように周到な準備をしていたこともあり、国側が敗訴した。

これらの事案では「生活の本拠」となる住居が日本にあったかどうかが争われ、どちらも納税者側が勝訴した。「生活の本拠」を移転することは、それほど大きなハードルではないといえよう。富裕層が意図的にわが国の非居住者になって租税を回避する事例を放置しておけば、税収の脱漏が生じるだけでなく、納税モラルの低下にもつながりかねない。武富士事件の最高裁判決では「日本国籍を有し、かつ国内に住所を有していたが暫定的に国外に滞在」するようなタックスプランニングは、「一般的な法感情の観点からは少なからざる違和感も生じないではないけれども、それを禁じる法律がない限り、租税法律主義のもとでは、やむを得ないところである」と判示されている。

そこで、法律改正をしてそのような「抜け穴」をふさぐ必要が出てくる。実際、武富士事件を受けて相続税法は厳しく改正され、日本国籍を持つ日本非居住者が相続税の納税義務者になるかどうかについて、相続人のみならず被相続人についても過去5年間日本に居住していたかどうかで判定されることとなった。

この結果、日本国籍を有する者については、被相続人（贈与者）・相続人（受贈者）ともに相続・贈与開始前5年以内のいずれの時においても日本に住所を有していない場合に限って、日本国外の財産には課税されない（課税対象は日本国内財産のみに限定される）こととなった。

さらに、2013（平成25）年度改正で、子や孫に外国籍を取得させることにより国外財産への課税を免れる租税回避事例を閉じるため、外国籍を持つ受贈者（相続人）が国内に居住する贈与者（被相続人）から取得した国外財産を新たに相続税・贈与税の対象とすることとした。ハワイに行って子供を産み、米国籍を取得して相続税・贈与税対策とする事例を封じたのである。

(3) 出国税の導入

上述のように非居住者になることによって課税を逃れようとする者について、米国をはじめとする多くの先進国は、「出国の際」にさまざまな工夫をして、その者の株式等の金融資産の譲渡益に課税している。これらの措置は「出国税」と称されている。

株式などの資産は、評価益が生じた段階で課税することが本来の姿だが、個人ごとに評価益を時価評価して課税することは技術上困難である。そこで、資産の含み益が実現するまで課税を繰り延べざるをえない。しかし、出国して非居住者になってしまえば、含み益の実現時に課税を行うことはできなくなるので、出国の機会をとらえて、含み益を時価評価したうえで課税しようという考え方である。

具体的には、非居住者になる際を課税のタイミングととらえて、出国直前の居住者に対して、出国直前に資産を譲渡したものとみなし、時価で株式等を評価してその譲渡益（キャピタルゲイン）に対して課税を行うのである。

この制度を導入している国をみると、株だけでなく資産一般を対象とする国から、株式等に限定する国など、その対象範囲はさまざまである。国によっては、出国した後も引き続き居住者として課税する方式や、国内源泉所得の範囲を拡大して非居住者として課税する方式をとっている場合もある。たとえば英国は、出国者が5年以内に再入国して居住者となった時点で、国外で実現した所得に対して課税する方式をとっている。

わが国でも、先述したＢＥＰＳ対応の一環として、２０１５年度税制改正で、巨額の含み益（未実現のキャピタルゲイン）を有する株式等を保有して出国する者に対する譲渡所得課税の特例が２０１５年10月から導入されることとなった。出国時の有価証券等の評価額が1億円以上の者で、出国直近10年内において5年を超えて居住者であった者に対して未実現のキャピタルゲイン（含み益）を課税するものである。先進諸国なみの「出国税」を導入することとなったのは前進といえよう。

国境を越える課税逃れ・租税回避については、国外財産調書制度の創設（２０１２年度改正）、受贈者の国籍を外国籍化する形での相続・贈与税回避スキームへの対応（２０１３年度改正）、いわゆる「出国税」の導入・財産債務調書制度の創設（以上２０１５年度改正）など着実に対応が行われてきている。

第4章　税で促す個人の自立

財政再建途上のわが国の政策としては、手厚くセーフティーネットを張り巡らせる（現金や現物を給付する）政策から、勤労インセンティブを刺激したり、個人のイニシアティブを支援する政策にシフトすることが必要だ。

その観点からワーキング・プア対策としての勤労税額控除の導入や、個人で老後を支える貯蓄への税制優遇措置の導入、資本と知恵を結びつける事業体の法制や税制の構築などが経済活性化の切り札として検討に値する。

1　個人のイニシアティブを支援する税制

社会保障の基本的な考え方は、自助・共助・公助をバランスよく組み合わせて、公平で効率的な制度を作り上げることである。

これまでのわが国の政策をみると、感覚的にいえば、小泉政権時代は「自助」努力の必要性が説かれその方向での政策が打ち出されたが、民主党政権に代わって「公助」が強調され、多くの税財源を注ぎ込む方向での政策が実行された。その後、政権交代により自民党の安倍政権が成立したが、自助・共助・公助のバランスのとれた議論が期待される。

「公助」を拡充するには莫大な税金の原資が必要となる。しかし、社会保障の効率化を進めていくなかで、いま以上の税財源をたとえば年金に投入することは、世代間の公平の観点からも望ましいことではない。また、手厚すぎる「公助」は、モラルハザードをもたらす可能性がある。勤労できる若者世代の生活保護受給者が増えていることは、この問題と無関係ではない。

そこで、「公助」の役割は必要最小限度にとどめ、それに代わるものとして、国家が何らかのインセンティブをつけて「自助」を支援するという政策を考えていく必要がある。

生活保護との関係でいえば、（生活保護を受ける前に）自立して働こうとする者を税金で支援するのである。具体的には、一定の所得水準まで、勤労に応じて奨励金のような給付を行うことである。あるいは、自立して所得が得られても、ある程度までは税や社会保険料負担を軽減する政策である。

年金制度でいえば、個人が自助努力で老後の生活設計のために蓄えを行うこと（いわゆるネスト・ビルディング）を、国家が税制で支援するのである。具体的には、年金の税制のあり方を見直し、税引き後の所得から積み立てる場合には、積立時・給付時の税負担をなくす私的年金を作ることにより、年金積み立てにインセンティブを与えることである。

さらに、新たな事業を始める者と、その者に資金を提供する者が、リスクテイクを可能にする税制の支援措置も必要だ。リスクをとれる税制とは、投資家に損失が生じた際の手当て、つまり他の所得との損益通算ができるようにすることである。それは、国と個人がリスクをシェアする税制を構築することでもあり、これによりわが国の企業や個人がリスクをとりやすくなる。そもそも資本主義の本質は、「リスクをとって資本を提供する者」に報いがもたらされることにある。このことがベンチャー企業の創設などを通じて経済活力を高めることにつながっていく。

2　勤労を支援・奨励する税制：勤労税額控除

(1)　勤労インセンティブを与える

現在、生活保護受給者は200万人を超え、支給総額も4兆円に迫ろうとしている。一方で、受給者の中には、勤労できる若者が40万人いるという。つまり5人に1人は勤労が可能なのだ。

いったん生活保護受給者になってしまうと、保護の水準がそこそこで、それを勤労して抜け出そうというインセンティブがわかなくなり、ずるずる受給を続ける若者の姿がテレビ番組で報じられることがある。そこで、彼らが働きたい、すこしでも働けばいまよりは生活が豊かになるというインセンティブを与える制度を作ることによって、働けるのに働かない、生活保護を受け取るほうが楽だ、というモラルハザードを断ち切ることができる。

さらにそのような制度を、フルタイムで働いても貧困層を脱出することができないという、いわゆるワーキング・プア層にも拡大することを検討すべきだ。職業訓練などと組み合わせれば、将来の生活保護受給を防ぐことができ、肥大化する生活保護費の節約、財政資金の節約につながる。モデルは、第1章で述べた英国のブレア改革である。

有効なインセンティブとして考えられるのは、「勤労して一定の所得を稼げば、それに応じて国家から割増給付金が支給される」制度である。このような制度は、長年手厚い社会保障によるモラルハザードに悩まされてきた英国をはじめとする欧米諸国で導入され、勤労インセンティブの向上や雇用の増加に大きな成果を上げてきたものである。

わが国の現行制度を大まかに概観すると、勤労できない者は生活保護、失業者で有資格者は失業保険という対応が図られてきた。ところがリーマンショックを契機に、失業保険期間経過者や受給無資格者等、失業手当を受けられない人たちへの対策の必要性が認識され、「緊急人材育成・就職支援基金」が創設された。

この制度は、第一のセーフティーネットである失業保険と最後のセーフティーネットである生活保護の間を支援する「第三のセーフティネット」といえるものである。職業訓練と生活支援・就労支援をリンクさせた点に特色があり、勤労を通じて豊かな生活を送るというワークフェア思想の走りともいえ、2011年度からは恒久的な求職者支援制度となった。

このように徐々に拡充されてきたわが国の制度だが、欧米諸国で一般的にみられる、「フルタイムで働いているにもかかわらず、所得が低く貧困ラインから抜け出せない者」（いわゆるワーキング・プア）に現金を給付し勤労を支援する制度はいまだ存在しない。このような制度は、勤労税額控除

（給付付き税額控除の一種）と呼ばれるもので、一定時間・一定所得以上の勤労を条件に税額控除・給付を行うことによって、勤労インセンティブを供与し就業を促進することをねらいとしている。

欧米の雇用政策をみると、職業紹介や職業訓練と、労働インセンティブを与える勤労税額控除が、積極的労働政策として一体的に実施され効果を上げている。

(2) 勤労税額控除の具体的仕組み

具体的な仕組みは、「一定以上の勤労所得のある個人または世帯に対して、勤労を条件に税額控除（減税）を与え、所得が低く控除し切れない場合には給付する。税額控除（給付）額は、所得の増加とともに増加するが、一定の所得で頭打ちになり、それを超えると逓減し最終的には消失する」という内容である。勤労して得た所得に一定割合のプレミアムを付けることにより、勤労のインセンティブを高める制度で、In Work Tax Credit とも呼ばれ、英・米・独・仏をはじめ、スウェーデンなど北欧諸国にも導入されている。わが国で、給付付き税額控除と称される政策の一類型である。

そのメカニズムは、国ごとに微妙に異なるが、米国を例にとると、所得と税額控除額との関係は、図表４・１のような台形で表される。

①は逓増（phase in）段階で、稼得所得が増加するにつれて控除・給付額も増加する。たとえば傾き（phase in rate）が25％の場合には、所得が１００増加すると25が税額控除・給付されるので大きな勤労インセンティブが働く。

図表4・1　勤労税額控除の仕組み

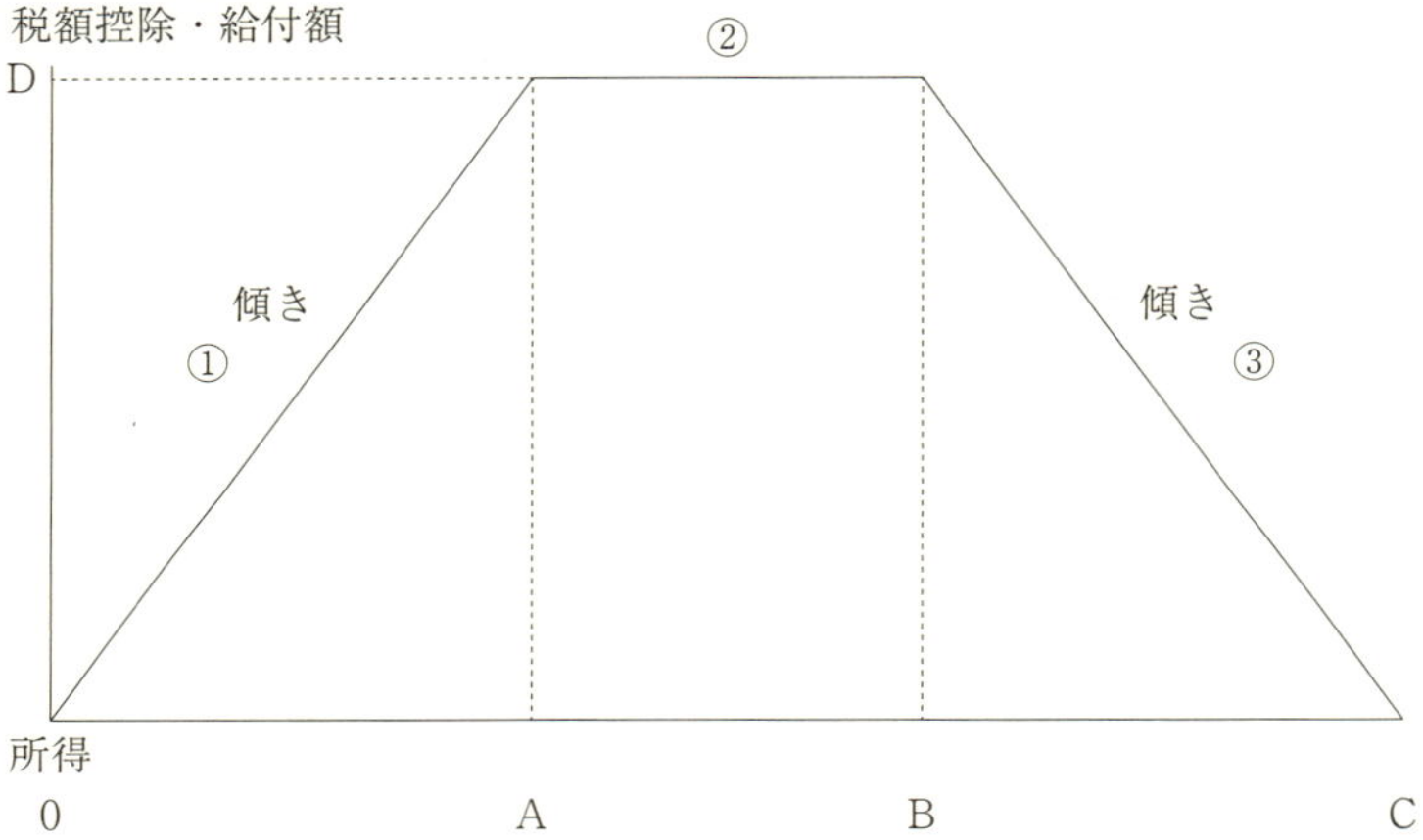

②は定額（flat）段階で、所得が増加しても控除額が一定（最高限度）である。

③は逓減（phase-out）段階で、所得の増加にともない控除額が減額される。手取り所得の増加額は所得に応じて減少するので、勤労インセンティブは弱くなるが、給付があることには変わりない。

(3)　勤労税額控除の意義

本制度には、次のような意義がある。

第一に、勤労により所得を得る行為と給付額をリンクさせるので、勤労インセンティブが高まり、就業率を拡大させる効力を持つ。他方で、勤労より生活保護などの社会保障に依存したほうが有利というモラルハザードや、せっかく勤労して所得を得ても税や社会保険負担が生じ、かえって手取りは少なくなるというポバティー・トラップ（貧困の罠）を防ぐことになる。また給付があるので、自らの労働スキルを向上させ自立した生活を送ろうという意欲がわいてくる。英国など欧州諸国では、職業訓練などと連動して運営されている。

第二に、勤労税額控除を導入するにあたって所得控除を縮小し、財源を得ながら税額控除に替えていくという方法（税収中立）をとれば、課税ベースの拡大が図れるので所得税の所得再分配機能を高める効果を持つ。

たとえば、給与所得控除を20万円削減し、それによって得られる税収で1人当たり2万円の税額控除を導入したとする（税収は中立とする）。20万円の所得控除を削減すると、最高税率50％適用者は10万円の増税となるが、10％の税率が適用される中所得者は2万円の増税にしかならない。この財源を使って1人当たり2万円の税額控除に変更すると、高所得者の負担は10万円－2万円＝8万円分だけ重くなるが、中所得者層の負担は2万円－2万円＝0円となり、所得再分配効果は高まることになる。税負担が2万円以下の低所得者には差額を給付すれば、所得再分配効果はさらに大きくなる。もっともその場合には、より多くの財源が必要となるので、所得控除を一段と削減する必要がある。

所得税は、担税力という概念のもとに構築されている。したがって、担税力が低下するような一定の事情があるときには、所得税の負担を調整する必要が出てくる。その場合の方法としては、所得から一定額を控除する所得控除という方法と、納税者の税額そのものを差し引く税額控除という二つの方法がある。

わが国の所得税では、もっぱら前者により負担の調整が行われており、基本的な人的控除である基礎控除、配偶者控除、扶養控除等について所得控除制度がとられている。

しかし所得控除は、累進税率のもとでは、高所得者の税負担をより多く軽減するという逆進的な効果を持つ。たとえば、景気対策として所得税減税を行う必要が生じたとすると、所得控除を拡大する方法では、課税最低限近くの納税者には効果は小さく、限界税率の高い高所得者に恩恵の偏る減税となる。ましてや課税最低限以下の者は税金を払っていないので、減税の恩恵は及ばないことになる。そこで近年、改めて税額控除が見直されている。

わが国所得税の歴史をさかのぼると、昭和初期に扶養控除について税額控除方式が導入された。その後シャウプ税制改革で、税額控除は複雑であるという理由から、所得控除に転換された。また、税額控除は補助金的性格を持ち、政策税制としての色彩が濃いこともあって、その後も限定的に運用されてきた。

しかし、最近のわが国の経済社会状況の変化は、税額控除制度のメリットを再認識させる。その契機となったのが、少子化対策やニート・フリーターの雇用促進策に、現行の所得控除を衣替えして税額控除（給付を含む）を導入すれば、少ない財源で大きな効果が期待できるのではないか、という議論である。

２００２年６月の政府税制調査会答申「あるべき税制の構築に向けた基本方針」は、人的控除の基本構造の見直しとして、「児童の扶養について税額控除を設ける」ことなど、三つの案を提示し、少子化対策税制としての活用を示唆した。

税額控除の議論は、その後民主党政権のもとで給付付き税額控除の議論に発展していく。これについては後述するように、社会保障給付や各種所得控除、最低賃金制度や生活保護のあり方などと整合性をとりつつ、一体として効果的かつ効率的な政策を構築していく必要がある。

(4) 自民党政権・民主党政権ともに議論してきた制度改革

自民党から民主党に政権が交代する直前の2007年11月の政府税制調査会答申「抜本的な税制改革に向けた基本的考え方」では、給付付き税額控除に関して以下のような記述がある。

「いわゆる『給付つき税額控除』(税制を活用した給付措置)の議論

近年、アメリカ、カナダ等の諸外国では、給付と組み合わされた税額控除制度が導入されているが、我が国でもこうした制度の導入を検討してはどうかという議論がある。このような制度は、課税最低限以下の低所得者に対して、税額控除できない分を給付するという仕組みであり、若年層を中心とした低所得者支援、子育て支援、就労支援、消費税の逆進性対応といった様々な視点から主張されている。また、税と社会保障を一体的に捉え、社会保険料負担を軽減する観点から本制度を利用している国もある。国民の安心を支えるため、持続可能で安心できる社会保障制度の構築とそのための安定的な財源の確保が重要な課題となっている中、このような視点から議論を行っていくことには意義がある。他方で、今後議論すべき課題も多く残されている。まず、この制度が給付としての性格を有するものであることを踏まえる必要がある。その上で、課税最低限以下の者に対する公的給付の必要性について、社会保障政策の観点から、既存の給付や各種の低所得者対策との関係を踏まえて整理が行われる必要がある。また、資産保有状況等と関係なくある年の所得水準に基づいて給付することが適切か、財源をいかに確保するか、さらには、給付に当たって適正な支給の方策、とりわけ正確な所得の捕捉方法をどう担保するか、といった論点がある。この制度については、以上を踏まえ、諸外国の実施状況等を参考にしながら、その制度化の可能性や課題について議論が進められていく必要がある」。

このような議論を踏まえて、2009年度所得税改正法の附則104条3項で初めて「給付付き税額控除」が法律に明記され、所得税改革の中で検討を行うこととされた。

政権交代した民主党政権は、この考え方をさらに進め、10年度税制改正大綱は、次のように記述した。

「所得控除から税額控除・給付付き税額控除・手当へ

現行所得税の所得控除制度は、結果として、高所得者に有利な制度となっています。なぜなら同額の所得を収入から控除した場合、高所得者に適用される限界税率が高いことから高所得者の負担軽減額は大きくなる一方で、低い税率の適用される低所得者の実質的な軽減額は小さくなるからです。例えば、0歳から15歳までの子どもを対象とする扶養控除は子育て支援の機能を有していますが、同じ38万円の所得控除を適用した場合、高所得者が10万円を超える減税になるのに対して、低所得者では2万円の減税にもなりません。所得控除を一律の税額控除に変えれば、限界税率の低い低所得者ほど所得比で見た負担軽減効果が大きい仕組みになります。手当は相対的に高所得者に有利な所得控除に代えて現金給付を行うものであり、定額の給付であることから相対的に支援の必要な人に実質的に有利な支援を行うことができます」。

このような考え方は民主党が選挙マニフェストに書いたもので、政権交代後、扶養控除（所得控除）を削減し「子ども手当」に変えたのだが、所得控除削減による財源以上の手当を約束したことから、「子ども手当」は迷走し、結果的に児童手当に戻ることになる。

いずれにしても、給付付き税額控除という政策については、自民党、民主党を問わず、これまで前向きの主張が行われてきたことには注目する必要がある。

(5) 給付付き税額控除の4類型

給付付き税額控除の活用法は各国さまざまで、大きく図表4・2のような四つのタイプに分けられる(注1)。

第1類型は、最も活用されている勤労税額控除で、これまで説明してきたところである。

第2類型は、子供の数などに応じて税額控除・給付額を変えることにより、子育て家庭への経済支援を行う児童税額控除である。米国では、家族形態に応じ勤労税額控除の額を増減させるとともに児童税額控除も導入し、英国も勤労税額控除と児童税額控除の双方を導入している。

わが国の母子家庭の母親は、その80％半ばが就労しているにもかかわらず、6割が貧困ライン以下という状況にある。彼女たちには、不十分な就労機会を補填する機能と子育て支援という観点の

図表4・2　給付付き税額控除の４類型

第１類型―勤労税額控除（EITC）。クリントン、ブレアのワークフェア思想。勤労により自助努力で生活能力を高めていくことを支援する。オバマも拡大。
第２類型―児童税額控除（CTC）。世帯人数に応じ税額控除。母子家庭の貧困対策・子育て支援による少子化対策に有効。
第３類型―社会保険料負担軽減税額控除。低所得層の税負担・社会保険料負担を緩和。還付・給付はなし。オランダ。
第４類型―消費税逆進性対策税額控除。消費税率引き上げによる逆進性の緩和策として導入。基礎的生活費の消費税率分を所得税額から控除・還付。カナダ。

（出所）筆者作成

両方から、給付付き税額控除で経済支援していく必要性、正当性が高いといえよう。

第3類型は、税だけでなく社会保険料とあわせた負担を相殺する（現金給付はしない）形で給付付き税額控除を設計するものである。オランダで導入されており、年金の未納対策に役立つ点が評価されている。韓国の勤労奨励税制も、社会保険料負担とほぼ同額の給付付き税額控除を行う設計となっており、思想的にはこの類型に属するといってよい。

第４類型が消費税の逆進性対策である。カナダでは、一定の所得以下の家庭に１人当たり2万円程度の給付を行う制度（ＧＳＴ控除）が導入されている。これは、低所得者の生活必需品の購入にかかる消費税額を還付するという発想から行われているものである。わが国でも消費税率10％への引き上げの際に、軽減税率と並んで低所得者対策の候補として法律に明記されている。なおカナダの制度には、単身者に限って、所得がある水準を超えると給付額が逓増する設計がしてあり、勤労税額控除の要素が組み込まれている。また児童税額控除も別途併存している。

最近のワーキング・プア問題の広がりの中、わが国の雇用政策も、市場経済からこぼれ落ちた人を職業訓練などを通じてもう一度市場経済の中に引き戻し（「トランポリン型社会保障」）、さらに勤労を通じて豊かな生活を送れるようにする（「ワークフェア思想」）方向に変えていく必要があるが、いまだ勤労税額控除制度は議論すらなされていない。早急に議論を開始すべきではなかろうか。

(6) 導入にあたっての課題

わが国に勤労税額控除など本格的な給付付き税額控除を導入する際の課題を考えてみよう。

まずは、既存の社会保障制度、とりわけ生活保護や失業保険制度と整合性をとる必要がある。たとえば、失業保険切れや受給資格を持たない求職者は、勤労所得・勤労時間がゼロである場合が多いと考えられるが、「仕事がなく職業訓練を受けて就労チャンスを拡大させる人への支援」と「やむなく低所得の仕事に従事している人への支援」をうまく連続・整合させることが課題となる。

米国では、「最低賃金でフルタイム働けば（相対的）貧困ラインから抜け出せる」ことを基本哲学としており、最低賃金制との整合性も必要である。相対的貧困ラインというのは、世帯人員を調整した等価可処分所得の中央値の半分に満たない世帯員を指している。この点に関連して、最低賃金政策よりは勤労税額控除制度のほうが、勤労者へのインセンティブ政策として有効であるという米国の研究成果がある。

第二に、制度を執行していくうえでのさまざまな課題を詰める必要がある。先進諸国の例では、税と社会保険料の徴収の一元化を前提に、税務官庁が執行している例が見受けられる。これは、所

当局）が一元的に、勤労奨励税制という名前の勤労税額控除を執行している。韓国では、個人の所得情報を管理する財務部（税制得情報を税務官庁が保有していることによる。

一方、英国キャメロン政権は、ブレア政権で導入された多様な給付付き税額控除を整理統合したユニバーサルクレジットを2013年から実施しているが、その執行を、これまでの税制当局から社会保障官庁に移し一元化した。(注2) この制度の本来の機能から考えれば、わが国では社会保障官庁が所管し、実際の執行は地方自治体が行う方式が効率的・効果的・現実的であろう。

問題は、不正受給の防止である。これを防ぐために、正確な所得の把握が必要となる。2016年1月から稼働する番号制度（マイナンバー）を活用し、現在税務官庁が入手していない課税最低限以下の所得情報についてもきめこまかく管理することや、世帯の所得の名寄せを正確に行うことが必要である。さらには、一定以上の資産を持つ者は排除する仕組みも考える必要がある。その場合、個人全員の資産情報を国家が入手することはむずかしいので、利子や配当所得などの資産性所得（金融所得）を番号で把握・名寄せすることにより代替する仕組みが考えられる。いずれにしても、番号で利子所得などの金融所得を名寄せ・把握できるような体制を整備する必要がある。このことについては、第6章で議論する。

2014年4月からの消費税率8％への引き上げに際して行われた低所得者対策としての「簡素な給付措置」は、国からの指示と財源にもとづき地方自治体が給付する仕組みとなっている。これまで定額給付金なども自治体を通じて行われてきた。給付付き税額控除も、国が設計するが実際の給付は自治体を通じて行うことが現実的である。

詰めるべき課題は山積しているが、税制と社会保障制度を一体的にとらえる新たな政策ツールを持つことが、わが国の縦割り行政を変え、政策の精度を上げていくことになる。とりわけ、わが国の所得再分配制度がうまくいっていないことについて、さまざまな学者が指摘している。所得再分配の精度を上げるには、所得控除を給付付き税額控除に替えていけば、効果がある。

労働による稼得行為と直接リンクさせることにより、勤労インセンティブを高めるという政策は、働かなくても給付が受けられるという失業手当のモラルハザードを縮小させる効果を持つ。この点、国民なら誰でも、就労や婚姻の有無、あるいは年齢を問わず（つまり子供も老人も）、ベーシック・ニーズを充足できる一定額の現金給付を受け取る権利があるという思想の「ベーシック・インカム」論とは、就労を条件としている点で異なるものである。

コラム　消費税増税の低所得者対策は軽減税率より給付付き税額控除で

２０１５年度与党税制改正大綱で、「消費税10％時に導入する」とされた消費税軽減税率だが、その導入に向けてのハードルは高い。２０１４年に与党税制協議会で関係事業者からのヒアリングを行ったが、軽減税率導入に賛成したのは、農協、住宅産業、医師会、新聞・雑誌業界など自ら扱う商品やサービスにかかる税負担の軽減を望む事業者だけであった。このことは、軽減税率が導入されれば、「自らの扱う商品やサービスを軽減対象にしてほしい」という陳情合戦になることをはからずも物語っている。

大方の事業者や経済団体、さらには消費者団体も反対の意見表明をした。反対の理由は、事務コストがかかる、政策効果がはっきりしない、社会保障財源が減るというようなことであった。

このように関係者の反対の多い軽減税率を自民党は本当に容認するのだろうか。この問題は国民生活に直結する税制の基本問題だけに、政治駆け引きによる判断だけは避けたい。

さて、軽減税率に問題が多いとなれば、その代替案は給付付き税額控除ということになる。消費税増税法第7条は、「税率引き上げに伴う低所得者対策として、給付付き税額控除か軽減税率の導入を検討すること、それまでの間は簡素な給付措置を行うこと」(筆者要約)と記しているからである。

そこで、一定の所得以下の世帯に人数に応じて定額で基礎的支出の消費税分を給付するカナダ型の給付付き税額控除(GST控除)を参考にして、わが国の低所得者対策としての給付付き税額控除の具体案を考えてみた。財源規模については、住民税非課税者2400万人に1万円(年金生活者には1万5000円)を配る「簡素な給付措置」が3000億円(消費税率3%引き上げ)なので、5000億円(消費税率5%引き上げ)と見積もった。なお、簡素な給付措置と異なり年金受給者を対象から除いた。彼らには消費税率引き上げにともなう年金の物価スライドが発動されるからである。

一方、同じ財源で軽減税率を考えると、生鮮食料品支出を3%軽減し7%の税率にする場合がほぼ対応する。そこで双方の負担軽減効果を所得階層別に比較してみた。

生鮮食料品を7%とする軽減税率のケースでは、その効果が高所得世帯にも及ぶこともあり、低所得者の負担軽減効果はきわめて少ない(図表4・3参照)。世帯収入が1000万円程度の世帯

図表4・3　低所得者の負担軽減効果比較：夫婦と子供1人世帯

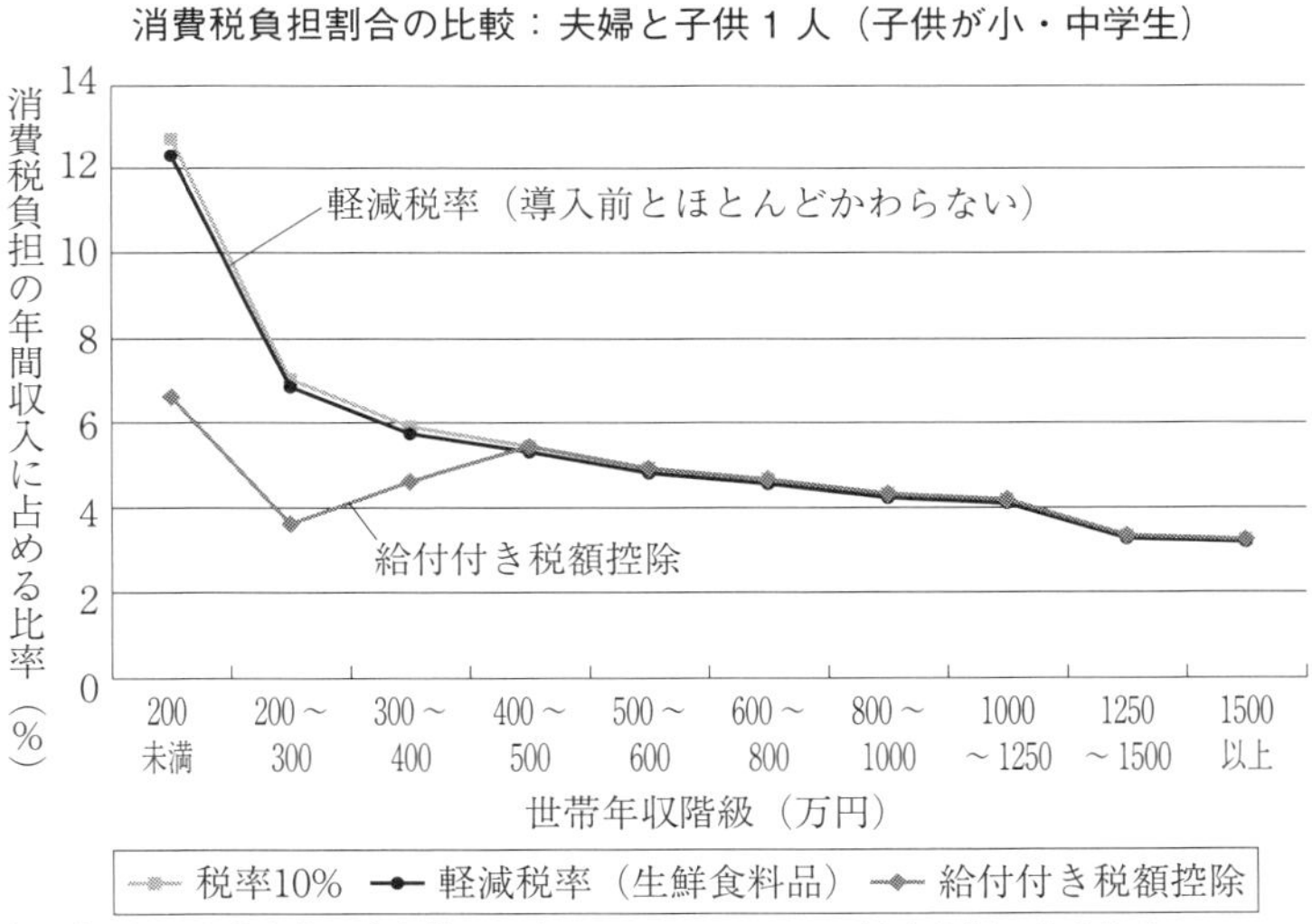

（出所）全国消費実態調査を基に日立コンサルティングの協力を得て筆者作成

での生鮮食料品支出は年間28万円程度（食料品全体の支出は94万円）で、それに対応する軽減税率による減税分は8500円程度（28万円×3%）でしかないのである。

もう一つ、軽減税率では逆進性は何ら解消されていないことも重要なポイントである。一方、中低所得者にその財源を集中する給付付き税額控除のほうは、消費税負担が大きく軽減される。年収200万円から400万円の間では、負担が累進になっており、逆進性の解消も行われている。このように、軽減税率は政策効果の疑わしい制度である一方、給付付き税額控除はその効果が見事に表れるのである。給付付き税額控除という名前に替えて消費税還付制度とすることも一案だ。

この制度は、世帯の収入を正確に把握する必要があるので、番号制度（マイナンバー）の実施を待つ必要があるが、番号は2016年1月から始まるので、消費税10％への引き上げには間に合う。2014年4月わが国で開催されたOECD主催のVATフォーラムで、旧知のパスカル・サンタマンOECD租税委員会事務局長は筆者に、「(軽減税率については) Don't follow Europe」とアドバイスしてくれた。(注3)

3　自助努力で老後の備えを支援する：日本版IRA

次に提言したいのは、自助努力で老後の備えをすることを支援する税制である。

(1)　年金制度の概要

わが国の年金は、保険原理で運営される社会保険制度を基礎としている。これは、不確実な事故の発生に備えて、各個人のリスクをプールし、集団的に危険負担を行うシステムで、保険料の負担が給付に結びついているという点において、負担と受益との関係が明確で、現役時代の拠出が老後の年金受給の権利として確定するところに意義がある。負担と受益との関係が一般的に明確でない税制との最大の相違点である。

給与所得者（サラリーマン）、自営業者共通の基礎年金（国民年金）を1階と呼ぶ。サラリーマンの場合には、その上に報酬比例の年金を支給する厚生年金が乗る形（2階）で構成されている。

図表4・4　年金制度の概要

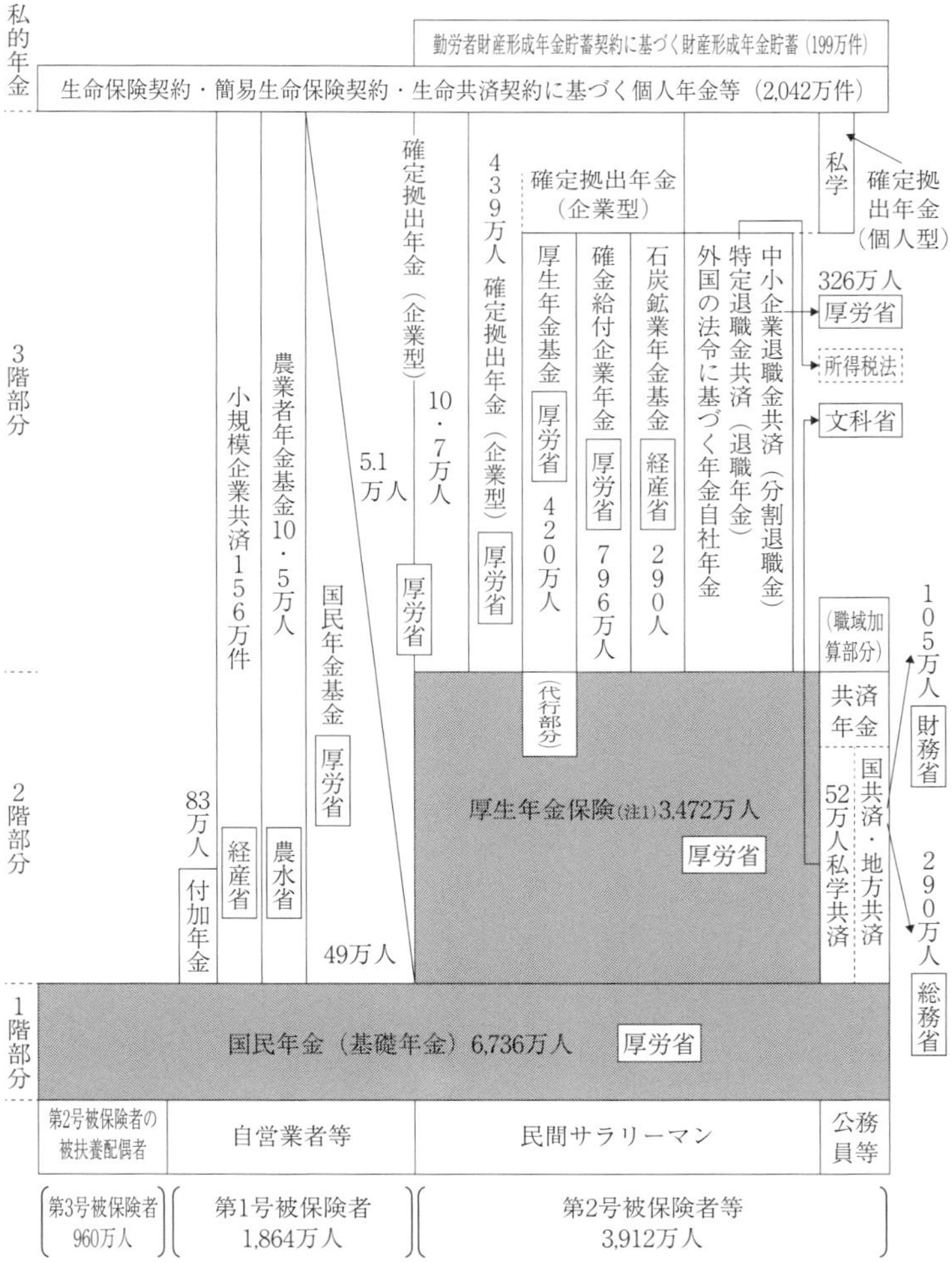

（出所）2014年の資料をもとに筆者作成

さらにその上に3階として企業年金がある。また自営業者には、基礎年金（国民年金）に加えて、任意加入の国民年金基金制度などが用意されている。

先に、わが国の公的年金は保険原理で構成されていると記したが、これは正確ではない。というのは、基礎年金部分の財源は、半分が社会保険料、残りの半分が公費となっているためである。公費とは、税財源という意味ではなく、「赤字国債分も含めた一般会計からの資金」という意味である。また、制度の仕組みは、世代間扶養の考え方のもとで、年金給付に必要な財源をその年の現役勤労者が拠出する「賦課方式」がとられており、自ら積み立てた年金保険料と老後の給付との間に「1対1の対応関係」はない。

また、国民の負担という観点からみると、税・社会保険ともに法律にもとづき、所得等を計算の基礎として強制的に負担を求めるという点において、同じ性格のものといえる。とりわけサラリーマンの場合、給与から源泉徴収されるので、税との区別はつかないというのが正直なところだ。

負担の推移をみると、驚くべき事実が判明する。租税負担率が、相次ぐ減税や不況の下で趨勢的に低下しているのに対し、社会保障負担率は、増加の一途をたどっており、いまや国税の負担をはるかに上回る水準に達している（図表4・5）。

1970年度と2014年度を比較すると、国民負担率は15・9％上昇している。その内訳をみると、社会保障負担の伸びが12・0％、租税負担率の伸びが3・9％で、うち地方税負担が3・7％の伸び、国税負担は0・4％しか伸びていない。国税負担率がほとんど伸びていないという事実には改めて驚かされる。消費税率の引き上げには国民の大部分が反対するが、社会保障負担の増

図表4・5　国民負担率および租税負担率の推移（対国民所得比）

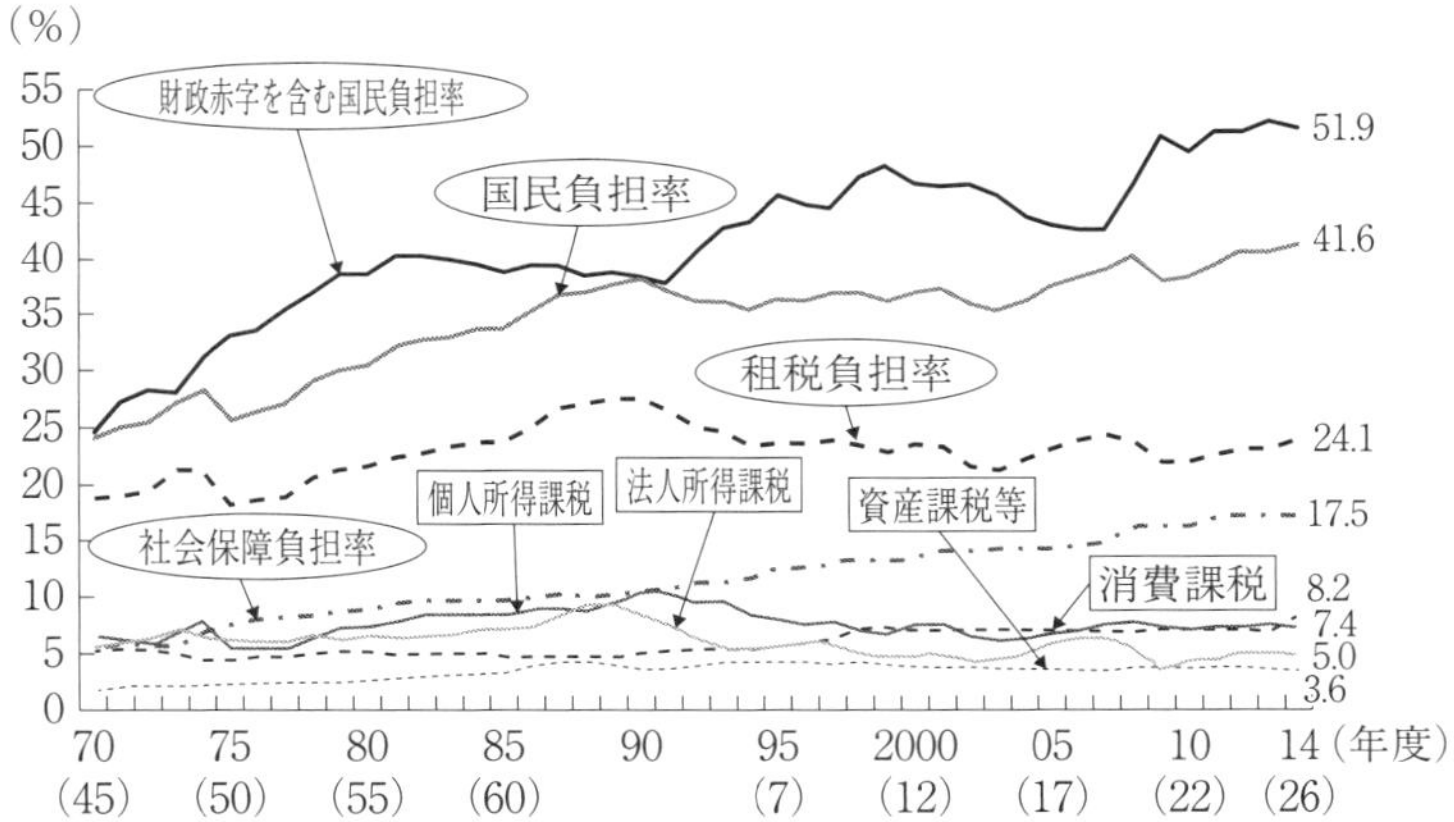

（注）1. 2012年度までは実績、2013年度は実績見込み、2014年度は見通しである。
（出所）財務省資料

加には国民の抵抗はそれほどないことがこのような結果を招いている。いずれにしても、国民負担率が増加した主要因は、社会保障負担率の継続的な上昇にある。

なお図表4・5には、財政赤字分を加えた潜在的な国民負担も示されている。

(2) 年金制度の問題点

もう一つ大きな問題がある。それは、社会保障負担と税の負担方法が異なっているということである。所得税は所得を課税ベースとした累進課税、消費税は消費を課税ベースとする定率課税（所得に対しては逆進的）で全世代が負担する。しかし社会保険料は、勤労世代のみが逆進的に負担する。自営業者など1号被保険者の保険料は定額で、高所得者ほど負担割合は低い。民間サラリーマンの3号被保険者の負担は所得比例（報酬比例）だが、負担の上限（頭打ち）がある。つまり、社会保険料は、「現役世代のみが逆進的に負担する」という問題がある。

少子高齢化のもとで、現役世代の負担は急増するため、世代間の負担と給付のアンバランスはますます拡大し、若年層の年金への強い不信感が年金離れにつながっている。わが国の活力という観点から、この負担構造や負担水準をそのままにしておいていいのか根本が問われている。

このようなわが国の年金制度は、機能、財源などにおいて性格があいまいなまま、予想を上回る少子高齢化の進展のもとで、国民はつねに、給付を切り下げるか負担を引き上げるか、という選択を迫られてきた。

年金制度は長期の制度設計であるため、5年ごとに検証を行い、必要な調整を行うこととなっているが、これまで、人口構成、経済成長、資金の運用利回りなどにおいて過大な見通しを前提にする一方で、受給者には過剰な約束を行い、拠出者の負担増については先送りをしてきた結果、国民の信頼が揺らぎ、持続可能な制度とはいえなくなってきているのである。

2014年6月、政府は公的年金の財政制度検証の結果を公表した。今後の経済成長などについて8つのケースを想定し、2040年前後までの年金給付額などについて試算を行ったものだ。それによると、5つのケースで、年金の給付水準を示す所得代替率（65歳で受け取る年金額と平均賃金との比率）が50%を超えて維持できるという結果となっており、これまで政府が主張してきた100年安心年金を裏付けるものとなっている。マクロ経済スライドという、現役人口の減少や平均余命の伸びに合わせて、年金の給付水準を自動的に調整する仕組みが導入されていることが100年安心の根拠とされている。

しかし、財政検証作業の前提となる経済推計をみると、五つのケースでは、長期的な名目経済成長率を年平均1・6％以上と想定し、積立金の名目運用利回りは3～6％、名目賃金上昇率を引いた実質的な利回りは1・7％と、やや空想的な経済指標がならんでいる。このような甘い検証結果を公表した結果、改めて国民が真剣に年金問題を考えるという絶好の機会が失われたともいえよう。

高齢化社会の基盤となる制度に対する信頼が揺らぎ、将来不安が蔓延すると、わが国経済・社会の沈滞化につながる。制度を安定的なものに設計し直すことは、わが国政府が今日抱える最重要課題である。

もっとも、年金制度はこれまでの長年の積み重ねのある制度である。白地で絵を描くような改革はむずかしい。そこで、理想像を描きながらも、それに少しずつ近づけていくという暫定改革アプローチが現実的だ。年金一元化（自営業者とサラリーマンの年金の統合）を掲げた民主党の3年にわたる迷走は、そのことを示しているともいえる。

(3) 企業年金の問題点

企業年金にも大きな問題がある。企業年金は、1階、2階の公的年金を補充する3階部分として、厚生年金基金制度、確定給付年金制度、確定拠出年金制度などが分立している（図4・4）。

わが国の企業年金は、もともと確定給付年金であったが、企業側のリスク負担を軽減する観点から、2001年に確定拠出年金制度が導入された。この年金は企業年金型と個人年金型の二つに分かれ、後者は、自営業者と企業の従業員（ただし、厚生年金基金や企業年金の加入者は除く）を対象とし、サラリーマン家庭の主婦や公務員は制度の対象外とした。その後、ポータビリティーの改善や拠出限度額の引き上げなどの商品性の改善が行われた。また、企業型確定拠出年金についても、掛金拠出限度額の範囲で、事業主の拠出額と同額まで加入者が掛金を拠出すること（いわゆるマッチング拠出）も可能となるなどの商品性の改善が行われた。

このように、少しずつ充実されてきた企業年金ではあるが、少子高齢化の進展、雇用の流動化、経済運用環境の低迷などにより、積立不足の問題やポータビリティーの問題は依然残っている。とりわけ厚生年金基金は、リーマンショック後の株価下落などを受けて、将来の老後の生活を保障するための積立不足が生じ、企業経営を圧迫するなど大きな問題が生じており、廃止を含めた抜本的な見直しが行われている。

企業年金のもう一つの問題は、企業間、さらには雇用者間の公平性の問題が生じていることである。図表４・４で示されているように、複数の年金制度が縦割り行政の下で分散し、ばらばらに設計・分立しているため、制度によって税制上の取り扱いが異なるという不公平が存在している。さらに、大企業と中小・零細企業の従業員との間で実施する制度が異なり、加入対象者が限定されていたり、税制優遇もまちまちという問題が指摘されてきた。

このようなばらばら・縦割りの年金制度の中に、誰もが加入できる個人年金制度を創設して、老後の生活に備える、そのような努力を税制優遇で支援してはどうかというのが、筆者の提案である。

(4) 年金改革の論点

これまで、年金の問題点を解決するために、さまざまな議論が行われてきた。しかしそれらの議論は、公的年金（の基礎年金部分）にどの程度公費を投入するべきか、低所得者への負担軽減をどうするか、といった点に集中してきた。2009年から基礎年金の公費投入比率が3分の1から2分の1に引き上げられ、消費税率1％分の2兆7000億円がこの政策に費やされた。「公費」の投入による基礎年金部分の拡充が、高齢者の生活を安定させることに役立つことは間違いないが、根本的な問題である、社会保険料を負担する勤労世代と高齢者世代との格差問題にはまったく手がつけられていない。

勤労者の保険料を高齢者の年金給付に注ぎ込む賦課方式で運営されている以上、少子・高齢化が進めば進むほど世代間の年金格差は拡大していく。とりわけ、「低所得勤労者」の負担する社会保険料が「高所得年金受給者（高齢者）」へ移転されることは、若年層の格差拡大にもつながる。これ以上勤労者に年金の負担増を押し付けることはできない状況にきている。

また、基礎年金の半分をまかなっている「公費」の現実は、わが国の歳入予算の半分が借金でまかなわれていることから、赤字国債による借金といえ、その認識を持つことが重要である。

年金制度をはじめ社会保障の基本的な考え方は、自助・共助・公助をバランスよく組み合わせて、公平でかつ効率的な制度を作り上げることなので、その趣旨に戻って考える必要がある。後述するが、先進諸国の年金支援の考え方は、21世紀に入る頃から大きく変わってきた。

その流れを一言でいうと、「公的年金に税金を注ぎ込むことは最小限にして、私的年金を税制で優遇することにより代替させていく」ことである。そのような先進諸国の年金改革の流れに沿いつつ、公的年金を補完する私的年金の創設について考えてみたい。老後の生活の備えを自助努力で行うことを税制で支援するという政策は、世代間の損得議論を鎮静化させる効果もある。

(5) 年金税制の二つの型

国家が年金制度を支援する代表的な方法は、税制優遇である。年金には、拠出（入口）、運用、給付（出口）という三つの段階があり、それぞれの段階で課税をどう考えるか（どう優遇するか）、これが年金税制である。その際の税制優遇の方法には、大きく分けて次の二つの方法がある。

第一は、拠出時・運用時は非課税（Exempt）で、給付時に課税（Taxed）する方法で、これをＥＥＴ型（Exempt－Exempt－Taxed）と称する。

第二は、拠出時は課税で、運用時・給付時は非課税のＴＥＥ型（Taxed－Exempt－Exempt）である。

この二つの方法は、積み立て時と受給時とで適用税率が同じという仮定をおくと図表４・６にみられるように、双方の実質的経済価値、つまり税引き後の手取り額は等価である。

二つの方式を比べてみよう。

ＴＥＥ型のメリットは、税引き後の所得から拠出するので、貯蓄に対する税制として簡素・明瞭で、拠出額をコントロールしやすいことや、制度導入時は減税が生じないので財政負担が軽くなることなどが挙げられる。

図表4・6　EET型とTEE型の税引き後手取り額比較

	拠出額	拠出時の納税額	10年後の元本と運用益	10年間の納税額	10年後の税引き後手取り額
EET型	100	非課税	163 100×(1.05)10乗	33 163×20％	130
TEE型	80 100×(1－0.2)	20	130 80×(1.05)10乗	非課税	130
所得税型	80 （同上）	20	130	12	118 80×(1.04)10乗

拠出前の所得100、利回り５％、税率20％と仮定する。
所得を課税ベースとする所得課税の場合、毎年の運用益に対して課税される。

一方ＥＥＴ型のメリットは、拠出時に所得控除となるので、拠出のインセンティブが生じること、将来年金受取り時には、勤労所得がなく適用税率が低くなるので手取りが増えるということが挙げられる。

先進諸国の年金税制を比較すると、ドイツ、フランス、スウェーデンなどＥＥＴ型が多いが、米国の公的年金はＴＥＥ型で、英国の公的年金はＴＥＴ型となっている。これらの国では、社会保険料が税として徴収されているので、拠出時の所得控除がない。

(6)　わが国の年金税制

わが国の年金税制はどのようなものなのか、諸外国と比べてどこが異なっているのか、拠出（積み立て）、運用、給付という三つの段階について検討する。

わが国の年金は、公的年金、企業年金ともに、社会保険料控除があるので積み立て時は非課税（Ｅ）である。さらに、給付時には、公的年金等控除によって、大部分の年金の給付は課税されない（Ｅ）。運用時も非課税（企業年金については本来課税だが、現在は課税が停止されている）、つまりＥＥＥ型となっている。

日本		英国	ドイツ	フランス
日本版 401k	その他の企業年金 (厚生年金基金・ 確定給付企業年金等)	公的年金	公的年金	公的年金
(EEE)	(EEE)	(TET)	(EET)	(EET)
非課説	非課税	非課税	非課税	非課税
非課税	非課税	非課税	非課税	非課税
非課税	非課税	課税	課税	課税

このような緩い課税は、世界に例をみないものである。

詳しくみていくと、公的年金、企業年金ともに、企業と個人が半分ずつ保険料を負担（拠出）しているが、事業主が掛金等を拠出した時点では従業員の給与等として課税されることはなく、事業主の損金に算入される。個人の事業主であれば必要経費になる。また、従業員が拠出する掛金等については、全額が社会保険料控除や小規模企業共済等掛金控除の対象とされ、所得控除の対象となる。

さらに給付段階では公的年金等控除が高水準に設定されている結果、公的年金・企業年金ともに実質非課税となっている。年金受給者（夫65歳以上、妻70歳未満）の場合、収入が２０５万円まで課税されない（公的年金等控除１２０万円に配偶者控除、基礎控除がそれぞれ38万円ある）のである。

企業年金等についても、拠出時・運用時非課税、給付時実質非課税（ＥＥＥ型）になっている。拠出時は、社会保険料控除や生命保険料控除が適用される。具体的には、厚生年金基金や確定給付年金については、企業の掛金は全額損金算入が認められ、加入者の掛金には全額社会保険料控除が適用される。企業

図表4・7　先進国の年金税制比較

	米国				
	公的年金	401k	通常型IRA	ロスIRA	公的年金
（課税方式）	（TEE）	（EET）	（EET）	（TEE）	（EEE）
積立時	課税	非課税	非課説	課税	非課税
運用時	非課税	非課税	非課税	非課税	非課税
給付時	非課税	課税	課税	非課税	非課税（注）

（注）日本の場合、給付時に公的年金等控除が適用され実質非課税。
（出所）財務省資料をもとに筆者作成

型確定給付年金（企業型４０１ｋ）については、企業の掛金は全額損金算入され、加入者の掛金には生命保険料控除が適用される。企業型確定拠出年金についても、限度額の枠内であれば所得控除が適用され非課税である。

次に、運用時は、積立金が年金等の受給時まで課税繰り延べになるので、積立金に対して法人特別税を課税することになっているが、現在課税を停止する措置が講じられている。給付時は、年金として給付される場合は、雑所得として公的年金等控除の対象となり、一時金として給付される場合は、退職所得として退職所得控除の対象となる。

このような税制には、税制当局から以下のような問題意識が投げかけられている。個人型確定拠出年金（個人型４０１ｋ）や企業型確定給付年金の本人拠出分については、死亡率、退職率等にもとづく年金数理・保険数理が組み込まれたものではなく、個人の勘定で積み立てを行うもので、一般の金融商品との区別はあいまいである。一般の金融商品への投資収益（利子・配当・譲渡益等）に対しては課税がされており、これらの年金が、拠出時・運用時非課税、給付時実質非課税となるのは、税制の中立性の観点から望ましくないという問題意識である。実際、個人型４０１ｋは、税制上有利な運用手段として喧伝されることが多い。

問題は給付段階（出口）で、公的年金等控除が高水準に設定されている結果、公的年金・企業年金の大部分が非課税となり、そのため勤労世代の収入との間で不公平が生じていることだ。たとえば受給者の年齢が65歳以上で夫婦世帯の公的年金受給者の場合、前述のように課税最低限は約２０５万円（この範囲内であれば所得税は非課税）だが、現役で同じ夫婦２人世帯の課税最低限は約１５７万円である。同じ所得にもかかわらず、現役世代と高齢世代との間で税負担が異なるといった、世代間の不公平の問題を引き起こしている。このような甘い年金税制は、世代間公平という見地だけでなく、世代内公平という見地からも是正をしなければならない課題だ。

後で詳しく述べるが、このような行き過ぎた優遇税制が日本型４０１ｋなどにも適用されているため、税収の脱漏を懸念する税制当局が、４０１ｋの商品性の改善に対して抵抗をするというのがわが国の現状である。

(7) 先進諸国の私的年金改革

年金に関する先進諸国の議論の流れをみると、２０００年に入る頃から、税金の投入（公助）は必要最小限度にとどめ、国家は個人が自助によって老後に備える自助努力に対して、税制優遇を与えるという政策に大きく転換してきている。つまり、限られた財源を、公的年金の給付の拡充などに投入することをやめて、自助努力への税制優遇に使うよう切り替えたのである。背景には、公的年金に税財源を注力しすぎると財政が破綻する、私的年金に税制優遇を与え、自助努力を支援する政策にシフトすべきだという危機感がある。なおここでいう私的年金は、企業年金・個人年金など公的年金以外を指す。

ＥＵの年金改革議論は、パラメーター改革（現行の年金制度内で保険料率・国庫負担割合、給付水準、スライド制等を改革する型）とパラダイム改革（現行制度の基本原理、財政方式、年金制度体系等を改革する型）の二つに分けられるが、(注4)ここでは私的年金の促進策の導入、積立方式の導入といったパラダイム改革に焦点を合わせ、ドイツの２００２年改革、英国ブレア政権の２００１年改革、米国とカナダの年金制度、とりわけ税制支援の方式を概観する。

ドイツは２００２年に、少子高齢化の進むなかで、公的年金制度を縮小するとともに、それを補完するために個人年金・企業年金としてのリースター年金を導入した。保険料負担と年金給付額の抑制を行い、給付水準の低下を補うための新たな私的年金の導入である。リースター年金は、積立方式の企業年金・個人年金で、任意加入である。公的年金加入者とその配偶者を対象としており、加入者は、適格商品である年金保険、銀行保険、投資信託などを選択して契約する。

拠出時に政府からの助成措置（助成金と所得控除）がある。支給時には助成金を含む元本全額が保証される。また、本人拠出と助成金を組み合わせた積立金は拠出時には非課税で、運用益も非課税、支給時に所得税率に応じて課税される、ＥＥＴ型の税制支援である。

さらに、年間拠出上限額を超える拠出も認められており、その場合、運用益は非課税、給付時も半分が非課税となる。実際に購入されている商品は、投資信託商品が多く、この制度を通じて、投資信託が多くのドイツ国民になじみ深い金融商品となったといわれている。

次は英国である。英国はブレア政権のもと、２００1年にステークホルダー年金という税制優遇私的年金を導入した。企業年金の持つ経済性・安全性と個人年金の持つ柔軟性を組み合わせたもので、基本的には、確定拠出型の年金である。政府が年金の枠組みや最低基準を設定し、実際の運営は民間部門が行うという形で、官民が役割分担している。対象者は、被用者のみならず自営業者、企業年金を提供していない事業主、企業年金だけでは不足する中所得の被用者も加入することができる。２０１2年から新年金制度（ＮＰＳＳ：National Pension Savings Scheme）に移行した。

年金税制をみると、個人年金は、拠出時非課税、運用時非課税、給付時課税のＥＥＴ型となっており、退職時に積立金の25％までは非課税で一時金として受け取ることを認めている。

米国では、自助努力を支援する政策として個人年金が広く普及している。個人退職勘定（Individual Retirement Account、以下ＩＲＡ）、ロス個人退職勘定（Roth IRA、以下ロスＩＲＡ）、自営業者退職制度（キオプラン）の三つがあり、高齢者の所得の5分の1をまかなう規模となっている。ＩＲＡとキオプランは「拠出時非課税（所得控除）、引き出し時課税」のＥＥＴ型、ロスＩＲＡは「課税後所得から拠出して運用時、引き出し時非課税」のＴＥＥ型となっている。

個人年金は、自営業者や企業年金のない被用者を中心に、老後の資金を積み立てる受け皿となる機能を持つとともに、企業年金があっても所得が一定額以下の人や、専業主婦など収入のない配偶者も積み立てることが可能である。ＩＲＡの限度額は、２００1年経済成長減税調整法（ＥＧＴＲＲＡ）により、２００8年までに５０００ドルに引き上げられた。転職時や退職時に

401kプランなどの企業年金からの給付金を非課税のまま移管する（受け皿となる）ロールオーバーIRAも整備されている。

IRAの役割は、企業年金等でカバーされない自営業者や小規模用者等に税制優遇の退職貯蓄口座を提供することと、401k等加入の者が転職や退職した際の受け皿を提供することである。このような個人年金重視の政策は、オバマ政権のもとでも継続されている。

わが国に参考になりそうなのは、カナダの年金改革である。カナダでは、RRSP（Registered Retirement Savings Plan）という自営業者を対象とした任意の個人年金制度が導入されており、企業年金と合わせて労働者の約半分が加入している。税制はEETである。

さらに、個人の貯蓄積立を奨励する目的で2008年からTFSA（Tax Free Savings Accounts）という新しい個人貯蓄制度が導入された。TFSAは、拠出時課税、運用時非課税、給付時非課税のTEE型で出し入れ自由の非課税貯蓄口座である。この二つの制度が相まって、老後の生活を保障している。

このように、先進諸国で拡充されつつある私的年金の税制は、EETかTEEになっており、入口か出口のどちらかで課税されていることが特徴的である。

(8) 日本版IRAと支援税制

先進諸外国の例を参考にしつつ、わが国で自助努力型の個人年金を普及させるための道筋としては、二つの方向が考えられる。

一つは、個人型401kの商品設計を誰でも加入できるものにしていくという改革である。現在、個人型401kは、導入後10年経過しても資産額は5兆円程度と確定給付年金の10分の1にも満たない状況にある。普及が進まない理由としては、運営コストが高いという問題を別にすれば、加入者も限定され、限度額も低めに設定されているなど、商品性が低いという点である。この点は、公務員や専業主婦についても加入を認める法改正が予定されるなど最近改善されつつあるものの、ペースは遅い。

その根本的な理由は、これまで述べてきたように、入口・出口非課税（EEE）という優遇税制にある。そのような甘い税制のままで商品性を緩めると、税収減につながるという財政当局の抵抗が、商品設計を窮屈にしているのである。

そのため個人型401kの税制優遇を、入口か出口のどちらかで課税するように改め（EEEからEETあるいはTEEにする）たうえで、対象範囲を専業主婦や公務員などに拡大しつつ限度額を増やすことが必要だ。しかし、優遇度を落とすことは、既得権との関係で困難が予想される。

そこで、もう一つのアプローチとして、米国のIRAをモデルとして、新しく、だれもが加入できる個人型の積立制度、日本版IRAを作ることが考えられる（注5）。

この制度の趣旨は、公的年金や企業年金を補完するため自助努力で資産形成することを税制面から支援することにある。個人単位で資産管理するので、企業倒産による影響やポータビリティーの問題は発生しないし、正規雇用・非正規雇用といった雇用形態の多様化にも対応できる。個人を対象とする積立型なので、企業間や世代内の不公平も発生しない。同様の制度として、米国のIRA

（個人退職勘定）、カナダのＲＲＳＰ、英国の「年金に関する統一的税制」があることはすでにみたとおりである。

(9) 日本版ＩＲＡの具体的中身

日本版ＩＲＡの具体的内容として筆者が提言してきたのは、以下のような内容である。

一定の拠出限度額（例えば年間１２０万円）を設け、20歳以上65歳未満の者すべてを対象として、税引き後の所得から拠出し、一定年齢（たとえば60歳）までの引き出し制限をつけた非課税口座を設ける。投資については、金融商品間の中立性を確保する観点から、預貯金、株式、株式投資信託等幅広く認めるが、損益通算を可能とする。税制は個人単位で、拠出時課税、運用・給付時非課税（ＴＥＥ）とする。

税制優遇をＴＥＥとする理由は以下のとおりである。

①貯蓄に対する税制として、簡素で明瞭である。

②税引き後所得から拠出するほうが拠出額のコントロールが容易である。

③最初に課税するので、制度導入時の財政負担が軽い。

④ＥＥＴ型は、新たな所得控除を設ける必要があるので、高所得者に有利など国民・税制当局の理解を得にくい。

⑤最後に、これから述べる税引き後の所得から積み立てる制度であるＮＩＳＡ（少額投資非課税制度）との統合が容易になるというメリットも付け加えておきたい。

図表4・8　日本版IRAの概要

項目	内容
目的	・国民が国や企業に依存するのではなく、自助努力で資産形成することを税制面から支援 ・個人単位で資産を管理することで、企業倒産による影響やポータビリティーの問題を解消 ・企業間や世代内の不公平の問題を解消し、雇用形態の多様化（正規・非正規等）にも対応 ・国民共通の個人年金制度を整備しておくことで、現行複数に分散している3階部分の年金制度を将来的に整理・統合する際の受け皿として設置
適用対象者	・国内に住所を有する個人で、年齢が20歳以上65歳未満の者を対象とし、職業や所属企業の区別なく、一律に適用
運用方法・運用対象商品	・金融機関に専用の口座を開設 ・金融所得一体課税の対象に含めることを検討している金融商品
適用要件	・5年以上の管理・運用を行ったうえで、60歳以後、定期にわたって払い出しを行うことを金融機関との間の契約とする仕組み ・上記要件に違反した場合、払い出しをした日以前5年以内に生じた個人年金資産の運用益に対して遡及課税を実施（ただし、医療費や介護関連の支出といったやむを得ない場合は除く）
課税方法	・拠出時課税、運用時・給付時非課税のTEE型（Tは課税、Eは非課税） ・個人年金勘定において拠出をした金融資産から生ずる利子、収益の分配または差益等に対して非課税
拠出限度額	・年間120万円程度を想定。「使い残し」は翌年以降に繰り越し可能
制度導入時期	・NISAの普及状況を見つつ検討
課題	・現行の3階部分の個人単位の年金制度と新制度との関係を整理 ・年金原資を現在価値で（改めて課税することなく）新制度に移管できる仕組み等、現行制度からの資産移行を円滑に進める方法の検討 ・当該制度の所管省庁の決定 ・拠出方法を、「任意時期積立方式」とするか「定期積立方式」とするかについて、限度額管理のためのシステムの機能・費用と合わせて検討が必要

（出所）金融税制・番号制度研究会作成

⑽　ＮＩＳＡからのアプローチ

２０１４年から、少額の上場株式等に係る配当所得と譲渡所得に対する非課税措置が、ＮＩＳＡという名称のもとで開始された。自助努力にもとづく家計の資産形成の支援・促進と、経済成長に必要な成長マネーの供給拡大の両立を図ることが政策目標である。現行制度は、２０１４年から２０２３年までの間に、年間１００万円を上限として、専用の非課税口座において新たに取得した上場株式や公募株式投資信託などの配当・分配金と譲渡益が、取得した年から最長で5年間、非課税となる制度である。15年からは上限が１２０万円に引き上げられた。

一方ＮＩＳＡについては、さまざまな使いにくさが指摘されている。上限に達しない非課税枠の残額を翌年以降に繰り越すことはできない。口座で保有している上場株式等を一度売却すると、その非課税枠の再利用はできない。口座内で上場株式等の譲渡損失が発生した場合、他の課税口座における配当所得や譲渡所得等との損益通算ができず、当該損失の繰越控除もできない。非課税期間が満了した場合に口座から払い出された上場株式等の取得価額は、払出日の時価となるので、払出日に価格が下落していた場合、当初の取得価額と払出日の時価との差額に係る損失はないものとされる、などである。なによりも最大の問題は、10年間の暫定的なスキームだという点である。

なぜＮＩＳＡは暫定措置で、上述のような多くの問題を抱えた制度として発足したのだろうか。それは、ＮＩＳＡが、証券優遇税制を廃止し、配当や譲渡益の税率を10％から20％へと増税する際の「激変緩和として導入された」という経緯による。

配当や株式譲渡益の税率を本則の20％から10％へ引き下げる証券優遇税制は、わが国家計の金融資産の中身を「貯蓄から投資へ」と変えることが国家的な政策目的とされ長年継続されてきた。しかし、旧自民党政権時代の最後に、優遇税制の廃止が決まった。

旧自民党政権最後の２００９（平成21）年度税制改正大綱には、「金融所得一体課税の取り組みの中で『貯蓄から投資へ』の流れを促進する観点から」証券優遇税制を廃止し、その際激変緩和措置として「少額の上場株式等投資のための非課税措置を創設する」ことが明記された。つまり「貯蓄から投資へ」の流れは継続するとしても、それは税率の優遇で行うのではなく、配当や利子所得と株式譲渡損失との損益通算を可能にする金融所得一体課税の中で行うというのが当時の理解・認識であった。

このような経緯を勘案すると、ＮＩＳＡを恒久化・拡充するためには、「貯蓄から投資へ」の流れに乗りつつも、他の一段大きな政策目的に位置づけることが必要となる。それは、「老後の資産形成の自助努力への支援」ではなかろうか。公的年金制度を補完するための自助努力を国家が税制で支援することには、大きな意義がある。

このように考えてくると、日本版ＩＲＡは、年金制度としてではなく、ＮＩＳＡの拡充版として構想していくことが十分考えられる。日本版ＩＲＡは、年金制度の一類型として位置づけるのが本来の姿だろう。筆者も私的年金の拡充と位置づけてきたが、年金制度となると、縦型の霞が関の世界では、年金制度を所管する厚生労働省との調整など導入に時間がかかってしまう。そこで、年金制度とは異なる個人型老後資金積立制度として提案したい。

図表4・9　NISAと日本型IRAの比較

項目	NISA	日本版IRA
目的	・「貯蓄から投資へ」の流れを促進する方策の一つとして、小口投資家層に投資のインセンティブを付与することで投資家の裾野を拡大することを目的とする	・国民が国や企業に依存するのではなく、自助努力で資産形成することを税制面から支援することを目的とする ・個人単位で資産を管理することで、企業倒産による影響やポータビリティーの問題を解消 ・企業間や世代内の不公平の問題を解消し、雇用形態の多様化（正規・非正規等）にも対応 ・国民共通の個人年金制度を整備しておくことで、現行複数に分散している3階部分の年金制度を整理・統合する際の受け皿として設置
運用方法・運用対象商品	・金融機関に専用の口座を開設 ・原則として1人1口座 ・上場株式、公募株式投資信託等	・金融機関に専用の口座を開設 ・複数の非課税口座の開設可能 ・金融所得一体課税の対象に含めることを検討している金融商品
課税方法	・拠出時課税、運用時・給付時非課税のTEE型（Tは課税、Eは非課税） ・非課税口座において当該口座を開設した日の属する年の1月1日から5年内に生ずる公募株式投資信託・上場株式等に係る配当所得及び譲渡所得に対して非課税	・拠出時課税、運用時・給付時非課税のTEE型（Tは課税、Eは非課税） ・非課税口座に拠出した金融資産から生ずる利子、収益の分配または差益等に対して非課税
拠出限度額	・年間120万円までが非課税 ・「使い残し」の翌年度移行への繰り越しは不可能	・年間120万円程度を想定 ・「使い残し」の翌年度移行への繰り越しが可能

（出所）金融税制・番号制度研究会作成

4　知恵と資本を結び付ける事業体と税制：新型日本版ＬＬＣ

(1)　新陳代謝の重要性

わが国経済の発展を考えると、法人税改革は、既存の産業の復活という形よりも、新たな産業が勃興するという新陳代謝をもたらす形で行われることが望ましい。生産性（資本収益率）の低い企業が市場から退出し、生産性の高い新規企業が参入することにより、一国の経済は強くなる。

安倍内閣のもとで決定された「日本産業再興プラン」の中で「産業の新陳代謝の促進」として、「内外の資源を最大限に活用したベンチャー投資・再チャレンジ投資の促進」が唱えられている。「個人からベンチャーへの資金の流れを一層太くすることに加え、民間企業等の資金と目利き能力を有効に活用するため、民間企業等によるベンチャーや新事業への投資を行いやすくする。こうした取組により、産業の新陳代謝を促すことで、開業率が廃業率を上回る状態にし、開業率・廃業率が米国・英国レベル（10％台）になることを目指す」とされている。

ビジネスウィーク誌２０１０年4月25日号がまとめた「世界のイノベーション企業トップ30社」をみると、米国の企業は13社、日本の企業は４社。トップ30に選ばれた米国の企業13社のうち４社は、アップル、グーグル、マイクロソフト、アマゾンと１９７０年代以降に設立された新興企業である。一方、日本の企業で選ばれたのはトヨタ、ソニー、任天堂、ホンダといずれも１９３０～40年代創業の企業である。

またわが国の新規開業率は１９９０年代以降一貫して３・５％程度である。米国はおおむね６％近い水準なので、半分の水準である。

このように、わが国企業の新陳代謝のスピードは遅い。これがわが国経済の活力を欠く原因の一つといえよう。

これにはさまざまな原因が考えられるが、税制もけっして無縁ではない。米国では企業を立ち上げたばかりの従業員1〜4人の小規模の事業所の開業率は毎年10％を超えているが、わが国では２％前後と、極端な差がみられる。これは、知恵を出す人と金を出す人をうまくつなぐ事業体（法形式）がわが国で発達していないことによる。米国で活用されている事業体は、知恵のある者と金のある者が対等で出資でき、事業体レベルでは税を課さず、構成員（投資家）に直接課税する税制（パススルー税制）となっており、投資家に損失が生じた場合は他の利益と通算できるのでリスクがとりやすいという点にある。

(2) リスクテイクと税制

企業や個人投資家がリスクをとりやすい税制とは、具体的にどのようなものなのか。以下のような例を考えてみる。

リスクのある投資資産の価値が１００とする。投資が成功すれば、２００になる、つまり１００のリターンが得られるが、失敗すれば全額損失、つまりゼロになる。成功・失敗の確率は五分五分で、期待値は１００である。

まず、投資収益（キャピタルゲイン）に一切税金が課されない場合を考えてみよう。成功した場合は元本を含めて２００、失敗すれば０で、期待値は１００である。

これに対して、投資収益に50％の税率を課すとしよう。ただし損失が生じた場合は、全額を他の利益と相殺することができるとする。この場合の税引き後投資額はどうなるか。

投資が成功した場合、利益は１００（２００－１００）で、その半分の50を納税するので、税引き後の手取りは１５０（２００－50）となる。他方、失敗して損失を出した場合には、その損失である１００（０－１００）は、他の投資収益と相殺することができる。これは、50が還付されるということと同じことなので、税引き後の実質的な損失は50（１００－50）となる。投資収益に対して一切課税されない場合には２００か０であった税引き後リターン（期待値は１００）が、50％の譲渡益課税（損失控除つき）導入後は、１５０か50となる。期待値は同じく１００である。

つまりこのような税制が導入されることによって、期待値は変わらないものの、リスク（分散）が、税制導入前の２００（２００－０）から１００（１５０－50）へと平準化されることになる。

これは、損失控除つきのキャピタルゲイン課税を導入すると、投資家のリスクが平準化されリスクテイク能力が向上することを示している。

以上の例は、１９４０年代にドーマーとマスグレイブが論証したもので、（ただし累進税率のもとでは１００％妥当するわけではない）、「個人（投資家）と国家がリスクをシェアし合う税制」といえよう。

このように、リスクテイクに関して税制として重要なことは、損失の取り扱いである。譲渡益に全額課税する一方、譲渡損失は全額控除するという税制にすれば、税引き後収益の分散を小さくする効果を持つので、投資家のリスクは軽減され、リスクテイクを促進する効果を持つのである。

(3) 米国の小規模事業体としてのLLC (Limited Liability Company)

米国では、少人数で共同事業を始める際には、LLC(わが国では、有限責任会社と訳されている)という事業体が活用されている。この制度は、ドイツやフランスにも存在する。

LLCについての法制、税制は各州のLLC法により決められているが、おおむね以下の特色を持つ。1人あるいはそれ以上のメンバーが金銭やその他の資産を出資することにより設立できる。メンバー(構成員)は出資額を限度に責任を負う有限責任となっている。内部の規定は定款による任意規定(定款自治)となっており、損益についての配分方法が自由に設定できるなど柔軟性が高い。また、LLCの名義で財産の保有や訴訟の当事者になることができるなど私法上の法主体性がある。そして、このような事業体に対する税制として、パススルー税制(組合税制)が適用される。

パススルー税制とは、事業活動から生じる損益は、事業体には帰属せず、直接構成員(個人・法人の投資家)に帰属するというもので、事業体段階の課税はなく(パススルーする)、構成員段階でのみ課税が行われる。以下のメリットを持つ。

第一に、法人段階と個人段階での二重課税を排除するので、税引き後の収益率が向上する。ファンドなど広く資金を集めて事業を行ううえでは効率のよい税制である。

第二に、直接構成員(投資家)に課税が行われるので、事業体に損失が生じた場合には、投資家に直接「損失」を分配（正確には、配賦）でき、投資家に他の利益がある場合は損益通算することができるので、投資家のリスクテイク能力を向上させる。

この事業体を使えば、アイデアや経営ノウハウを持つ人たちが共同事業を行い、利益配分は当事者間で自由に決めることができるので、米国では①ベンチャーなどの新規事業、②専門的職業のための事業体、③投資ファンドの受け皿など広く活用され、経済の活性化に役立っている。

たとえば、「知恵があるが資本はない者」と「資本を持つが知恵はない者」とが共同で事業を行う場合、事業から生じる利益の配分は1対1と合意すれば、知恵を出すほうのインセンティブは大いに高まることになる。

これは、出資に当たって労務を適正に評価したうえでの労務出資ができるということでもある。わが国では後述する合同会社で労務出資も認められるが、その税法上の取り扱いが不明確で実際は行われていない。そこで、労務出資の税法上の取り扱いを明確にすることも必要である。

米国では、各州が競って自州にビジネスを呼び込むよう会社法制を緩和していった州間競争の結果、ＬＬＣのようなきわめて利便性の高い事業体が生じ、活用されているのである。

２００４年に出されたブッシュ大統領税制諮問委員会の報告書には、「今やＬＬＣなどパススルー事業体を通じた利益は、法人（corporation）を上回るものとなっている」という記述がある。つまり米国では、会社よりＬＬＣなどの事業体の上げる利益のほうが大きいというところまできているのである。

(4) 新型日本版ＬＬＣの創設に向けて

このような事業体はなぜわが国にはないのだろうか。

実は、企業価値の源が、有形資産から無形資産へと変化し、競争力の源が物的資産から人的資産へと変わるなかで、わが国に導入してはどうかという議論が２００６年の会社法改正時に行われた経緯がある。

議論の結果、会社法が改正され、①出資者の有限責任が確保され、②会社の内部関係については柔軟な規律が適用され、③法人格を持つ新たな会社類型として、合同会社が創設された。米国のＬＬＣをモデルとしたことから、日本版ＬＬＣと称されている。

これにより、アイデアや経営ノウハウを持つ人たちが共同事業を行い、利益配分は当事者間で自由に決めることができるので、ベンチャーなどの新規事業や投資ファンドへの活用、さらには、共同研究開発や戦略的な設備の統廃合のための合弁事業などへの活用が期待された。

しかし導入から10年経過して現実の活用事例をみると、ベンチャーなどへの活用事例は限定的で、当初の目論見とは相当異なっている。最大の理由は、米国ＬＬＣと異なり、わが国の合同会社にパススルー税制が導入されなかったことにある。合同会社が法人として設立されたために、わが国の税制上、法人課税となったのである。

そこで、改めてパススルー税制の導入を検討してはどうか。

本格的なパススルー税制を導入するには、以下のような課題を解決しなければならない。

まず、法人課税の適用されている人格なき社団、合資・合名会社の取り扱いを含めて、法人税制

図表4・10　事業体と法制・税制

	株式会社	合同会社（日本版LLC）	有限責任事業組合（日本版LLP）	民法組合	匿名組合	（参考）米国LLC
出資者の有限責任	○	○	○	×	○	○
機関設計・損益分配の自由性	×	○	○	○	○	○
法人格	○	○	×	×	×	○
組合課税（パススルー税制）	×	×	○	○	○	○

の根本的な検討が必要となる。

次に、パススルー税制の計算方法など課税ルールの明確化、租税回避防止措置などを検討する必要がある。最大の課題は、事業体が得た所得を直接構成員に帰属させるために、分配（distribution、組合から組合員に現実にキャッシュが移動すること）と配賦（allocation、組合員の所得税の計算上、組合所得が割り当てられること）の概念を区分したうえで、二重課税や二重非課税を避けるため資本勘定の計算規定（組合員それぞれの税務上の出資持ち分に対するルール）を整備することである。

とりわけ問題になるのは、人為的に損失を作り他の所得と相殺（損益通算）するという租税回避への対応規定の整備である。米国では、実質経済テストなど租税回避防止ルールが細かく規定され、複雑な制度となるとともに、現実にさまざまな租税回避が問題となっている。もっともその最大の理由は、ＬＬＣの税制そのものより、米国特有のチェック・ザ・ボックスルール（納税者が事業体の税制を選択できるルール）によるところが大きいので、わが国ではこれは排除する必要がある。さらに、組合を通じて得られた所得を税制上でどのような区分にするかについても規定を置かなければならない。

以上の検討には多くの時間を必要とする。そこで、産業政策の一環として、たとえば産業競争力強化法に新型ＬＬＣを位置づけて、パススルー税制に必要な要件を定める形で導入してはどうか、というのが筆者の提案である。

その際には、出資比率と異なる配賦・分配は認めない、出資人数や持ち分譲渡を制限する、計算は純額方式に統一する、構成員に所得が直接帰属することを契約上明記することなどで租税回避の防止を図る必要がある。

このような制限は、合同会社の特色である内部自治の柔軟性を損なうことになり、使い勝手が多少悪くなるが、ベンチャーやファンドへの活用だけでなく、震災からの復興が期待される東北地方の漁業振興や、ＴＰＰで競争力強化が必要な農業振興にも活用できる。

たとえば「大手スーパーが資金を出資し、漁協は漁業権を現物出資、漁師は労務出資して、皆が社員となる、利益は持ち分に応じて配分（配賦）するが、漁師には一定の基本給を保証する」ようなことが可能になる。失敗して損失が出ても、大手スーパーは、他の利益と相殺されるので、リスクをとることが容易になる。

アベノミクス第三の矢の成長戦略の一つとして、パススルー税制付きの新型ＬＬＣの創設は大いに検討する価値がある。(注6)

第5章　税で女性パワーを引き出す：就労から子育てまで

わが国の最大かつ喫緊の課題は、少子化の進行を食い止め、持続可能な経済成長と社会保障制度を維持していくことである。この分野においても税制分野でできることは相当ある。女性の就業を阻害している配偶者控除の抜本的見直し、子育てを支援する児童税額控除の創設などである。また、さまざまな子育てに中立な政策として、米国、英国、フランスなどで導入されているベビーシッター代の控除も提案したい。その際、番号（マイナンバー）をうまく活用することが肝要である。

1　税制で可能な少子化対策とは

(1)　社会保障――高齢者対策から家族政策へ

少子化の進行は、確実にわが国の衰退につながっていく。それは、わが国の年金、医療、介護制度が、基本的に、現役世代の保険料負担によって高齢者の給付にまわす賦課制度となっていることによる。高齢世代と現役世代の人数のバランスが崩れれば、社会保障制度が成り立たなくなる。

一方で負担の中身をみると、給与所得者の社会保険料には負担の上限が設定され、個人事業主や非正規雇用の負担は定額になっているなど、社会保険料は中低所得者層ほど重い逆進構造となっている。

このような社会保障制度をそのままにして高齢化が進めば、社会保障給付費の増大はただちに現役世代の負担増に直結し、経済の活力をそぐとともに社会保障制度は破綻する。

そこで、これらの制度を、世代間の負担と給付のバランスという観点からだけでなく、世代内での負担の公平性という観点からも、見直す必要がある。

しかしそれだけでは十分ではない。あわせて、社会保障制度の内容そのものを、高齢者対策から勤労者、わけても家族政策・少子化対策に大胆にシフトさせるような政策変更、資金配分の見直しというダイナミックな政策を行うことが必要だ。

わが国の社会保障給付費を対象者別にみると、高齢者関係給付費（年金保険給付費や老人医療費、老人福祉サービス等の給付の合計）が全体の約7割を占めているのに対し、子供や現役世代に対する給付費は全体の3割弱である。そのうち、保育所運営費や児童手当、児童扶養手当など、児童・家族関係給付費に限ると、全体の4％弱にすぎない。

高齢者関係給付費と比較すると、約20分の1の水準である。1975年時点では、高齢者関係給付費の割合は、全体の3分の1程度であったことを考えると、その後の高齢化の進展により年金給

図表5・1　家族政策に係る財政支出と合計特殊出生率

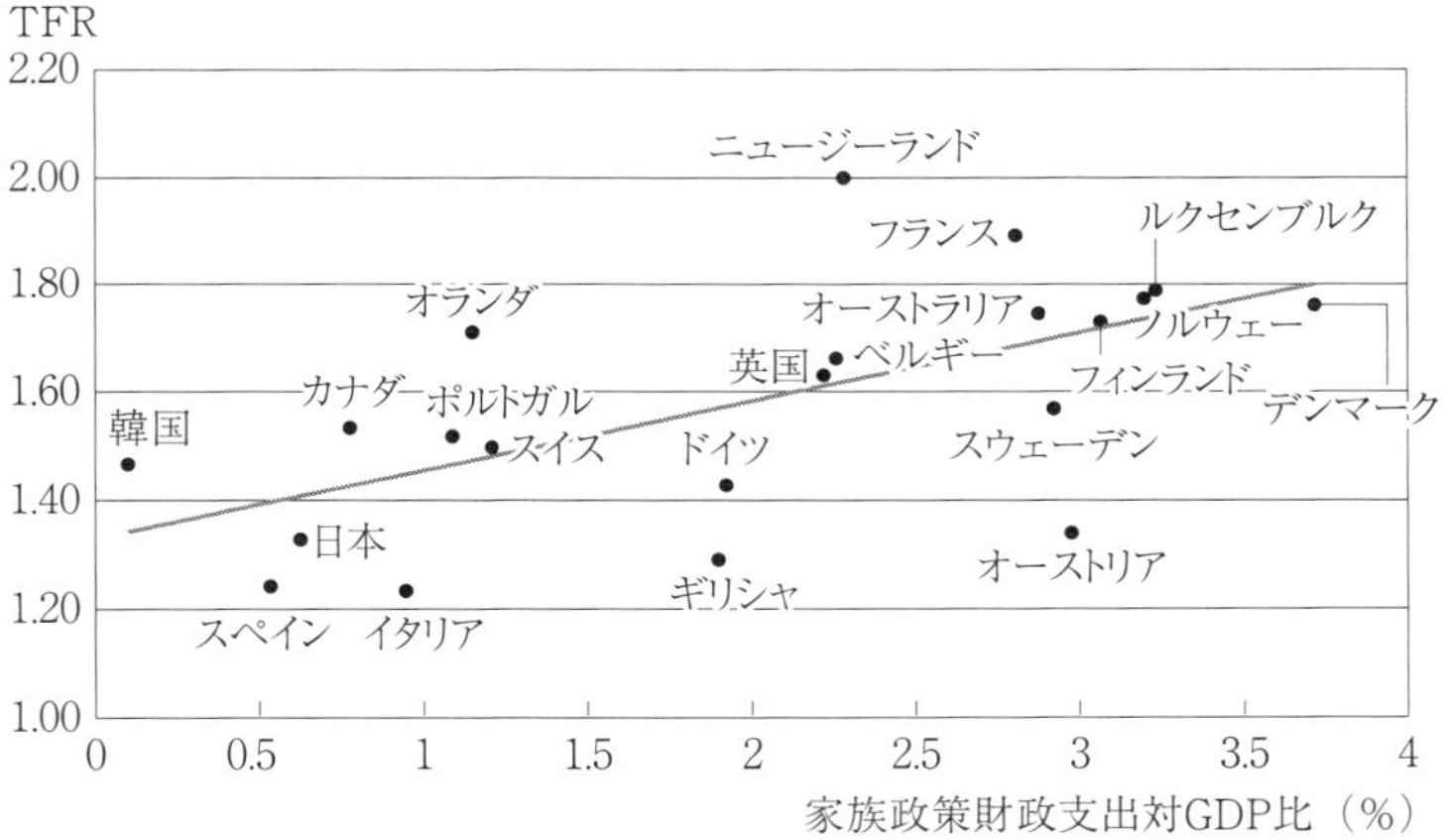

（注）カナダは1998年、日本、フランス、ドイツ、オランダ、ノルウェー、スウェーデン、英国は2001年分、その他の国は2000年のデータを使用。なお米国は除いている。
（出所）OECD Social Expenditure Database（2004年）、OECD Social Insurance（2002年）、国立社会保障・人口問題研究所「人口統計資料集（2004年版）」

付の改善、老人保健制度の導入、介護サービスの充実等高齢者関係給付費が急速に肥大化していき、相対的に家族関係支出が少なくなっていったことがわかる。

社会保障における家族関係支出の国際比較をみてみよう。GDP比（2010年）で比べると、フランスが3・2%、スウェーデンが3・8%であるのに対してわが国は、0・96%と、1%にも満たない水準である。このように、わが国の政策はあまりにも高齢者給付に偏っている。

少子化は、けっして乗り越えられない現実ではない。図表5・1は、多少古いが、OECD諸国の家族政策関連財政支出（GDP比）と合計特殊出生率（TFR）との関係をみたものである。これをみると、双方には正の相関関係がみてとれる。子育て支援などの財政支出額が多いほど出生率は高くなるということで、出生率が社会的流行や価値観の問題ではなく、国の政策次第で動きうる「政策変数」であることがわかる。

では、具体的にどのような政策が少子化対策として有効なのか。これを考えるにあたっては、まず少子化の原因を明らかにし、それに沿って税制としての対策を考えていく必要がある。

(2) 少子化の三つの要因

経済的な側面から少子化の原因をみると、以下の3点が指摘されてきた。第一に、子育てにともなう教育費を中心とした経済的な負担の問題、第二に、若年層の低所得という問題、第三に、子育ての機会費用の問題の3点である。

もちろん少子化の原因としては、経済的な要因だけでなく、結婚・出産に対する価値観の変化が挙げられるが、政府が取り組むべきは、出生数が政策変数であるという認識のもとでの経済要因への対応である。少子化の要因が多様であるだけに、その処方箋も多様になる。

第一は、子育てにともなう教育費を中心とした経済的な負担の問題である。

子育て費用には、教育費、医療費、食費、被服費などがあるが、教育費の占める割合は3割を超えている。母親の年代別にみると、年齢層が上がるほど教育費の割合が高くなる傾向があり、40代以上では、5割近くなるという調査結果もある。２００３（平成15）年度経済財政白書は、子育て費用の半分が教育費となっていると指摘している。そこで、この点への配慮をどうするかが政策課題となる。

この点に関して、税制での対応として考えられるのは、特定の教育費用を所得控除・税額控除の対象にして負担を軽減すること、教育目的の積立貯蓄を税制優遇すること（運用益非課税、教育ＩＲＡ）である。米国などで導入されているこれらの制度については、第6章で詳述する。

第二は、若年層の低所得という経済問題である。

これについては、同白書は、「１９９０年代以降の経済の長期停滞の中で、10～20歳代の若者の失業率が最も高い状況にあり、若者の将来不安を高めている。若年失業者やフリーターの増大など、若者が社会的に自立することがむずかしい社会経済状況がある。こうした若者の経済的不安定が、結婚や子どもの出生に影響を与えている」と指摘している。また、「親と同居する未婚者（いわゆるパラサイトシングル）が数多く存在するが、親元に同居し基礎的生活コストを親に支援してもらいながら自らの生活を楽しむというライフスタイルが、未婚化を進展させているという指摘がなされている」と記述している。

したがって、これら若者の経済力の低下への対応が政策課題となる。

これについて税制の対応で考えられるのは、欧米で導入されている、勤労にインセンティブを与えワーキング・プアを抜け出すことを支援する勤労税額控除の導入である。これについては第4章で述べたとおりである。

第三は、女性の機会費用という問題である。

同白書は、子育てにかかるコストの面に検討の対象を向け、次のような分析をし、機会費用の問題を指摘している。

「子どもを持つことが生計を維持するための必須要件でなくなってきているなか、人々は『子どもを作ることの効用』と『子どもを生まなかった場合にその費用でできる他のこと』を比較考量して子どもを作るかどうか決めていると考えられる。後者を『機会費用』というが、これは子どもを養育する直接的な費用とは別で、『子どもを生むことで、稼ぎそこなう費用』のことである。出産・育児に伴う機会費用は、女性の高学歴化、男女の賃金格差の縮小などを理由に、近年高まっていると考えられる。実際に男女の賃金格差は、一般労働者の所定内給与額でみると縮小傾向が続いており、2002年には全年齢階層平均で66・5（男性＝100とした場合）となっている。また、大卒女性の賃金カーブをもとに、具体的に女性の所得の面における機会費用を試算してみると、大卒女子の場合で、28歳で出産、同時に退職し、子どもが小学校に入学後34歳で再就職するケースでは、就業を継続した場合と比べ、約8500万円の所得逸失が発生するという結果になる。このように、出産・育児に伴う就業中断により多額の機会費用が生じることが、子どもを生むことを控える大きな要因となっていると考えられる」。

本章では、出産後なるべく早い段階で職場復帰することにより機会費用のロスを少なくするという意味において、ベビーシッター代を取り上げてみたい。

図表5・2　女性労働力率と出生率

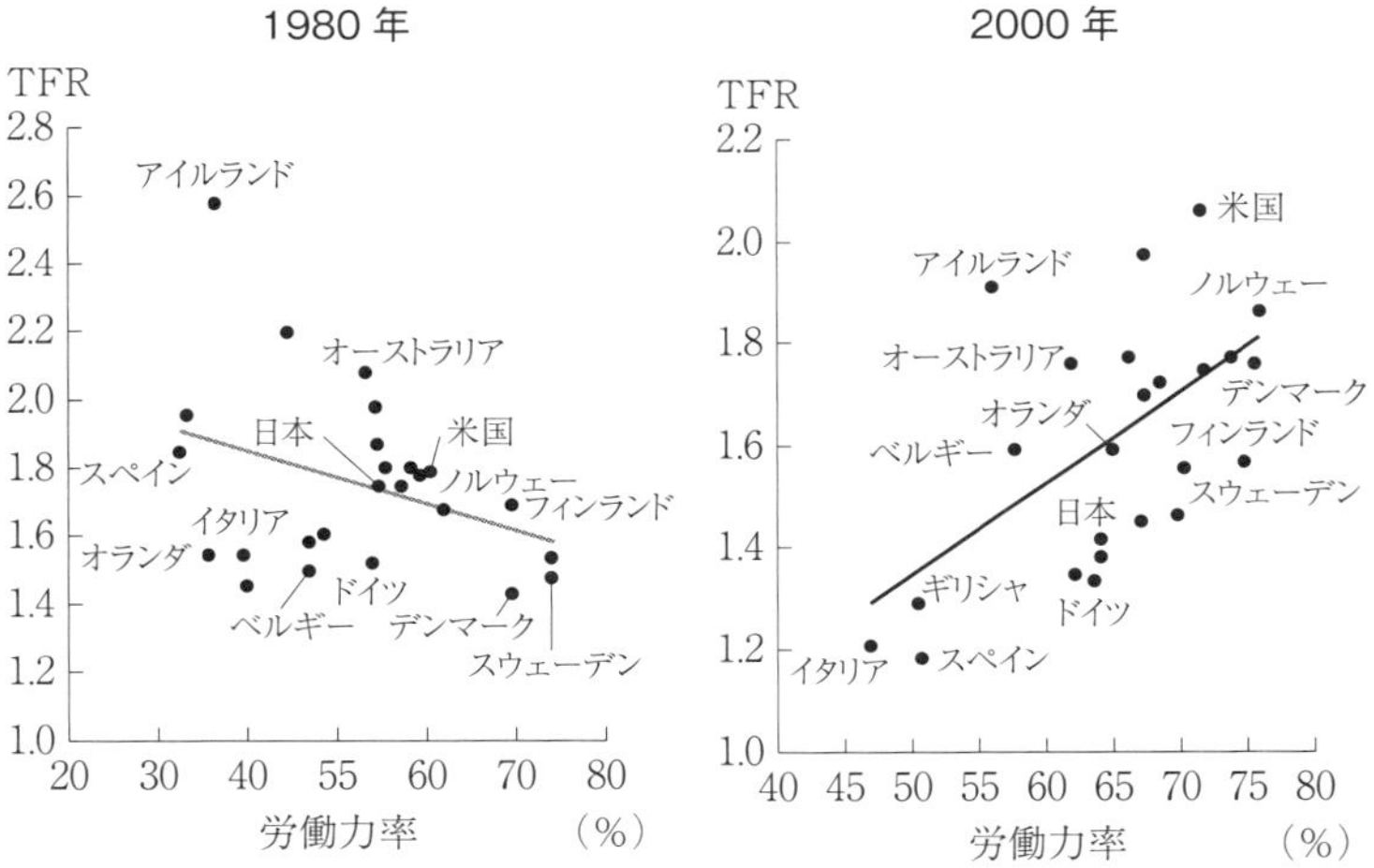

（出所）OECD統計等により筆者作成

(3) 勤労しながら子育てをする社会をめざす

女性の労働力率と出生率の関係をみると、大変興味深いことがわかる。図表5・2は、縦軸にOECD諸国の合計特殊出生率（TFR）を、横軸に女性の労働力率をとって、双方の関係をみたものである。

1980年には、女性の労働力率が高いほど出生率は低くなっており、双方は「負の相関関係」にあることがわかる。女性が働く比率が高いほど出生率が低いという事実は、常識的ともいえよう。

しかし、20年後の2000年には、女性の労働力率と出生率は一変する。「女性の労働力率が高いほど出生率も高い」関係になったのである。OECD諸国は20年間で双方の関係を逆転させたのだ。この間わが国は、女性労働力率は上昇したが、出生率は低下した。

女性労働力率の向上と出生率向上の因果関係

は定かではないが、この20年間、世界の先進諸国は、女性の労働と子育てを両立させるための政策を、国・企業・家庭の協力で行ってきた。一方、わが国はそのような政策をとってこなかった、ということであろう。

そこで今後の政策の重点は、国・会社・家庭がスクラムを組んで、女性の労働力率を上げながら出生率の向上をめざすことだ。企業経営面でも、女性管理職をうまく活用している会社ほど、パフォーマンスが高いという実証研究もある。幸い安倍政権は、「女性が輝く社会」を大きな政策課題として掲げているので、それを具体的な政策として成就させる必要がある。

2　配偶者控除の抜本的な見直しが必要

(1)　103万円の壁と配偶者控除

働きながら出生率を上げていくという方針のもとでは、女性の就労に大きな影響を及ぼしている配偶者控除が問題となる。

図表5・3は、厚生労働省国民生活基礎調査で既婚女性の所得分布をみたものである。ここから、既婚女性の所得分布は、どの年代でもみごとに100万円付近に集中していることがわかる。

なぜ、女性の所得分布は100万円付近に集中しているのか。アンケートによると、配偶者控除の上限である103万円を超えると、自らに税負担が生じることに加えて、夫の配偶者控除や配偶者特別控除がなくなることが挙げられている。そこで、この制度を改め女性の勤労インセンティブ

図表5・3　既婚女性の給与所得者の所得分布

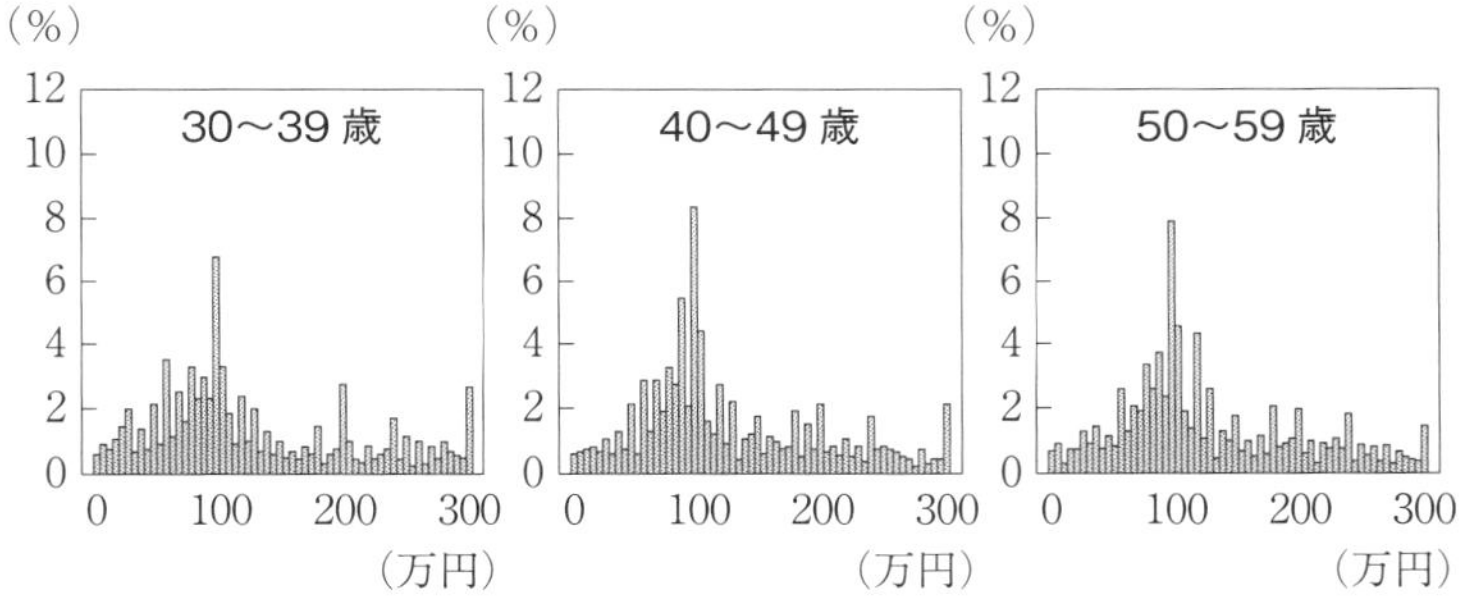

（出所）内閣府男女共同参画局資料
平成22年度国民生活基礎調査より

を高めていく必要がある。

(2) 配偶者控除とは

配偶者控除とは、一定の所得以下の配偶者（以下便宜上「専業主婦」と呼ぶ）がいる場合、世帯主（夫）に、配偶者控除という所得控除を与えて、税負担の軽減を行う制度である。具体的には、妻が１０３万円以下の給与収入で働く場合、自らは基礎控除（38万円）と給与所得控除（最低保障65万円）の適用を受け課税されない（１０３－38－65＝０で課税所得がゼロになる）うえ、夫は配偶者控除（38万円）の適用が受けられ税負担が軽減される。

実は、世帯（夫婦）の手取り所得の逆転現象が起こらないよう配偶者特別控除制度により手当てされている。つまり、妻の収入が１０３万円を超えた場合、夫の配偶者控除はなくなるが、１４１万円未満であれば、その年収に応じて「配偶者特別控除」が適用され、多く働いたのに家計全体としての手取りが少なくなるという逆転現象が生じないように配慮されているのである。

しかし、多くの企業の家族手当・扶養手当が103万円に連動しており、103万円を超えると企業から支払われる手当がなくなるので、手取りの逆転現象が生じる。これが、図表5・3のように103万円のところで高い壁ができるもう一つの原因である。そこでこの問題については、税制・社会保険制度だけでなく、広く企業側の対応もあわせて検討していく必要がある。

(3) 配偶者控除の経緯

わが国の所得税制は、シャウプ勧告以来、個人を課税単位として構築されてきた。そのうえで世帯の事情については、世帯主に各種の控除を与えることで斟酌してきた。その一つが配偶者控除で、一定の所得以下の配偶者（「専業主婦」）を抱えていると、納税者本人（夫）の税負担能力を減殺させるので、それを調整するという趣旨で設けられたものである。

もともと配偶者は、扶養親族として扶養控除が適用されていたのだが、夫婦は相互扶助の関係にあるので、「扶養している」という扱いはおかしいという理由から、1961（昭和36）年に扶養控除から独立して配偶者控除となった。現在の控除額は、所得税として38万円、個人住民税として33万円である。

その後、1987・1988年の抜本的税制改革の際に、前述のパートの逆転現象への対応から、配偶者特別控除が消失控除の形で創設された。

このように配偶者に関して何らかの配慮をする税制度は、わが国特有のものではない。主要国においても何らかの形で設けられている。

米国、ドイツでは、夫婦単位課税を選択することができる（本人、配偶者の2人分の控除が可能）制度となっており、フランスは家族数に応じたN分N乗方式（後述）によって配慮が行われている。

(4) 今日的な問題点

配偶者控除制度については、男女共同参画社会の進展や、ライフスタイルの多様化のもとで、個人の自由な選択に介入しないような中立的な税制にすべきであるという立場から、縮小・廃止論が大きく叫ばれてきた。背景には、1970年頃から専業主婦の比率が一貫して低下してきたこと、とりわけ1990年代初頭以降、企業側の雇用者形態の見直しも加わり、共働き世帯数が専業主婦の世帯数を上回る状況が続いていることがある。

このように、女性の社会進出が広がってくると、専業主婦に限って適用される配偶者控除と配偶者特別控除は、女性の社会進出を妨げている、この制度があるために、女性は就労調整をするので、女性の労働の場面が制限されるという批判の声が大きくなってきた。さらには、比較的高所得である専業主婦世帯だけに税の恩典を与えるのは、不公平で時代にそぐわない、という批判も加わり見直しが叫ばれてきた。

小泉内閣時代の2002年の「男女共同参画会議基本問題・影響調査専門調査会報告書」で、配偶者控除は「生き方や働き方の選択に中立的でない」として、その見直しが強く示された。また、民主党政権も、「配偶者控除の見直し」をマニフェストに掲げ、実際、政権交代直後には税制調査会でも廃止を視野に入れた議論が行われた経緯がある。

その間2004年に、配偶者特別控除について、配偶者控除に上乗せして適用されている部分は過剰な控除として廃止されるという一部手直しも行われてきた。

具体的な議論をみてみよう。

配偶者控除の本来の趣旨は、「専業主婦」は家計に追加的な生計費がかかるので、その分負担を減じるべきであるという考え方である。加えて、家事や育児を一手に引き受けることによる「内助の功」を評価して、税負担を軽減すべきであるという思想も込められている。

これに対して、次のような批判が行われている。

第一に、結婚により担税力がどのような影響を受けるのかは世帯によってさまざまで、一律に論ずることはできない。配偶者を、担税力という面での配慮が必要な関係と一方的に位置づけることには疑問がある。「内助の功」があることは事実としても、それは専業主婦に限ったことではない、共稼ぎ世帯でも女性が家事、育児を負担しているではないか、という反論である。

第二に、「内助の功」のおかげで夫は安心して働くことができ、より高い所得を稼ぐことが可能になっていると考えれば、「内助の功」はすでに金銭的に評価されている（したがってさらに税制優遇する必要はない）。さらに、内助の功である主婦の労働は、帰属所得として本来課税されるべきではないか、という反論である。

第三に、税制の簡素化という観点からの問題提起である。わが国の所得税には、さまざまな種類の人的控除があり、課税ベースを大きく縮減させてきている。「婚姻、育児、老齢といった個人の事情を斟酌し税負担の調整を計るということは所得税の長所であるが、社会保障等生活のインフラが整備されてきたことから、税制として簡素化・集約化を進めることが必要である[注1]」ということである。これは、雇用者の４人に１人が所得税を負担していないという「税の空洞化」の観点からの問題意識でもある。

最後に、税の公平性の観点からの批判がある。それは、配偶者が就業しても、パート収入が１０３万円以下であれば、給与所得控除と基礎控除が適用されるので自らには課税関係が生じないうえに、夫は38万円の配偶者控除が受けられる。つまり、夫と妻がダブルで控除を受けられるので、「二重控除」ではないかという問題である。とりわけ、妻の収入が65万円から１４１万円までは、世帯全体でみた控除額が増加する形となっている（図表５・４の影部分）。

たとえば、妻の給与収入が65万円の場合の夫婦の控除合計額は38万円＋38万円＝76万円であるが、１０３万円の場合には、38万円＋38万円＋38万円＝１１４万円となる。

このような批判にもかかわらず、今日までこの税制は批判を跳ね返し存続してきた。その最大の理由は、「内助の功」への評価、つまり「夫のみが所得を稼得した場合でも、妻は家庭内の勤めを果たすことにより夫の所得の稼得に大きく貢献しており、これに配慮すべきである」というわが国の伝統的な考え方である。

加えて最近では、家庭で一生懸命子育てすることには大きな社会的な意義がある、専業主婦の優遇は少子化対策につながる、という論点も加わり、存続論を補強してきた。これを裏づける世論調査がある。

内閣府が２０１３年10月に行った世論調査結果（全国の成人男女５０００人を対象に個別面接方

図表5・4　現行の所得控除（基礎控除・配偶者控除等）

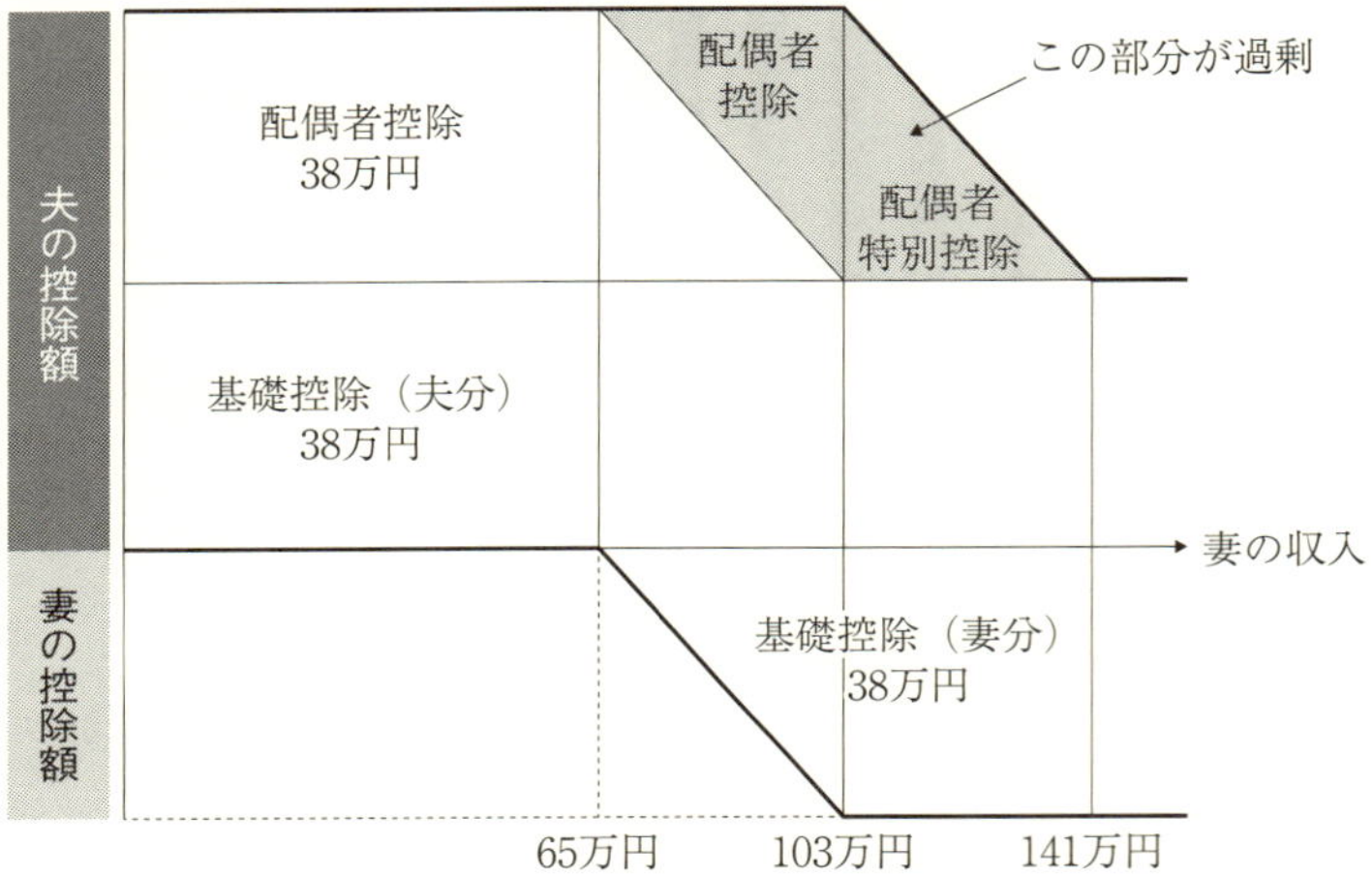

式で実施）によると、「夫は外で働き、妻は家庭を守るべきであるか」という考え方について、賛成は51・6％、反対は45・1％だった。3年前の前回調査と比べると、賛成は10ポイントほど増加しており、質問を始めた1992年から前回調査まで一貫して賛成が減り反対が増える傾向が続いていたが、今回逆転した。マスメディアでは、若者の就職難や、女性にとって仕事と育児の両立がむずかしい環境にあることなどが原因と解説されているが、3年間でここまでトレンドの変化が生じたことは、驚きだ。

3　さまざまな改革案：税額控除化や移転的基礎控除

(1)　所得控除を税額控除に変える

配偶者控除は所得控除なので、限界税率（課税所得が増えて上の区分に入ったときに適用される税率）が50％のお金持ち（夫）にとっては、19万円（限界税率50％×38万円）の減税となり、限界税率が10％程度の中低所得者には3万８０００円（10％×38万円）の減税、税金を納めていない課税最低限以下の低所得者には減税の恩恵はない、ということになる。専業主婦の価値が、夫の給与の多寡で変わってくる「金持ち優遇」税制といえよう。

そこでこれを、所得の高低にかかわらず、同額の減税となる税額控除方式に変えることが考えられる。さらには、子育て支援の政策税制とし、子供の人数に応じて一定額を税額控除する税制（児童税額控除）に変えていくことも一案である。その際、税金を払っていない者には給付する、給付付き税額控除にするという考え方もある。これについては、第1章の英国などの例を参照してほしい。

配偶者控除の廃止による増収額は約６０００億円なので、６００万円以下の納税者に扶養されている15歳以下の扶養者１０００万人全員に給付すると、１人当たりの金額は6万円となる。６００万円を超える給与収入の税負担は、限界税率が10％なので、配偶者控除の廃止により3・8万円増えるが、子供が2人いれば差し引き8・2万円（12－3・8＝8・2）の減税となる。一方、子供がいなければ、その分増税になる。具体案は森信編著『給付つき税額控除』（2008）を参照していただきたい。

コラム　所得控除と税額控除

所得控除は、累進税率のもとで、高所得者の税負担をより多く軽減するという逆進的な効果を持つ。したがって、課税最低限に近い層をターゲットとする政策税制を考える場合、高所得者層に恩恵の偏る所得控除では、財源上の非効率が生じる。これに対し、所得の多寡にかかわらず一定の税額を直接軽減する税額控除は、低所得者層ほど減税の恩典が手厚くなるというメリットがある。

さらに、所得控除を税額控除に代える場合には、所得控除は圧縮されるので、課税ベースの浸食は限定的になり所得再分配機能が高まるというメリットも生じる。つまり、所得控除を圧縮して税収が増加する額で税額控除を行う場合には、低所得者には減税の恩典が行き渡り、高所得者は税負担が増加するという二重の意味で所得再分配効果が高まるのである。

このような政策に加えて、社会保障給付と税額控除を一体として設計することにより、税額控除の効果を控除額以下の納税をしている人、あるいはまったく納税をしていない人（課税最低限を下回る者）にも及ぼすことにすれば、所得再分配機能はより大きくなる。このような理由から、欧米諸国では、低所得者の貧困・就労対策、子育て支援、消費税の逆進性対策を目的とした給付付き税額控除が活用されている。

税額控除の活用については、わが国でも、2002年6月の政府税調答申「あるべき税制の構築に向けた基本方針」で、人的控除の基本構造のさらなる見直しの一つの案として、「児童の扶養について税額控除を設けること」を提示している。また、後述する「働き方の選択に対して中立的な税制の構築をはじめとする個人所得課税改革に関する論点整理（第1次レポート）」（2014年11月7日）にも、配偶者控除の見直しの方向の一つとして税額控除が明記されている。(注2)

英国がブレア労働党政権のもとで、セーフティーネットを重視する政策から、市場メカニズムを前提として政府の役割を強化し、個人の勤労インセンティブを引き出し生活能力を高めるという考え方（ワークフェア）に変更され、トランポリン政策という名称のもとで失業問題や貧困問題、さらには少子化問題に大きな成果を上げたことは、第1章で述べたところである。

(2) 代案としての移転的基礎控除（家族控除）

もう少しマイルドな改革案がある。配偶者控除を廃止し、新たに、「夫婦それぞれが基礎控除を持ち、妻が使いきれない場合には夫が使える」移転的基礎控除という考え方を、「家族控除」として導入することである。さらにこれを、オランダなどで導入されているように所得控除ではなく税額控除とする考え方もある。この制度は、個人単位の税制を原則としつつ、夫婦が共に家庭を築いていこうという思想に基づくもので、前述の政府税調第1次レポートにも選択肢として挙がっている。

先の配偶者控除の図に移転的基礎控除の図を書き込むと、図表5・5のようになる。

妻の給与収入が65万円までの場合、給与所得控除の最低保証があるので、妻は38万円の基礎控除

図表5・5　移転的基礎控除―「家族控除」（仮称）

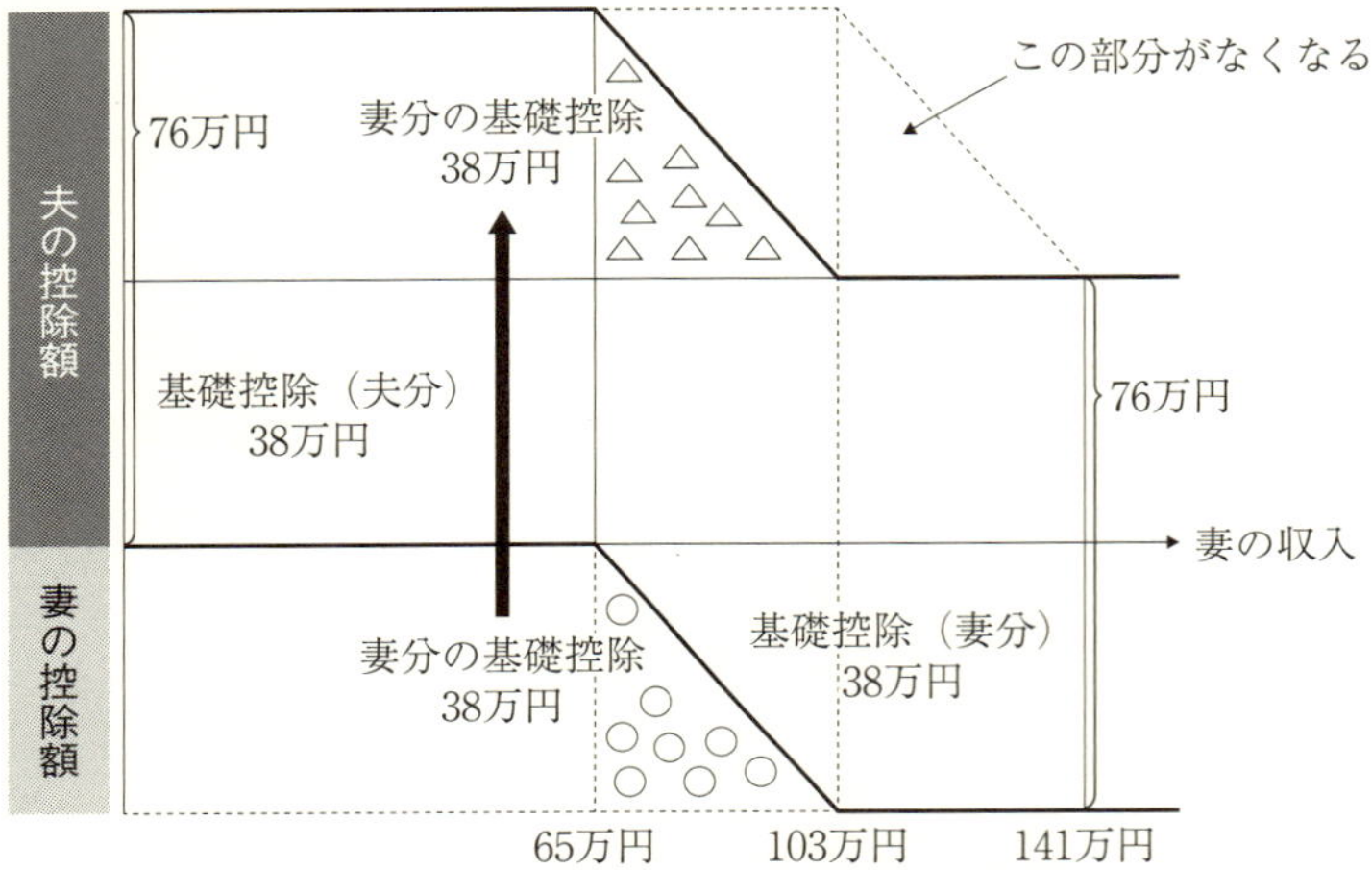

妻の給与収入が65万円までは給与所得控除の最低保証があり妻は38万円の基礎控除が使えないので、その部分を夫が使えるようにする（移転可能）。現在この世帯は、配偶者控除を使っており税負担は変わらない。妻の収入が65万円から103万円の場合、妻は65万円を超える部分の基礎控除が使えるが、使い残し（給与収入－65万円）が生じているので、その分は夫が使えること（移転可能）とする。103万円を超え141万円までは、妻は自らの基礎控除38万円を満額使う（夫に移転する基礎控除はない）。妻の収入にかかわらず、夫婦の控除額は38万円＋38万円の76万円と同一になる。

が使えない（使う必要がない）。この使えない部分を夫が使えるようにする（移転する）。現在この世帯は、配偶者控除を使っており、配偶者控除が廃止された場合でも、この新たな制度により妻分の基礎控除が移転され税負担は変わらない。

妻の収入が65万円から１０３万円の場合、妻は最低保証額の65万円を超える部分の基礎控除が使えるが、基礎控除の使い残し（38－（給与収入－65万円）（図の○部分））が生じている。そこで、その分は夫が使える（移転できる）ことにする（図の△部分）。１０３万円を超え１４１万円までは、妻は自らの基礎控除38万円を満額使うことができるので、夫に移転する基礎控除はない。

この制度のもとでは、妻の収入にかかわらず、夫婦合計の控除額は38万円＋38万円の76万円となる（図の太線の幅が同じ）ので、103万円の壁への意識は弱くなり、就業調整は緩和されることになる。

この結果、妻の基礎控除と給与所得控除に加えて夫の配偶者控除を二重に受けるという問題もなくなる（図5・4の影の部分）。

一方、配偶者控除と配偶者特別控除が廃止されるので、妻の収入が65万円から141万円の世帯の税負担は増加することになる。この辺りは、子供のいる場合が多いと思われるので、増収分は子育て政策の拡充に使う必要がある。

移転的基礎控除の考え方は、すでにオランダやカナダで導入されている。控除を家族で分け合うという思想は、ワーク・シェアリング、ワーク・ライフ・バランスを実践しているオランダなどの思想で、働きながら出生率を増やすという政策と親和性が高いものである。わが国では、「家族控除」と名前をつけて導入すればよいのではないか。

配偶者控除の廃止は、これまで何年も議論されてきたが、「専業主婦家庭の税負担増につながる」という理由でなんら手がつけられてこなかった。しかし上述の案では、極端な負担増は生じないので、専業主婦家庭も受け入れやすいはずだ。

配偶者控除の廃止により、企業は家族手当を103万円に連動させる根拠を失うことになる。廃止される企業の家族手当分は、労使の話し合いで別の形での給与の充実に回すことになる。

なお、先述の政府税調第1次レポートは、移転的基礎控除に加えて、抜本的な改革として、若い世代の結婚や子育てに係る観点から「夫婦世帯」を対象とする新たな控除への衣替えも提案している。これは、配偶者控除以外の人的控除も含めて見直し、夫婦世帯に対して配偶者の収入にかかわらず適用される新たな控除の創設である。今後国民的な議論が行われるものと思われる。

4 世帯単位税制は解決にならない

少子化対策の税制としてしばしば提案されるのは世帯単位税制である。とりわけフランス型の、家族の人数に応じて税負担額を調整する方式は少子化対策に有効ではないかという見解がある。

共稼ぎ世帯が増えるにつれて、個人単位で課税することと世帯単位で課税することとの税負担の有利、不利が問題となり、改めて納税単位の問題が議論されている。この問題は、結婚に対して税制がどう関わっていくのかということでもある。

わが国の現行税制は、夫婦別産制度をもとに、個人単位で担税力を捕捉し課税するという前提で構築されている。そのうえで、子供の扶養を担税力の減殺要因ととらえ、扶養親族の人数などの世帯構成に応じて税負担能力を調整するという考え方に立って、扶養控除という所得控除が設けられている。

これに対しフランスでは、N分N乗税制と呼ばれる家族単位の税制を導入してきたが、これが出生率回復に貢献しているという見解がある。双方に明確な因果関係があるとの実証はなされていないものの、わが国でも、フランスのとる税制であるN分N乗方式の導入を主張する論調がある。

N分N乗方式というのは、次のような内容の税制である。世帯単位課税の考え方に基づき、まず夫婦および扶養子女の所得を合算する。次にこの合計所得を、家族の人数に応じた家族除数（N）で割った（除した）金額を算出し、ここから一定額を控除する。(注3)この金額に税率を適用し税額を計算し、最後にNを乗じ、世帯全体で納めるべき税額を算出する。この結果、家族が多いほど適用税率が平均化され税負担の軽減が図れるので、子供を多く抱える世帯の負担軽減を通じて、少子化対策に資するといわれている。フランスでは、夫婦共同財産制度をとっているので、世帯単位で担税力を把握するこのような税制が受け入れられる背景となっている。

しかし、N分N乗税制には次のような問題がある。

図表5・6は、夫婦で合算すると等しく1000万円の所得のあるさまざまな世帯類型の税負担を、個人単位税制とN分N乗税制のケースを比較したものである。

現行税制とN分N乗税制を比較すると、家族の人数が多い夫婦子2人世帯の税負担がもっとも少なくなる（図表では50万円）。N分N乗方式では、1000÷3×5％×3＝50万円となり、現在より50万円税負担が軽減される（333万円の平均税率が5％と仮定）。

しかし、現行税制との差をみると、最も負担が軽減されるのは、専業主婦世帯で、200万円から100万円に、100万円軽減される。夫婦子2人世帯の軽減額より、専業主婦世帯のほうが多いのである。

つまり、N分N乗方式は、共稼ぎ世帯よりは片稼ぎ世帯、とりわけ高所得専業主婦世帯に大きな

図表5・6　世帯単位課税（N分N乗方式）の税負担変化（試算）

	専業主婦世帯	共稼ぎ世帯		
		夫婦のみ	夫婦のみ	夫婦子２人
所得	夫1000万円	夫700万円 妻300万円	夫500万円 妻500万円	同左
現行税制の税負担	200万円	120万円	100万円	100万円
N分N乗方式での税負担	100万円 （1000÷2＝500 500×10％＝50 50×2＝100）	100万円 （同左）	100万円 （同左）	50万円 （1000÷3×5 ％×3＝50）
差し引き減税額	100万円	20万円	ゼロ	50万円

（注）1. 平均税率を、1000万円では20％、700万円では15％、500万円では10％、300万円台では５％、各種控除はなしと単純化。
2. N分N乗方式では、前後の係数（N）について、大人は１、子供は２人目まで0.5、３人目以降は1とする。夫婦子２人世帯ではN＝３となる。

利益が及ぶという所得再分配の問題を引き起こす。

このことは、「女性が輝く社会」という目標と整合性がとれなくなるだけでなく、国庫に大きな減収をもたらし、財政再建とも矛盾する。さらにこのような税制は、婚姻に政府（税制）が介入することになるので、税制は個人の生き方に対して中立的であるべきという哲学の面でも大きな抵抗がある。

筆者が２００７年9月に面会したフランス財務省の税制担当者は、適用される累進税率が平均化されるために、同一の所得を稼ぐ独身世帯と夫婦世帯を比べると、後者のほうが有利になり、婚姻に対する中立性の問題が生じる（税制のために結婚が促進される）ことや、同じ所得を稼ぐ世帯においては、共稼ぎ世帯に比べて片稼ぎ世帯（専業主婦世帯）が有利になるので、働く女性にとってみれば、相対的に不公平感が増すこと、さらに、高額所得者の子沢山ほど税制上の利益が大きくなるという基本的な問題が指摘されており、フランスにおいてもN分N乗税制の見直しの機運があることを示唆した。

このような問題に加え、英国、北欧において世帯単位課税から個人単位課税へ移行するなど、OECD諸国全体では29カ国中25カ国で個人単位税制がとられており、世界的には個人単位課税が主流となっていることを勘案すると、N分N乗税制をわが国に導入することについては問題が多いと思われる。

5　ベビーシッター代を経費控除の対象に

次に、「機会費用の問題」への税制としての対応である。この問題を、女性の社会進出と子育ての両立を図ることへの支援ととらえて考えてみよう。現在のわが国の少子化対策は、仕事と育児の両立に焦点を合わせる部分が手厚くなっていない。出生率を2・0にまで引き上げることに成功したフランスの少子化対策を見てみよう。

政府税制調査会は、2007年にフランスの大蔵省に赴き以下のような当局者からのインタビューを引き出している。

「フランスでは、1990年代半ばに出生率が低下した時期に、家族政策の目的が変更された。それまでは貧しい家族に対して支援し家族間の所得格差を縮めることが主たる目的だった。それを、収入にかかわらず、個人の選択肢を広げ、仕事と家庭の両方の支援を行うという考え方に転換した」。

「個人の選択の自由の保障を目的とする家族政策として、仕事の面で払うことになる犠牲（筆者注・機会費用）を可能な限り小さくすることにより子供を産まないか、産んだ場合には家で仕事をせずに子供を育てるか、仕事をしながらベビーシッターなどを活用して子供を育てるかといった選択肢を尊重することとした。こうした政策により、職業と家庭生活との両立が可能となり、その結果として出生率が上昇した（一部わかりやすいように修正）」[注4]。

具体的なフランスの税制は、次の二つである。第一に、幼年者扶養経費控除で、単身者、離婚者、寡婦・寡夫等、共稼ぎの夫婦で、6歳未満の児童を託児所、保育園等に託している者は、その費用（児童1人当たり2300ユーロが上限）の25％の税額控除が認められる。控除しきれない部分は給付される。第二に、家庭内労働者控除で、自宅（別荘を含む）で、家事・育児・介護を行うものを雇用する者は、支払報酬額の50％の税額控除が認められる。ただし、支払報酬額は、1万2000ユーロを上限とする。このように、家庭内保育と自宅外保育の両方に対して支援税制が構築されており、ワーク・ライフ・バランスを踏まえたきめ細かい制度となっている。

このほかにも、子供がいる家庭について、雇用のための手当て（PPE、給付付き税額控除）があり、2006年に拡充されている。

そこで、わが国でも、ベビーシッター代など子育てに必要な経費を実額控除できるような制度を

図表5・7　主要国のベビーシッター費用の税制支援措置

国	米国	英国	ドイツ	フランス
制度	児童養育費税額控除	勤労税額控除への加算	家庭内サービス税額控除	家庭内労働税額控除
対象世帯	就労している一人親世帯・夫婦共働き世帯	同左	全世帯	全世帯
対象となる費用	ベビーシッター、託児所などに支払われる費用	同左	ベビーシッターなど家庭内労働者への費用	同左
控除額	かかった費用の20%〜30%を税額控除	かかった費用の70%を勤労税額控除の給付額に加算	20%を税額控除	50%を給付付き税額控除
所得制限	所得に応じ逓減	同左	なし	なし

設けることにより、子育て費用を軽減させることが考えられる。

わが国では、ベビーシッターやハウスキーパーは、行政の認可や届出義務がなく、制度として確立しているものではないが、子ども・子育て支援新制度では、ベビーシッターを「居宅訪問型保育」（乳幼児の居宅に訪問して行う保育サービス）として、新たに給付対象とすることを予定している。また、企業の中には福利厚生の一環としてベビーシッター代やハウスキーパー代の補助を行っているケースもある。

税制との関係では、ベビーシッター代やハウスキーパー代を所得控除・税額控除すべきだという提案がある。しかしこれだけ抜き出して所得控除・税額控除するには、それなりの税制の理屈が必要になる。

２０１１（平成23）年度税制で、給与所得控除に上限を設けることにあわせ、特定支出控除を使いやすくする観点から、特定支出の範囲の拡大が行われた。

具体的には、資格の取得費や図書費、衣服費、交際費（以下「勤務必要経費」）を、特定支出の範囲に追加する改正が行われた。この中にベビーシッター代などを含めることにすれば、勤務必要経費ということで税務執行上もスムーズに運ぶものと思われる。

このような提案に対しては、子育てに必要な経費が何かを特定する必要があり税務執行コストが嵩むという反論があるが、米国・英国・フランスでこのような制度が執行され効果を上げていることを学ぶ必要がある。番号制度（マイナンバー）の導入がこのような新たな政策を可能にすることは次章で述べる。

第6章　マイナンバーを活用せよ

２０１６年1月からマイナンバー制度が始まる。これまでのところ、マイナンバーを国民（納税者）利便の観点から活用していこうという政府の対応は遅れている。これをうまく活用すれば、わが国の税制だけでなく、行政や社会のあり方が大きく変わる可能性がある。

預金の利子所得の情報は現在国家が入手していないが、これを管理できるようになれば、国民の資産所得（利子・配当・株式譲渡益）が管理できるので、肥大化する社会保障費の効率化にも活用できる。

強い政治リーダーシップのもとで、国民利便の観点に立ち、番号制度の利便性改善を行っていくことが必要だ。

1　2016年1月から稼働するマイナンバー制度

国民一人ひとりに住民基本台帳に基づき番号を振る社会保障・税番号（通称マイナンバー）法が2013年5月に成立した。2015年秋口から番号の通知が開始され、2016年1月から、個人番号カードの交付や、社会保障・税・災害対策、さらには地方公共団体が条例で定める事務などの分野での活用が予定されている。

個人個人に割り振られるのは、生涯変わらない番号で、それぞれにマイポータルという個人用のホームページが設置され、個人がマイポータルを通じて、①自己の番号に係る個人情報についてのアクセス記録の確認、②情報保有機関が保有する自己の番号に係る個人情報の確認、③電子申請、④行政機関等からのお知らせの確認を行うことができる。これにより、本人の申請を前提にしたこれまでの行政サービスのあり方が、行政が個人にお知らせをするプッシュ型行政に変わるとされている。

具体的に可能になるのは以下のようなことだ。

【番号制度の利用例】

- 社会保障の給付や負担の状況に関する情報を、国・地方公共団体等相互で、正確かつ効率的にやり取りすることで、給付漏れや給付過誤、二重給付等を防止し、個人や世帯の状況に応じたきめ細やかな社会保障給付の実現が可能になる。

- 税務当局が取得する各種所得情報や扶養情報について、番号を用いて効率的に名寄せ・突合することが可能となり、より正確な所得把握に資する。
- 防災福祉の観点から、災害時要援護者リストの作成及び更新、災害時の本人確認、医療情報の活用、生活再建への効果的な支援といった取組に活用する。
- 国民が、社会保障・税に関する自分の情報や、利用するサービスに関する情報を自宅のパソコン等から容易に閲覧可能となり、必要なサービスを受けやすくなる。
- 国・地方公共団体等間で、申請等に必要な情報を適時やり取りすることで、所得証明書、住民票といった添付書類の削減等事務・手続きの簡素化が図られ、国民及び国・地方公共団体等の負担が軽減され、利便が高まる。
- 医療・介護等のサービスの質の向上等に資するものとして、例えば、保険証機能を券面に「番号」を記載した1枚のＩＣカードに一元化し、ＩＣカードの提示により、年金手帳、医療保険証、介護保険証等を提示したものとみなすこととすることで、利用者の利便性の向上を図る。

（出所：政府・与党社会保障改革検討本部「社会保障・税番号大綱」より。筆者要約）

注目すべきは、地方自治体は、社会保障・税・災害対策の3分野であれば、条例により利用事務を追加することができるため、各自治体が創意工夫をすることにより、多様なサービスの提供が可能になる点だ。地方分権の流れからも、今後自治体の知恵比べとなることが期待される。

番号の活用範囲をもっと広げるべきだという意見がある一方で、2014年に起きたベネッセの個人情報漏洩のようなプライバシーへの懸念も指摘されている。

これに対しては、マイナンバー付きの個人情報である特定個人情報の適正な取り扱いを保護するという観点から、「特定個人情報保護委員会」という第三者機関が設置された。委員会は、特定個人情報の監視・監督などを行い、その取り扱いに対する指導・助言、法令違反行為の中止勧告などができる強い権限と独立性を持って監視をすることとなっている。

現状をたとえれば、番号というシステムを構築した、つまりハードウェアを導入したという段階だ。今後どのように行政に役立てるのかというソフトウェアについては、基本的にこれからの議論である。

また、今後番号をどのように活用していくかという点を考えるにあたっては、①個人番号（マイナンバー）・法人番号、②マイナンバーが記載された個人番号カード、③マイナンバーによって個人個人に設定されるマイポータル・マイガバメント（仮称）の三つをそれぞれ区別して考えることが有益である。

個人番号（マイナンバー）については個人情報保護等の観点から、利用範囲の制限等が課されているのに対し、法人番号は広く一般に公表され、民間による自由な利用も可能とされている。

また、個人番号カードは、事業者が顧客等からマイナンバーの提供を受ける際に行う番号確認や本人確認に利用できるだけでなく、個人番号カードに搭載される公的電子証明書による公的個人認証サービスの利用が可能となる。

図表6・1　個人番号カード

市町村長は、当該市町村が備える住民基本台帳に記録されている者に対し、その者の申請により、その者に係る個人番号カードを交付するものとする。（第17条第1項）

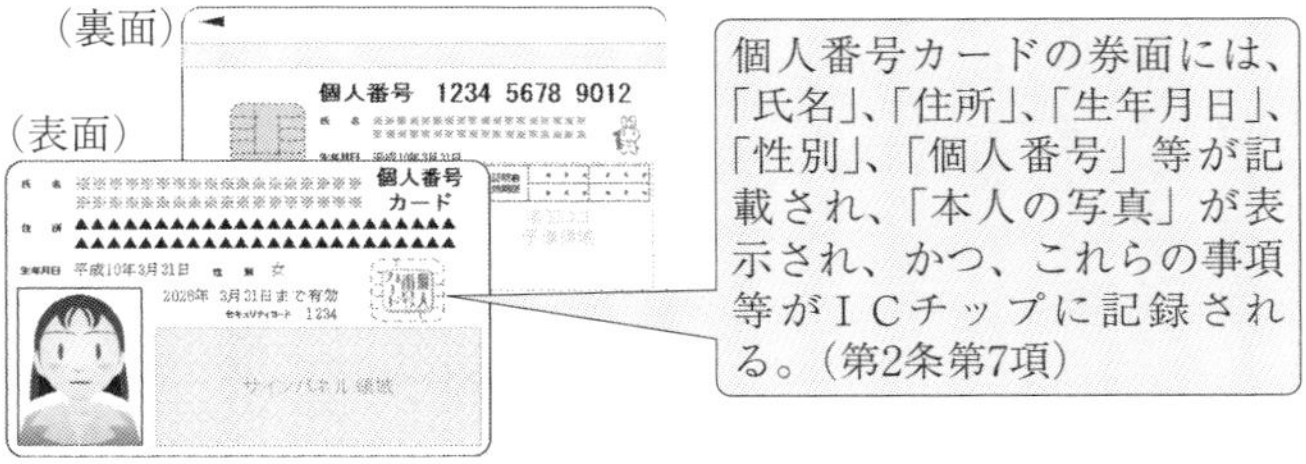

（裏面）
個人番号　1234 5678 9012
（表面）
個人番号
カード
平成10年3月31日
女
2028年 3月31日まで有効
1234
サインパネル領域
個人番号カードの券面には、「氏名」、「住所」、「生年月日」、「性別」、「個人番号」等が記載され、「本人の写真」が表示され、かつ、これらの事項等がICチップに記録される。（第2条第7項）

①個人番号カードは、本人確認の措置において利用する。（第16条）
②市町村の機関は、個人番号カードを、地域住民の利便性の向上に資するものとして条例で定める事務に利用することができる。（第18条第1号）
③マイポータルへのログイン手段として、「電子利用者証明」の仕組みによる公的個人認証に利用する。
④個人番号カードの所管は、総務省とする。

（出所）内閣官房資料

マイポータルについては、自らの特定個人情報を確認することや行政からのお知らせを受けることなどの利用に加え、電子私書箱や民間のサイトであるオンラインバンキングなどと連携するマイガバメント（仮称）へ機能を拡張していくことができれば、後述のように、官民のさまざまなサービスの連携が可能となる。

このように、番号制度の民間利用の促進にあたっては、個人番号（マイナンバー）・法人番号、個人番号カード、マイポータルのどの分野の議論であるか、明確に意識して議論することが必要である。

以下、番号の税務分野での活用を中心に考えていくが、マイナンバーの活用は、日本のこれまでの行政のプロセスや納税者の権利などを大きく変える可能性がある。その際には、納税者の観点からマイポータルの利便性をいかに高めていくかという点が、今後のカギを握っている。

また、社会保障制度改革に活用することにより社会保障費の肥大化を抑え、さらには行財政改革を通じた財政再建につなげていくことも可能になる。

2　納税者番号からマイナンバーへ

これまで番号制度は、納税者番号として政府税制調査会の場で長年議論されてきた。納税者番号制度というのは、納税者の識別や本人確認を、番号を使って効率的に行う仕組みで、以下のような意義があるとされてきた。「税制調査会基本問題小委員会ワーキンググループ・中間とりまとめ（1998年10月）」を引用しつつ説明してみよう。

「第1に、税務行政の機械化・効率化のためである。

番号を活用し、給与、配当、株式譲渡代金などの大量の法定資料をコンピューターシステムで名寄せ、突合することにより、税務行政の大幅な効率化が可能になり、徴税コストを引き下げることができるということである。

第2に、利子、配当、株式等譲渡益を合算して累進税率を課すという総合課税を行うためである。

あらゆる所得を足し合わせて累進税率を課す総合課税は、シャウプ税制以来理想的な税制とされてきたが、それを実行するためには、番号というツールが必要ということである。

第3に、相続税等の資産課税の適正化のための活用である。預貯金、株式、不動産、貴金属などの資産を取得したり保有することについて、税務署に報告するという制度はないので、税務当局の把握は十分とは言い難い。そこで、金融機関、登記所などに納税者の資産情報を番号付きで税務当局に提出させ、相続税や所得税の把握の向上に役立てようという考え方である。金融資産情報（ストック情報）は、期初と期末の残高を比べることで事業者の所得を間接的に推定することができるので、税務署にとっては大変貴重な情報となる」。

この3類型に分けて政府税制調査会で検討が行われてきたが、その後大きな状況の変化が生じた。それは、総合課税に対する考え方の変化である。背景には、序章で述べたような、金融所得に対する課税の国際的潮流の変化がある。

金融所得については、給与所得と合算して総合課税するとグローバルな資金移動が容易に生じる環境では資金逃避を招きやすいなどの理由から、分離して課税する方法が国際的な潮流となり、総合課税のための番号という理由は説得力を持たなくなった。代わって登場したのは、利子・配当・譲渡損益を一体的に課税しようという金融所得一体課税という考え方で、その際金融所得間の損益通算をいかに効率的に行うかという観点から番号活用論が出てきたのである。

また、個人・法人の国境を越える資金取引が活発化するなかで、国外取引を通じた資金の流れを捕捉するという観点からの番号の必要性・有用性は高まってきている。このことは、第3章で述べたとおりだが、とりわけリーマンショック後の先進諸国では、個人マネー・投機マネーの移動に神経を尖らせており、その観点から個人の所得や資産に関して国境を越えた情報交換を行うべきだという議論がＯＥＣＤで行われ、その際には番号の活用が不可欠になるのである。

このように、新たな状況の変化のもとで、番号制度の有用性が議論され、さらには社会保障制度への活用という新たな役割も与えられたことから、納税者番号というコンセプトではなく、社会保障・税番号という形で、２０１６年1月からの制度開始が決まったのである。その中で、税の分野でどう活用するかといった議論が政府税制調査会で行われている。

3　税務にどこまで番号を活用すべきか

税務に活用する番号という場合、最も重要な機能は、「番号を活用した正確な所得の把握」である。では、番号をどのように活用すれば正確な所得の把握が可能になるのか、考えてみたい。

まず、税務当局は番号をどのように活用するのか、そのメカニズムについてみてみよう。

現在、税務当局は、納税者が所得を得るさまざまな取引について、その相手方である給与支払者や金融機関などから、支払調書を提出させることを法律で義務づけている。たとえば給与の源泉徴収票、配当の支払額、30万円を超える株式譲渡額などが、会社や証券会社から税務署に報告される。

一方で納税者は、給与、配当、株式譲渡益などを税務署に申告する。もっとも給与については年末調整があり、配当・株式譲渡益については特定口座（源泉徴収あり）で取引する場合は申告不要

図表6・2　資料情報制度の概要

▶マイナンバー制度の導入により、法定調書の名寄せや納税申告書との突合がより効率的かつ正確に実施できるようになるため、法定調書により把握が可能な所得について、その把握の正確性が向上することが見込まれる。
▶例えば、転居や改姓した場合でも、番号により正確な名寄せが可能となる。

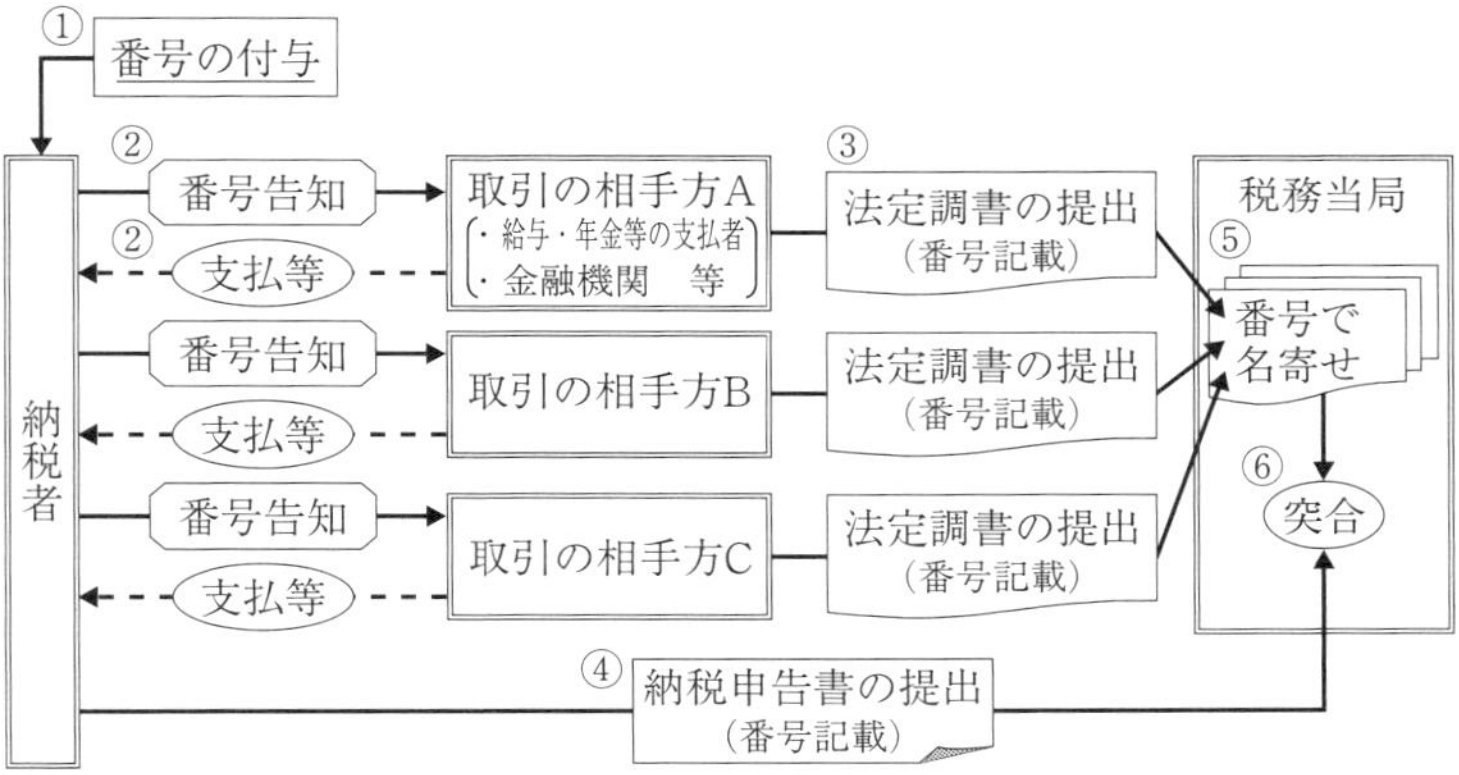

▶他方、例えば、事業所得や保有資産の把握には限界があり、マイナンバー制度導入後も、現行の法定調書だけでは全ての所得を把握することは困難。
▶適切な所得の把握を実現する観点から、今後、法定調書の拡充を検討する必要。

（出所）内閣官房資料

となっている。

税務署は、金融機関など納税者の取引の相手方からくる支払調書と納税者からの申告とを、名寄せ・マッチングすることにより、適正な課税を執行している。

配当所得を例にとると、事業会社は、株主にいくらの配当を支払ったかという情報を、株主と同時に税務署にも提供する。株主が配当所得を税務署に申告すると、税務署はあらかじめ事業会社から来ている情報と納税申告をマッチングして申告の正確性をチェックするのである。これを資料情報制度（法定資料制度ともいう）と呼ぶ。

現在、情報のマッチングは、住所・氏名などで行われているが、入力ミス、漢字の読み違えなどがあるため、必ずしも正確に行われているとはいいがたい状況にある。それが番号の導入により、転居や結婚によって住所や氏名が変わったとしても、マッチングが正確に、かつ効率的に行われるようになる。

また、副業による所得を申告していない過少申告のケースや、子供2人が親の扶養控除をそれぞれ申告する二重扶養といった不正のチェックも可能になる。それだけでなく、所得税の住宅ローン控除の適用を受ける場合、納税者は、居住の事実を証明するため、確定申告書に住民票を添付する必要があるが、番号を活用して、税務署が住民票情報を照会することにより、納税者が住民票を取得し添付することを省略することが可能となる。納税者利便の向上にも役立つのである。

さらに、企業等の源泉徴収義務者は、従業員に支払った給与についての源泉徴収票を、企業等所在地の税務署と給与支払報告書を従業員の住所地の市町村に、それぞれ提出している。この源泉徴収票と給与支払報告書は同内容であるので、ｅ－ＬＴａｘ（エルタックス、地方税のポータル）に電子的に送信し、番号の活用により必要な提出先（自治体）に振り分けることができれば、企業の事務負担軽減につながる。

さらに、医療費控除について、医療費支払情報に番号を付して税務当局と情報連携することにより、納税者が領収書等の添付書類を集計、提出する手間を省き、簡単に医療費控除が受けられるような制度にすることも考えられる。もっとも、医療費控除の多くは保険外診療の支払いという事情を考慮すると、保険外診療の支払い情報についても報告義務を課すことが必要となるが、それには関係者の相当な抵抗が予想される。(注1)

4　事業所得の把握には限界

しかし、番号は万能ではない。このことを、事業所得と不動産所得について考えてみよう。小売店の事業所得を例にとると、店（事業者）の売り上げを完全に把握するためには、消費者（取引の相手方）が店でいくら買ったかを、その都度店の番号付きで税務当局に報告する必要がある。

韓国ではこのようなシステムが導入されている。現金領収証制度と呼ばれ、消費者が商品やサービスを購入する際、店先に設置されている端末に自らの番号（住民登録番号と接続している携帯電話の番号など）を読み取らせると、現金領収証が発給される。その情報は自動的に国税庁に通知されるとともに、自らや店にとっての領収書になる。1999年にクレジットカードから始まった制度だが、2005年から現金取引にも拡大されている。(注2)

韓国でこのような制度が導入されている理由は、韓国特有の事情（いわば準戦時体制）から番号制度が早くから導入されてきたこと、1997年の「IMF」と呼ばれる通貨危機を乗り越えるための切り札としてIT活用が国家戦略とされたことなどが挙げられる。しかし、他の先進国ではここまでのシステムは導入されておらず、わが国でこのようなシステムを導入しようとすると、多くの抵抗が予想される。

もう一つ個人事業主の経費を考えてみよう。事業主が高速道路の料金を1万円支払ったとする。その支払いが事業に必要な支出なら経費となるが、家族とドライブに出かけた費用なら、家事費といって経費にはならない（単なる消費）。しかしこの区別は、番号を付けてもわからない。

このように事業所得については、番号を導入しても、把握の精度が飛躍的に上がるというものではない。番号導入の牽制効果に期待する、ということにならざるをえないのである。

次に不動産所得を例にとってみよう。小口の不動産所得は申告漏れが相当数あるといわれているが、番号を活用して不動産所得を把握するためにはどうすればよいか。

賃借人が大家（賃貸人）に番号を聞いたうえで、番号とともに家賃支払額を税務署に報告する。税務署は、その情報をもとに、大家の申告書に不動産所得がきちんと記載されているかどうかを確認する。このような情報のマッチングにより、不動産所得の申告漏れが発見できるのである。

しかし、弱い立場の賃借人が大家の番号を教えてもらい、それを税務署に報告する制度はどこまで実効性があるだろうか。
このように、番号はけっして万能ではない。

コラム　韓国、ＩＴ政府への執念

２０１３年に韓国の財務部や国税当局を訪問し、ＩＴを活用した電子政府の実情を視察した。ＩＴの活用度という点において、日韓には驚くほど大きな差異がある。わけても印象的なのは、韓国政府が、執念を持って正確な所得を把握しようとする姿である。

そもそも韓国が世界有数のＩＴ国家になった背景には、北朝鮮との戦時体制のもとで住民登録番号などによる国民管理の必要性があったことや、１９９７年の金融危機に端を発したＩＭＦ管理により抜本的な経済改革を余儀なくされたことなどがある。その中でも注目すべきは、番号（１９７５年に導入された個人の住民登録番号と事業者の事業者登録番号で、後者は個人事業者と法人事業者に分けられ国税庁により付番される）をＩＴと組み合わせて先端的な所得把握システムを構築していること、さらにそれを国税当局のためだけでなく、事業者や納税者のサービス、さらには景気対策につなげている点である。

最も注目すべきは、番号を活用して事業者の売り上げを把握するシステムである。このシステムは、現金領収証制度と呼ばれ、消費者が商品やサービスを購入する際、店先に設置されている端末に自らの番号（住民登録番号と接続している携帯電話番号など）を読み取らせると、現金領収証が発給される。その情報は自動的に国税庁に通知されるとともに、自らや店にとっての領収書になる。

1999年にクレジットカードから始まった制度だが、2005年から現金取引にも拡大されている。

消費者にとっては面倒な制度だが、この仕組みがうまく機能するために消費者や事業者にインセンティブが与えられている。具体的には、勤労所得者は、総給与額の20%を超過する現金領収証使用金額およびクレジットカード使用金額の合計額の20%を、年末調整時に所得控除することができる。ただし500万ウォンが限度である。また、現金領収証加盟店（事業者）は、付加価値税の申告にあたって、現金領収証発行金額の1・3%を税額控除できる（700万ウォンが限度額）という具合である。

いずれにしてもこの制度のおかげで、それまで困難といわれてきた事業者の現金売り上げをきちんと捕捉することが可能になった。

もう一つ注目すべき点は、税金計算書と呼ばれる付加価値税のインボイス制度の導入と電子化の進展である。税金計算書は、本来消費税を円滑に運営するためのものだが、その多くは電子化され、所得税や法人税の課税資料（現金領収証など）とのクロスチェックにより、不自然な取引はコンピューターがはじき出すようになっている。

最後に、これらの電子化された課税情報を活用して、納税者にさまざまなサービスが提供されているという点も重要である。サラリーマンには、「年末調整簡素化サービス」が導入され、年末に雇用者が行う税額の清算について、企業が簡素に行えるような仕組みが導入されている。雇用者は、自らがアクセスした国税当局のホームページから年末調整に必要な資料をダウンロードして雇用主に提出、雇用主が、その情報を国税当局が提供するプログラムを組み込んだシステムにインプットすると、自動的に年末調整の計算が行われる。このように、正確な税額計算をシステムで行うことのメリットは、国税当局だけでなく、事業者や雇用主や納税者にも及ぶ仕組みになっている。

韓国と日本ではそのおかれた状況に差異があり、一概に真似をすることはできない。しかし、所得捕捉に向けての熱意・努力と、納税者へのインセンティブ、さらには納税者サービスの充実は、今後マイナンバーを活用して行う国民視点に立った税務行政として、ぜひ見習うべき点であろう。

5　資産情報の把握をどう考えるか

番号の活用法を考える場合、現在税務署が法律にもとづいて入手している法定調書に番号を付すだけでは、正確な所得把握の効果は限定的である。より正確に把握するためには、現在税務当局が入手していない情報を入手できるようにする必要がある。そこで新たにどのような情報を税務当局が入手すべきか、という資料情報範囲の拡大が議論になる。提出者や当局の事務負担を勘案すれば、電子的提出を進めることと同時に、必要性の低い調書の削減もあわせ行うべきであろう。

番号が威力を発揮するのは、資産、つまりストックの情報である。個人の持つ不動産に番号を付けて管理できれば、相続税や固定資産税の課税実務は向上する。また、不動産所得の発掘にも役立つ。

預金残高情報を税務署が番号付きで把握できるようになれば、個人事業者の所得の推計に役に立

図表6・3　各国の資料情報制度（個人、2014年現在）

<table>
<tr><th colspan="3"></th><th>日本</th><th>米国</th><th>英国</th><th>オーストリア</th><th>オランダ</th><th>スウェーデン</th></tr>
<tr><td colspan="3">番号</td><td>×</td><td>○</td><td>○(注3)</td><td>○</td><td>○</td><td>○</td></tr>
<tr><td rowspan="8">フロー</td><td rowspan="3">金融所得</td><td>利子</td><td>×(注1)</td><td>○</td><td>○</td><td>×</td><td>○</td><td>○</td></tr>
<tr><td>配当</td><td>○</td><td>○</td><td>○</td><td>×</td><td>×</td><td>○</td></tr>
<tr><td>株式譲渡</td><td>○</td><td>○</td><td>○</td><td>×</td><td>○(注5)</td><td>○(注7)</td></tr>
<tr><td colspan="2">事業所得</td><td>×</td><td>×</td><td>×</td><td>○(注4)</td><td>×</td><td>×</td></tr>
<tr><td colspan="2">給与所得</td><td>○</td><td>○</td><td>○</td><td>○</td><td>○</td><td>○</td></tr>
<tr><td colspan="2">不動産譲渡</td><td>○</td><td>○</td><td>○</td><td>不明</td><td>○</td><td>○(注7)</td></tr>
<tr><td colspan="2">国内送金、預金の入出金</td><td>×</td><td>○</td><td>×</td><td>×</td><td>不明</td><td>不明</td></tr>
<tr><td colspan="2">海外送金</td><td>○</td><td>○</td><td>×</td><td>×</td><td>不明</td><td>不明</td></tr>
<tr><td rowspan="5">ストック</td><td rowspan="2">金融資産</td><td>預貯金口座開設</td><td>×</td><td>△(注2)</td><td>×</td><td>×</td><td rowspan="2">○(注6)</td><td rowspan="5">×(注8)</td></tr>
<tr><td>株式保有</td><td>×</td><td>×</td><td>○</td><td>×</td></tr>
<tr><td colspan="2">不動産</td><td>×</td><td>×</td><td>×</td><td rowspan="3">不明</td><td>○</td></tr>
<tr><td colspan="2">貴金属</td><td>×</td><td>×</td><td>×</td><td>不明</td></tr>
<tr><td colspan="2">海外資産</td><td>○</td><td>○</td><td>○</td><td>不明</td></tr>
</table>

（注1）源泉分離課税
（注2）記録保存義務あり。当局から要請があれば開示。
（注3）英国においては、納税者番号制度はないが、国民保険番号（National Insurance Number）が税務目的に一部用いられている。
（注4）特定の類似勤労者（Similar to Employees）に該当する場合は、関係する企業に提出義務がある。
（注5）株式の報告対象は売却価格である。ファンド（投資信託と思われる）についてはキャピタルゲインが報告対象である。
（注6）銀行は1月1日時点の貯蓄残高と株式保有情報を報告する義務がある。
（注7）報告対象はいずれも売却価格である。
（注8）2008年に富裕税が廃止されたことから、従来報告対象とされていた貯蓄残高等の情報提出義務がなくなった。
（出典）財務省、OECD "Tax Administration in OECD and Selected Non-OECD Countries : Comparative Information Series"（28 January 2009）及びヒアリング

つ。また相続税の資産調査にも有用で、税務署としては、「ぜひ取りたい情報」であろう。

では、諸外国ではどのような情報を番号付きで入手しているのだろうか。実際、政府税制調査会の議論でも、「諸外国の例をみながら検討する」とされている。

筆者が現地調査した情報をもとにまとめたのが図表6・3である。

スウェーデンは、最近まで個人の資産を課税ベースとする富裕税という税制を持っており、預金残高情報を番号付きで税務当局に報告させていた。しかし、2008年に富裕税が廃止されたことからそれらの情報の報告を廃止した。

逆にオランダは、2001年にボックス税制という資産を課税ベースとする税制を導入したことから、預金残高情報をとる必要が生じ、現在は番号で金融資産情報を入手している（第1章参照）。しかし、そのような税制を導入していない英国や米国をみると、納税者全員の預金残高情報を番号で直接把握するというようなことはしていない。

このように、どこまでストックの情報をとるかは、その国の税制と密接に関連している。一般的にいえることは、番号付きで納税者全員の預金残高情報などの資産情報を取得する国はきわめて少ないということである。

資産そのものの情報と並んで重要なのは、利子・配当・株式譲渡益といった資産性所得の情報である。税務当局は資産性所得の情報を入手することにより、資産そのものの情報の代わりとして活用することができる。

現在、資産性所得の情報はどのように税務当局によって把握されているのだろうか。事業会社等が顧客に支払った配当等の情報（配当調書）、株式等の譲渡に関する情報（株式等譲渡調書）、生命保険会社が顧客に支払った一時金の情報（生命保険一時金支払調書）などの情報が法定調書として税務署に提出されており、これら法定調書には番号が付されることになる。

他方、銀行等が個人の顧客に支払う利子については、支払調書の提出が免除されている。先述の一覧表でみると、利子所得について、オーストリアを除き先進諸国が番号付きで入手しているのに、わが国だけが入手していない。

この理由は、わが国の税制が、銀行がわれわれに利子を支払う際に20％の税率で一律に源泉徴収して課税が終了する源泉分離課税という制度になっているので、税務当局が個人ごとの利子の支払い情報を入手する必要がないことによる。

しかしこれから述べるように、単に個人所得の正確な把握ということだけでなく、わが国の社会保障の効率化という観点から、利子所得など金融資産情報を把握することは必要だというのが筆者の考え方である。

その観点から預金口座への付番を行う（但し、預金者の告知義務はなし）法律改正が行われるとともに、税法でも、「マイナンバーが付された預貯金情報を税務手続において効率的に利用する観点から、銀行等に対し預貯金情報をマイナンバーにより検索可能な状態で管理することを義務づける」こととされた。

また、社会保障関係法令が改正され、マイナンバーが付された預金情報の提供を求めることができる旨の照会規定等が整備される。

口座への付番については、口座数が8億を上回るとされており、休眠預金の扱いなど金融機関のコストや事務手間を考慮する必要があることから、18年1月から行われることとなった。適正・公平な税務執行の観点からは、国民の多くが保有する預金が把握の対象から漏れている状態は改善するべきで、預金者からの番号告知を促すインセンティブを考えながら、なるべく早く既存口座への付番を行うべきだ。

一つ留意すべきは、2016年から、財産債務調書が導入されることである。この制度は、所得が二〇〇〇万円超で、総資産が3億円以上等の納税者に対して、不動産や有価証券等の詳細を時価で記載して報告させるもので、番号で管理されることになる。つまり、高所得で資産を多く持つ者の資産は番号付きで管理されるということである。

固定資産についても、マイナンバーを付すことにより、適正・公平な課税や負担能力に応じた公平できめ細かい社会保障の実現が図れる。まずは、複数の自治体に分散する固定資産を所有者ごとに把握できるようにすべきである。現在各自治体は固定資産について台帳に番号を付して管理しているわけで、それを統一的に番号で管理できるようにすることから始めることを提案したい。

地方自治体にとって、固定資産の把握は非常に大事であり、登記の段階で番号が付され、それが自治体に送られてくれば業務の効率化につながる。そのためには、現在の不動産登記が真の所有者を示していない状況については早急に改善していく必要がある。

6　納税者の視点からの番号の活用

(1) 納税者に簡素な申告サービスを提供する記入済み申告制度

マイナンバー制度で重要なことは、納税者にとって利便性が高く有益な制度の導入を考えることである。この問題を徴税側にだけ任せておいたのでは、徴税の論理にもとづく活用法になってしまう。

納税者のために番号を活用するという試みで興味深いのは、北欧諸国で導入され、その後オランダ、フランス、スペインなどに波及している、記入済み申告制度（pre-populated returns）である。

この仕組みは、税務当局が番号を通じてあらかじめ把握している資料情報を、納税者の申告書に記載するという手法で提示し、納税者がその内容を確認することで申告を終了させるというものである。従来、申告内容のチェックに使っていた資料情報を、納税者の申告支援のために活用するものので、納税者の申告書作成負荷の緩和（納税者サービス）と税務当局の事務効率化を目的としている。

実際の方法は、税務当局によって事前に給与所得、金融所得等が記入された申告書が送付され、その内容を納税者が確認し、修正の有無を申し出ることにより申告が終了する仕組みである。当局への回答（修正含む）は、郵送のほか、ショートメッセージ、電話、オンラインで行う。スウェーデンの税務当局の話では、「修正は、控除額の追加（通勤費や育児費用等）や自営業者による収入

図表6・4　スウェーデンの記入済み申告書（イメージ図）

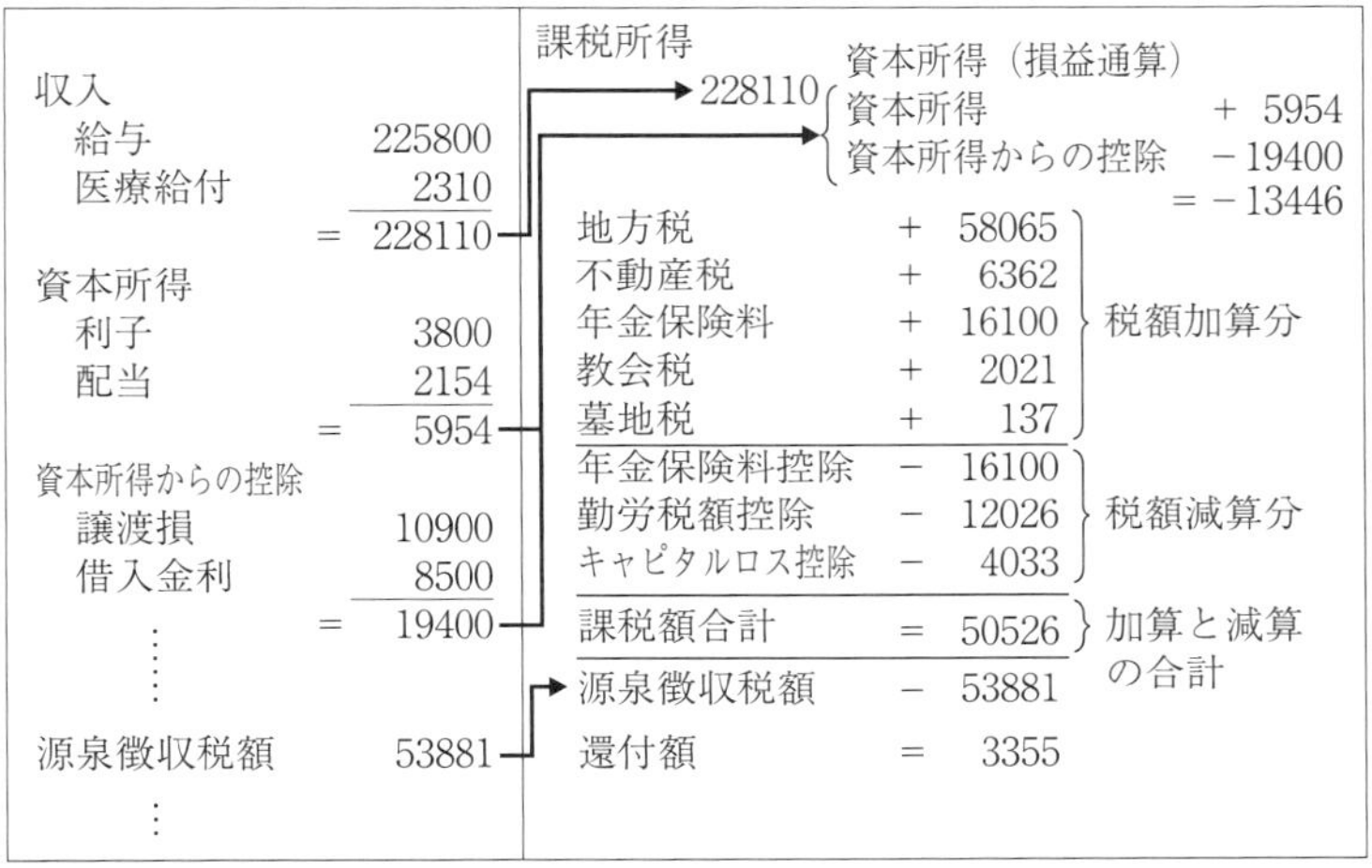

（注）1　スウェーデン国税庁からのヒアリングの際に入手した記入済み申告書サンプルより作成

2　イメージの中の「矢印」「注書き」は事務局による記載

（出所）金融税制・番号制度研究会作成

の修正（家賃収入、キャピタルゲイン等）の事例が多い」という。

スウェーデンで導入されている記入済み申告制度の概要は図表6・4のとおりで、ほとんどの所得や税額が記入され還付額も計算されている。

韓国では、番号を導入し、納税者サービスという観点から、番号付きの情報を一度納税者にすべて返して、それをもとに、会社の年末調整を簡単に行う納税者サービスが導入されていることはコラムで述べたとおりである。

(2) カギを握るマイポータル・マイガバメント（仮称）

このような記入済み申告制度をわが国に導入すれば、大幅に納税者の申告負担は軽減される。これを進めていくには、マイポータルとマイガバメント（仮称）の活用がカギとなる。

マイポータルとは、個人ごとに開設される情報提供等記録開示システムのことで、2017年1月の運用開始をめざして準備が進んでいる。マイナンバーカードをカードリーダーで読み取らせて、ID、パスワードなどを入力することによって使用できる。機能としては、行政機関の持つ自分の特定個人情報を、自ら確認したり、誰が、なぜ情報提携した（活用した）のかが確認できるようになっている。また、個人のニーズに合った行政機関からのお知らせを表示することもできる。将来的には、行政機関の各種手続きを一度で済ませるワンストップ・サービスの提供などが考えられている。

国民がマイポータルのメリットを実感するためには、「官」同士だけでなく、「官」と「民」、さらには「民」と「民」が情報連携することにより、利便性の高いオンラインサービスが提供できる仕組みを考える必要がある。実は、マイガバメント（仮称）というコンセプトで、具体的内容についての検討が政府部内で行われている。

マイガバメントというのは、暮らしに関係した利便性の高い官民のオンラインサービスを、本人確認の連携などによりシームレスに利用し、電子的に完結させることを可能とする仕組みで、マイナンバー等分科会中間報告で提言されているものである。今後、マイガバメントによる利便性向上に向けて、民間ポータルサイトとの連携を進めていけば、さまざまな工夫が可能になる。

先ほど述べた欧州並みの記入済み申告制度の実現には、税務当局において相当な準備が必要となる。そこで、記入済み申告制度が実現するまでの間は、税務当局が関与しなくとも、金融機関や自

図表6・5　マイナンバー等分科会中間とりまとめ(2014年5月20日)の概要

「世界最先端のIT利活用社会」のインフラとして、マイナンバー制度の普及と利活用を図るため、国・地方・民間が連携して取り組むべき事項を取りまとめ。

【目指すべき社会】	▶誰もがより安全・安心にインターネットを利用できる基盤を持つ社会 ▶誰もが必要な時に自身の情報にアクセスし、利活用でき、サービスへの満足度が向上する社会 ▶国・地方・民間の様々な手続き・サービスが、シームレスかつ効率的に連携し、広く電子的に完結できる社会
個人番号カード 誰もが取得できる実社会・オンラインの本人確認手段	・暮らしに係る公的サービスに係るカード類（健康保険証、印鑑登録カード等）や、広く保有される資格の証明書類（国家資格等の資格の証明書、国家公務員身分証明書等）等の、個人番号カードへの一元化／一体化 ・コンビニ交付等、個人番号カードを利用した利便性の高いサービスの拡大 ・官民の様々な本人確認を要する手続きでの利用に向けた調整・周知 ・オンライン本人確認手段である公的個人認証サービスの行政・民間利用の拡大 ・取得に係る本人負担の軽減等
マイポータル／マイガバメント 暮らしに係る利便性の高い官民オンラインサービスの提供	・利用者に係る特定個人情報や医療・介護・健康等に係る自己情報の閲覧 ・利用者の利益になる情報を提供するプッシュ型サービス ・引越しや死亡等のライフイベントに係るワンストップサービス ・サービスに必要な情報をデータで入手・利用できる仕組み ・シームレスなサービス利用に向けた本人確認に係る官民連携基盤 ・スマートフォンやCATV等、利用チャンネルや認証手段の拡大 ・高齢者等が安心して利用できるサポート体制や代理利用の環境整備
個人番号／法人番号 名寄せ・突合による情報の正確で迅速な確認	・行政における個人番号を利用した業務・システム見直し ・行政が保有する法人に係る公開情報への法人番号の付与の徹底 ・法人番号を利用した法人ポータルの構築

これらに近接し、更なるメリットが期待できる以下の分野へのマイナンバー利用範囲の拡大等を検討①戸籍事務、②旅券事務、③預貯金付番、④医療・介護・健康情報の管理・連携、⑤自動車登録事務

（出所）内閣官房資料

治体等から保険料等の支払いに係る証明データをマイガバメントで受けて、それをe－Taxの確定申告書にアプリを活用して転記する仕組みが考えられる。将来的に、マイポータル・マイガバメント（仮称）で源泉徴収票や保険料支払証明書等を受領し、確定申告書に転記できるようになると、実質的に「記入済み申告書」に近づくものができあがる。

さらに、マイガバメントの仕組みを用いて、利用者の同意のもと、行政や民間事業者の情報を他の機関と連携することも考えられる。

このような制度の導入により、国税当局の申告書の収受にともなう事務が大幅に効率化され、事務コストも軽減される。市区町村も、納税者が確認を終えて確定した申告情報を国税当局からデータで受け取ることが可能となるため、申告書のチェックに係る事務コスト、申告書のコピー代、データ化（パンチ入力）コストなどを削減することができる。

(3) 年末調整から自主申告へ

このような工夫をしていけば、選択的な自主申告制度への道を開くことが可能となる。

現在のわが国の給与に対する所得税制は、給与支払い者が源泉徴収義務者となって、給与の支払い時に一定の税額を源泉徴収して税務署に納付することとなっている。そしてその年の最後の給与支払い時に「年末調整」を行い、給与の総額に対する最終的な税額と、すでに納付された源泉徴収額との差額を調整する制度がとられている。

この制度は、納税者、税務当局双方の負担を軽減する効率的な制度だが、最近では次のような批判も生じている。まず、年末調整を行う会社に、多大の事務負担をかけている。とりわけ中小事業者にとって年末調整の事務負担は大きい。次に、年末調整を行うには、社員の配偶者の所得など家族に関する情報を把握しておかなければならず、プライバシーの問題が生じている。

そこで、希望する者には、年末調整に替えて、自ら申告することで最終的な税額を確定する、選択的自主申告制度を導入することを提案したい。折しも、２０１０（平成22）年度に、特定支出控除として、勤務に必要な書籍代などが経費として認められる制度改正が行われたので、申告により源泉徴収された税金が還付される可能性は従来にもまして高まっている。

参考になるのが米国の方式である。米国では、給与支払い時の源泉徴収が多めになされており、年１回の申告は、大部分の納税者にとって還付になるような制度設計となっている。この方式のもとでは、納税者は自主的に申告をするインセンティブが働く。

自らの税額を申告により確定する自主申告制度を導入することは、納税者意識の高揚をもたらし、社会への参加意識を高め、タックスペイヤーとして税金の使途を監視する目を養い、民主主義の原点につながる効果をもたらす。

(4) e－Taxの簡素化も必要

自主申告制度のネックとなるのは、税務当局や納税者自身の事務負担の増加であるが、マイポータルとe－Tax（電子申告制度）を組み合わせればその負担は軽減される。

現在、e－Taxを利用するには、自治体窓口で住基カードを発行してもらう必要がある。その中に格納されている電子証明書（公的個人認証等を用いた証明書）をＩＣカードリーダーに読み込ませて、「利用者識別番号」を取得する。さらに、電子証明書等の初期登録を行い、「利用者識別番号」とパスワードによるログインをしてはじめて利用が可能になる。

このような面倒な手続きをする必要があるのは、ｅ－Ｔａｘを利用する人だけに「利用者識別番号」を振る方式をとっていることと、なりすまし、改竄防止のために高度な本人確認を行っていることによる。マイナンバーが入ると、利用者識別番号取得までのプロセスが省略され利便性は高まるが、電子証明書の取得と公的個人認証が必要なので、それが電子申告の普及を妨げる障害になる可能性は高い。

そこで今後は、セキュリティーの懸念を払拭しつつ、これを簡素化していく工夫が必要である。欧州諸国では、たとえば目的に応じてセキュリティーのレベルを使い分けたり、銀行の認証システムを活用するといった対応で、セキュリティーの懸念と簡便性の両立を図っている。

デンマークは、ＩＣカードによる電子署名の普及が進まなかったため、政府と金融機関が官民共同で第二世代の電子署名「NemID」を開発した。この結果、銀行の電子署名との共用が可能になり、利用者の利便性向上が図られ、公的な電子署名の利用は一気に普及したという事例がある。(注3)

(5) さまざまな政策税制の可能性が開ける

諸外国では、一定の政策目的を実現するインセンティブとして、所得から実額（実費）を控除できる制度を多く採用しているが、わが国ではあまり採用していない。医療費控除と寄付金控除ぐらいである。これは、実額をチェックすることが困難だという税務執行上の理由が影響している。

番号の導入により、実額をチェックすることが可能になるので、たとえば、人的資本蓄積を進めるという政策目的のもとで、特定の大学に支払う学費について控除する制度の構築が可能になる。どの大学が対象になるかをあらかじめ監督官庁が定め、その番号を税務署に通知、大学は、個人からの入学金に自らの番号のついた領収証を発行する。このようにすれば、特定の大学の学費の支払いを控除する制度の正確性が確実に担保されることになる。

米国では、高等教育を支援する制度として、「American Opportunity Credit」という教育費税額控除制度と「Lifetime Learning Credit」という生涯学習税額控除制度の二つがある。

前者は、大学の授業料および必要経費のうち、最初の2000ドルに対して100%、次の2000ドルに対して25%、最大で2500ドルまで税額控除が受けられる制度である。

後者は、キャリアの向上や技能の上達を考える社会人を主たるターゲットにした制度で、初年度の授業料と教育に必要な経費のうち最大2000ドルまで税額控除を受けられる。このように専門学校やプロフェッショナルスクールなどに通う場合を人的資本貯蓄と位置づけて、その蓄積を促進し経済成長に結びつける政策税制が構築されている。

また、米国・英国・フランスで導入されているベビー・シッター代など子育てに必要な経費を実額控除させる少子化対策税制など多様な政策税制の導入も検討できるようになる。この点、フランスの導入している税制が少子化対策として大いに参考になることは、第5章で述べた。

このように番号制度の導入により、新たな政策税制の導入が可能になる。この点にも、番号導入のメリットがある。

7　番号を活用して社会保障の効率化を

わが国の番号制度は社会保障・税番号と呼ばれているように、導入の大義名分は、税と社会保障を一体改革することであった。ばらばらな社会保障制度・税制を整理統合して、税と社会保障を一体的・効率的に運営することが、財政資金の効率的な活用になるだけでなく、社会保障制度の機能向上を通じて、所得再分配政策の精度を上げるという考え方である。

具体例として、政策決定当時の民主党政権が挙げたのは、クリントン政権やブレア政権が、勤労を通じて生活の向上を図るワークフェア思想にもとづいて導入し、ワーキング・プア対策に大きな成果を上げた勤労税額控除の導入であり、また、消費税率10％への引き上げ時に予定される低所得者対策としての給付付き税額控除であった（制度の詳細は第4章参照）。

ここでは、社会保障の効率化において、番号が大きな役割を果たすということを述べよう。

現行制度のもとでは、高額医療費の自己負担額、特養老人ホームへの入居要件、保育所の保育料などに所得制限や所得基準が付いている。しかし、番号がない状況のもとで所得がどのようにチェックされているのか、その正確性には問題がある。

今後の社会保障制度改革の方向性を示した「社会保障制度改革国民会議報告書」（2013年8月6日）を読むと、「これまでの『年齢別』から、『負担能力別』に負担の在り方を切り替え、社会保障・税番号制度も活用し、資産を含め負担能力に応じて負担する仕組みとしていくべきである」と記されており、社会保障の給付や負担の適正化の観点から、資産・所得把握の必要性について言及している（線は筆者）。

社会保障の給付面では、生活保護や求職者支援制度において資産要件が付されているが、生活保護受給者がアルバイトなどで収入を得ている場合などが正確に把握されていないなどの事例も多い。適正な申請を確保し、制度の信頼性を維持するためには、番号を活用した所得・資産の把握を進めることが必要である。

そこで、番号制度の活用範囲を広げることにより、適正な社会保障給付に結びつけて、社会保障の効率化を行うことが今後の大きな課題となる。この点、生活保護の資産調査に番号が活用されることは、一歩前進である。

消費税率引き上げの際の低所得者対策を考えてみよう。消費税率8％への引き上げの際には、住民税非課税の者に一律1万円（年金受給者は追加で5000円）の給付がなされるが、「所得は低いが金融資産が多くある（したがって、金融所得が多くある）」という人は、制度の趣旨からして排除する必要がある。そこで、利子所得や配当所得など金融資産からの所得を国が把握できるようにしておけば、そのような対応が可能となる。

また、社会保障国民会議の議論を受けて、今後社会保障の分野で、高所得者の負担を増やし低所得者の負担を軽減する方向での改革が順次実行されていく。医療の分野では、所得が高い患者負担の上限額を順次引き上げ、高所得者の保険料を引き上げることなどが予定されている。介護の分野では、一定の所得（年収三百数十万円程度）がある利用者の負担を1割から2割へ引き上げることなどが予定されている。また、特養老人ホームへの入居に資産要件を設けることも検討されている。そもそも現行の医療保険については、さまざまな負担軽減措置が所得基準で導入されている。

このような高所得高齢者の負担のあり方を考えるうえで、所得基準だけでいいのか、所得は（たまたま）低いが、資産は多い「富裕高齢者」への負担増が検討課題となる。そもそも高齢者は、わが国の金融所得の大部分を保有しており、持ち家比率も高く、フローとしての所得だけを社会保障受給の基準とすることは十分ではないという問題がある。

誰が「富裕高齢者」なのかを識別するためには、土地などの実物資産や金融資産残高の情報を国家が把握する必要がある。しかし、ストック情報の把握ほど大変なものはない。土地・家屋といっても、登記されているものは全体の半分以下ともいわれている。書画骨董のような実物資産に至ってはまったくお手上げだ。

一方、金融資産残高について一人ひとり把握することは不可能ではない。現にオランダのように、金融資産残高を課税ベースとした税制がある国では、番号でしっかり管理されていることはすでに述べてきたところである。しかし、そのような税制のない多くの先進諸国では、預金残高を番号付きで報告することを求めてはいない。このような事情の背景には、国家が個々人の金融資産残高をすべて把握することは、近代国家においては避けるべきだ、過度の徴税国家になるべきではないという国民の意識があると考えられる（ただし、超富裕層に財産負債調書が導入されることは前述）。

そこで、ストックから派生するフローの情報、具体的には金融所得を名寄せして個人ごとに国家が把握し、それを資産情報の代替として活用することが考えられる。現に米国などの低所得者対策には、一定以上の金融所得がある場合には、適用対象外とする仕組みが導入されている。

このように、フローの金融所得情報を活用してストックを調べることは、今後さまざまな社会保障制度の分野において求められるであろう。利子所得について番号を付し、納税者ごとに名寄せするためには、既存の口座に付番するという問題に加えて、現在の源泉分離課税から申告分離課税に制度を改める必要がある。

このように、番号を付けてどこまでの情報を取得できるようにするのか（法定調書の範囲の拡大）、これが所得の正確な把握のカギを握っている。

社会保障費のむやみな膨張をあらゆる手段で抑制していかなければ、この国の危機的な財政状況は改善しない。マイナンバーの活用はそのカギを握るものといえよう。

8　法人番号の意義とその活用

マイナンバー制度の導入・実施に向けて、国や地方の関係部署では急ピッチでの準備が進んでいるが、法人番号の活用も重要な課題である。

登記のある法人については国税庁が登記番号（会社法人等番号）を活用して付番し、登記のない法人については新たに独自の番号を国税庁が付番する。その結果、法人等基本三情報といわれる①商号又は名称、②本店又は主たる事務所の所在地、③会社法人等番号が、広く国税庁のホームページで閲覧できることとなる。申請・届出に記載された法人番号の真正性を確認したい場合には、国税庁のウェブサイトで確認ができるようになり、行政機関間で特定法人情報をやり取りする際には法人番号を付して行われることとなる。

民間も自由に活用できるので、たとえば、企業内でばらばらに管理されている取引先情報の一元管理が可能になり、取引の際の登録・更新業務なども随時把握でき、事務効率が高まる効果が予想される。

プライバシー問題のない法人番号は、民間が自由に創意工夫して活用法を考えることが可能である。今後、ユーザー側である産業界側から、使いやすいように法改正を求めていくという姿勢も必要だ。

また、本社に割り振られる法人番号を、会社側で事業所単位に識別番号を割り当て、事務の効率化につなげるアイデアも出されている。諸外国の例でも、法人番号と分野別の事業番号を組み合わせて統一的な「企業コード」を作り、企業間取引に活用され業務の効率化・高度化が実現している。今後わが国でも積極的な活用が期待される分野である。この点については、電子政府タスクフォースで発表された「企業コードの整備・活用に関する基本構想（案）」が参考になる。(注4)

しかし、これだけでは十分ではない。せっかくのインフラをより有効に活用すべきで、以下のような課題を解決するための法改正が必要となる。

筆者は経済産業省の法人番号活用の研究会に参加してきたが、その場では以下のようなことが議論された。

個人番号の場合、行政機関の間で情報を共有・連携する基盤が整備されるが、法人番号にはそのような基盤がない。そこで、行政機関において企業情報を共有する基盤の整備や、民間事業者において企業情報を共有する基盤の整備などを構築し、関係者のより有効な活用をめざすべきである。

もう一つ、法人への付番とあわせて個人事業主への付番の必要性も議論されている。企業は、法人、個人を明確に区別せず取引をしているので、個人事業主についても番号で管理することが全体としての利便性を高めることになる。その場合、プライバシーの問題を考えると、マイナンバーは使えないので、新たな付番をする必要が出てくる。これから述べる消費税インボイスとの関連でも、個人事業主への付番という問題を検討していく必要がある。

9　消費税インボイスとマイナンバー

法人番号の活用が見込まれる分野として、消費税軽減税率の導入にともなうインボイス制度への活用が考えられる。軽減税率問題は、「関係事業者を含む国民の理解を得た上で、税率10％時に導入する」（平成27年度税制改正大綱）こととされ、２０１７年4月の消費税率10％引き上げ時の導入をめざして議論されるが、導入される場合には、事務コストを抑えつつ公平な執行を行うために、取引にかかる消費税額の別記を義務づけたインボイスが必須となる。

インボイスとは、取引にあたって、売り手（納入側）が買い手（仕入れ側）に、取引価格（税抜き価格）に係る消費税額を請求するツールである。消費税は、転々流通する取引の各段階で、売り手が買い手に、取引価格から計算した消費税額をインボイスを出して請求し、買い手はそのインボイスに書いてある消費税額を（仕入れ税額）控除する仕組みをとっている。インボイスがあるので、売り手と買い手の税額の認識（つまり、軽減税率対象の品目かどうか）が一致する。国も、インボイスにより売り手から納税される消費税額と、買い手側から控除される消費税額の一致を確認することができる。

そのためインボイスには、取引される財・サービスに係る消費税額の記載が義務づけられ、その信憑性をチェックするために事業者番号（ＶＡＴ番号）が記載されている。付加価値税が、脱税が生じにくいすぐれた税制といわれ、先進国だけでなく開発途上国でも普及しているのは、この点に理由がある。

インボイスの機能を、図表６・６に沿って説明したい。まず買い手はインボイスに記載された消費税額を売り手に支払う（図①）。売り手はそれを国に納税（図②）、買い手は後日、インボイスにより仕入れ税額控除をする（図③）。買い手にとって、売り手に支払った消費税は自らの納税時に控除（仕入れ税額控除）されるので、結果として自らの負担はない。納税するが控除になるので、いわば通り過ぎていくだけの存在である。事業者は納税義務者であるが負担者ではないという消費税の仕組みが貫かれるのである。

この制度のもとでは、事業者間の価格は税抜き価格で交渉されるので、消費税分は確実に転嫁できることになる。計算方法も簡単で、軽減税率のもとでもインボイスに記載されている消費税額を仕入れ分、売り上げ分それぞれ合計して、差額を求めることにより納税額が計算できる。国（税務

図表6・6　消費税の仕組みとインボイス

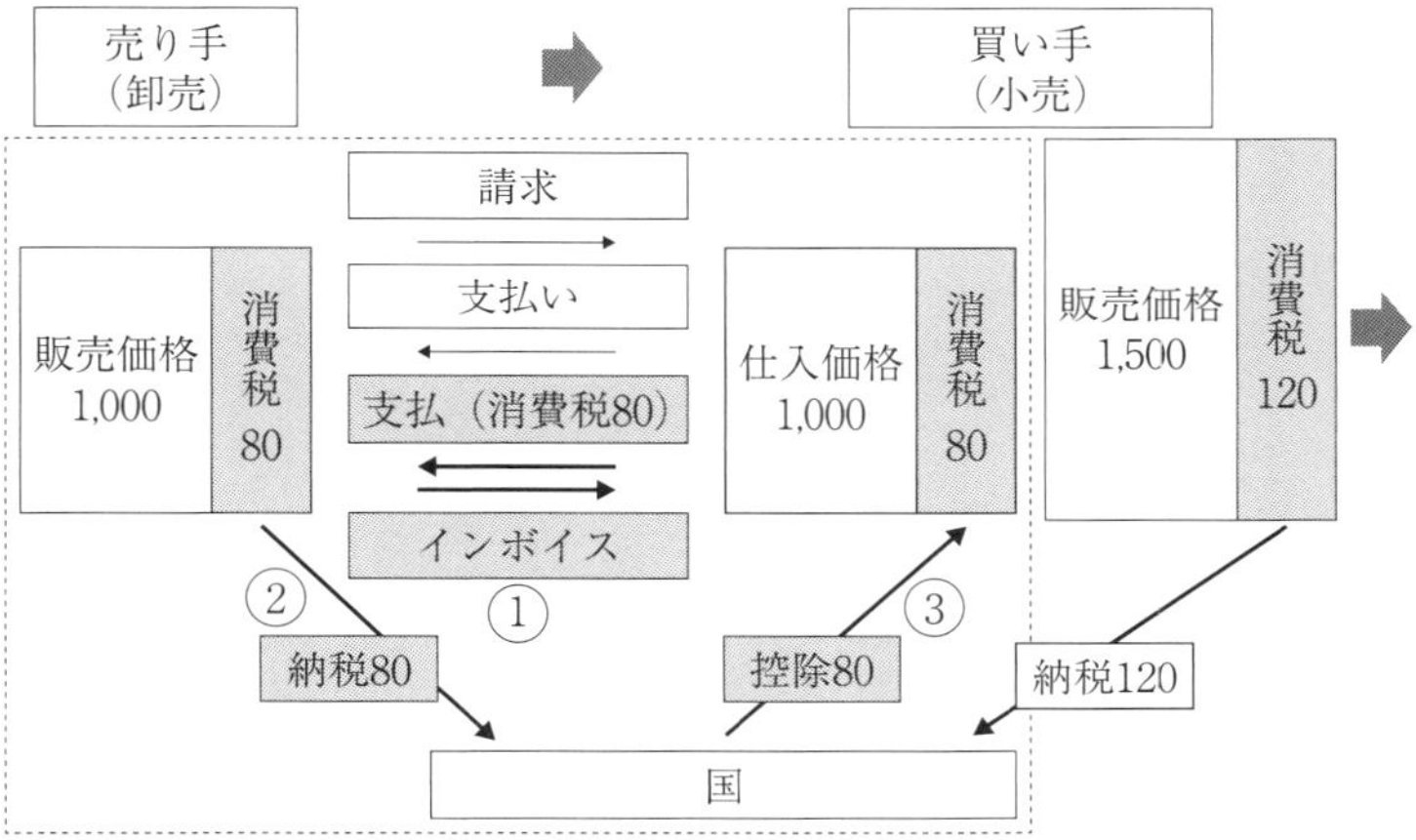

（出所）筆者作成

当局）も、インボイスによって、売り手から納税される消費税額と買い手からの控除消費税額をダブルチェックすることが可能になる。

このように、インボイスは相手方への価格転嫁を確実にさせ、納税計算を簡単にする機能を持つ。そのためドイツやフランスでは、本来免税事業者である小規模事業者の多くが、免税という「特権」を返上して、仕入税額控除を受けるために課税選択をしている。インボイスは事務コストがかかると事業者からの反発が多い。しかし、システム導入コスト（イニシャルコスト）はかかるものの、いったん導入した後は、スムーズに流れていき、さまざまなメリットを持つ。軽減税率導入の是非にかかわらず導入すべき制度である。

一方、わが国の消費税は、インボイスの代わりに、請求書など取引の事実を証明する書類を用いて消費税額を計算し、売り上げに係る消費税額から仕入れにかかる消費税額を控除する方式を採用している。単一税率であることや、インボイスの発給ができない免税事業者が取引から排除されないようにという配慮から簡素な方式が採用されたのだが、消費税を負担しない免税事業者からの仕入れも控除できるので「益税」を生じさせている、という批判が絶えない（ただ、免税事業者も自らの仕入れに際しては消費税を負担しており、その分は買手に転嫁する必要がある）。免税事業者はインボイスの発行ができないので、この制度を導入することにより「益税」は大幅に防ぐことができる。

インボイスには、もう一つ大きなメリットがある。インボイス制度のもとでは、商品ごとに税額が別記され相手方に送られるので、事業者間の転嫁が容易になるのである。欧州では、消費税引き上げ時に事業者間の転嫁が大きな問題となったことはないといわれている。

逆にいえば、わが国のように、事実上売り上げから仕入れを差し引いた差額に105分の5を乗じて消費税額を納付するケースでは、「売り上げから仕入れを引いた付加価値に課税される直接税」という認識になりがちで、事業者間で適正な転嫁が行われにくいという問題を生じさせている。

つまり、軽減税率の導入は事業者に大きな負担をもたらすが、その負担を軽減させるのがインボイスの役目である。加えてインボイスは、消費税を着実に次の流通段階に転嫁していくために必要なものでもある。

軽減税率の導入はできるだけ先送りすべきだが、導入される場合には、インボイスを導入して軽減税率にともなう納税事務を簡素化するとともに、事業者間の価格転嫁が確実に行えるようにすべきだ。

その際、インボイスの信憑性を確認するため事業者番号が不可欠となる。法人の発行するインボイスには、法人番号を使うことになるであろう。しかし個人事業主については、新たに税務当局が付番する必要がある。税務当局は、この検討を急ぐ必要がある。

10 番号活用の総合的な国家戦略を

少子化にともなう労働人口の減少と超高齢化社会の到来のなかで、社会保障を中心とした安全・安心社会の建設、原発問題に端を発した環境・エネルギー問題など、わが国はさまざまな課題に直面している。このような諸問題を前に、番号をキーとした情報通信技術（ＩＣＴ）を積極的に活用することにより、国民のニーズに応じた行政サービスを効果的・効率的に提供するだけでなく、経済のさまざまな分野で新規産業や新規事業を創出し、社会の活力を維持していくことの重要性は高い。

わが国初の本格的な情報通信戦略として「e-Japan戦略」が策定されてからすでに10年以上が経過した。この間、わが国はＩＣＴのインフラ面では世界最高水準となっているが、電子行政の推進においては、欧米諸国や韓国と比べて大きく後れをとっている。利便性の高い電子行政サービスというスローガンだけが躍ってきた印象が強い。

電子行政が進まない最大の原因は、政府の統治機構にある。番号制度をどのように活用してＩＴ国家を作っていくかということを総合的に考えるハイレベルの部局が存在しないのである。

２０１４年に内閣総理大臣を本部長とした高度情報通信ネットワーク社会推進戦略本部（ＩＴ総合

戦略本部）のもとに、新戦略推進専門調査会ができ、その中の一つの分科会としてマイナンバーの活用が議論される体制が整備された。

しかし、同年6月に出された「ＩＴ総合戦略本部新戦略推進専門調査会マイナンバー等分科会」の中間報告を見ても、これまで議論されてきたことの繰り返しが多く、官民連携でデータを活用し、新しいビジネス機会を作っていく、あるいは国民のニーズに沿った社会を建設していく強い意思は感じられない。日本国民の利便のために省益を越えて番号を活用しようという気概や熱意が見当たらないのである。

今後大きな議論となる課題に、医療情報の取り扱いがある。医療情報については、センシティブ情報として情報連携の対象から除外すべきだという議論があるが、医療情報を情報連携の対象にすれば、患者の利便性向上や、重複診療等の無駄の排除による社会保障費の増大抑制につながる。番号の活用を、医療費支払情報や診療情報へと広げていく改革である。この点、個人の生命や身体、健康などにかかわる情報は、漏洩すれば個人のプライバシーに重大な影響を及ぼすという危惧に対しては、マイナンバーに連動させるのではなく、住民基本台帳（住基ネット）と連動させる仕組みとすることで対応できるはずだ。

最後に、番号はこれまで、ＩＴ国家との関連で語られてきた。たしかに、番号の導入によりわが国行政が効率化し、国民のニーズを汲み上げるものに変化することは望ましいことである。しかし国民目線からみれば、それだけでは十分ではない。本当に重要なことは、具体的な行財政改革と結びつけ、金額に換算できる経費削減成果を出すことである。

これまで、公務員の人件費については、何度も削減・節約が主張されながら進展は微々たるものに終わってきた。しかし、行政を効率化する番号の導入は、行政経費・人件費の削減について、具体的な根拠と方法を与えてくれることとなる。そこで、国民の支持を得るためにも、国家公務員・地方公務員の人員削減の数値目標を定め、導入コストを上回る行政削減効果を出すことだ。番号の費用対効果についてきちんとした試算を出して、国会で議論することが必要ではないか。

番号制度の将来は強力な政治のリーダーシップがカギを握っていることを最後に強調したい。

第7章　資産・所得格差と税制

資産や所得の格差は世界的に拡大の一途をたどっている。また格差が少ない国ほど経済成長が高いことも実証されている。わが国の格差の状況を丁寧にみていくと、税・社会保障調整前（当初所得）では所得格差が少ない国に分類されるが、税・社会保障調整後の（再分配）所得では格差が大きい国に分類される。これは、わが国の税・社会保障の所得再分配機能が低下・劣化していることを示している。

今後、アベノミクスの効果が浸透するにつれて、株や土地などの資産を持つ者と持たざる者との格差は拡大していくと考えられる。そこで、格差を拡大させないための税制の役割を、所得税や資産税全般にわたって検討し、望ましい税のあり方を考察する。

２０１４年から配当・株式譲渡益について、２０１５年からは相続税について課税強化（増税）が行われたばかりだが、アベノミクスのもとで予想される格差の拡大に対しては、不断の税制の見直しが必要である。

1　格差・貧困は世界共通の課題

(1)　世界的に格差は拡大

ＯＥＣＤは、２００８年に「格差は拡大しているか」（Growing Unequal? Income Distribution and Poverty in OECD Countries）という表題の報告書を出した。世界的に注目された報告書は以下のことを実証データにもとづいて明らかにしている。

①過去20年間ＯＥＣＤ全域で所得格差・貧困者率（平均所得の50％以下）ともに拡大していること、②年金の整備などもあり年金生活者の貧困率は低下したが、成人若年層や有子世帯の貧困率は上昇していること、それが成人後の所得格差に大きく影響を及ぼすこと、③格差拡大の要因は高齢化というより成人単身世帯の増加であること、④高所得者層の一層の高所得化が進んだことにより所得格差が拡大したこと、などである。そして、⑤資本所得と個人事業所得の分配が不平等で、ここ10年その傾向は強まっており、これが所得格差の大きな要因となっていることを強調している。

さらにＯＥＣＤは２０１４年12月、「格差と成長」（Focus on Inequality and Growth, 2014）と題する報告書を公表した。内容は、１９８０年代半ばから２０１２年までのＯＥＣＤ各国のデータを分析して、わが国を含め大半の国で所得格差が拡大していること、所得格差はその国の中期的な経済成長に悪影響を及ぼしていること、主要な要因は下位中間層の相対所得が低下したことなどを明らかにしている。

図表7・1　所得格差は大半のOECD諸国で拡大

所得格差を測るジニ係数、1980年代半ばと2011／12年

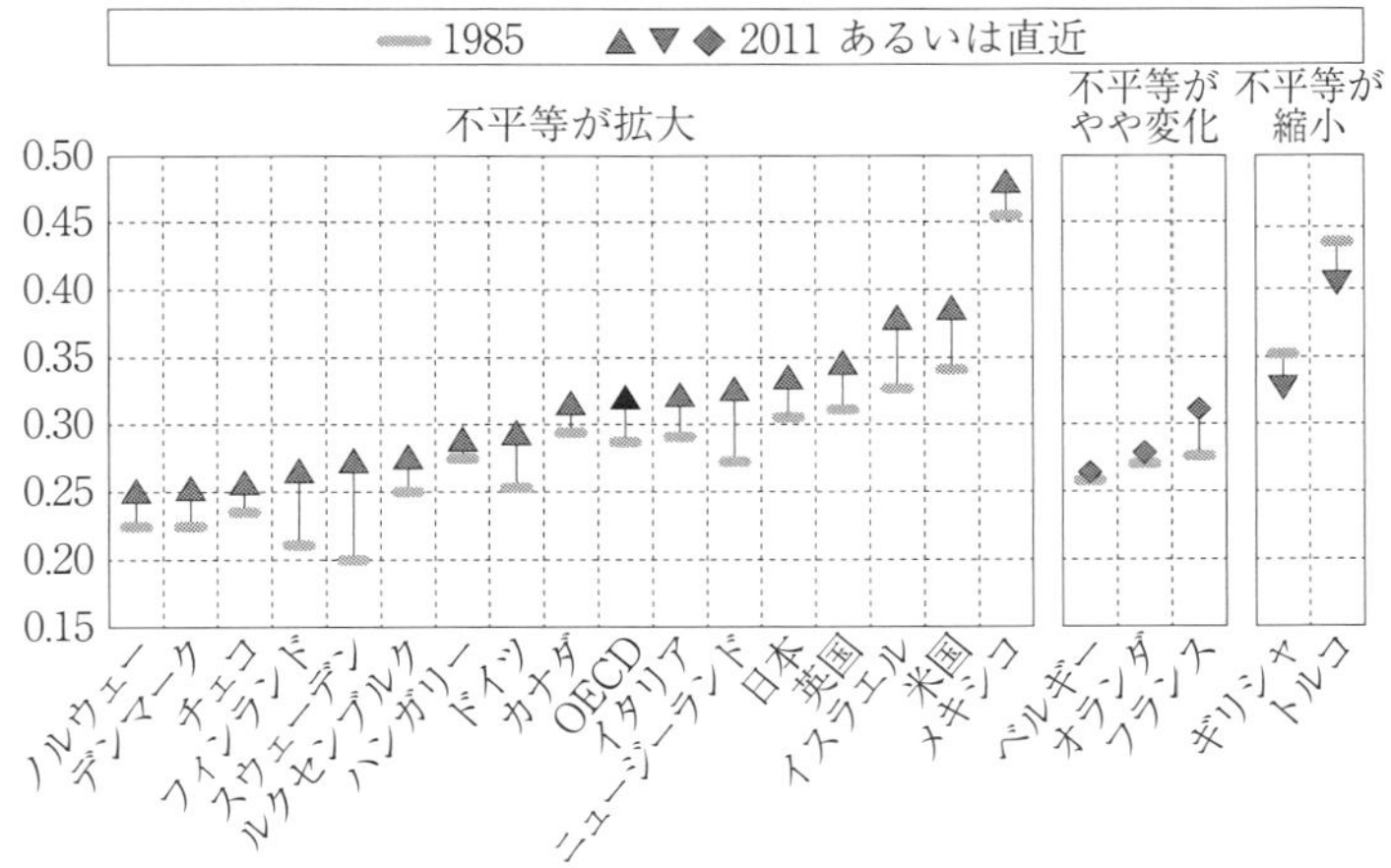

（出典）OECD所得分配データベース（http://oe.cd/idd）

とりわけ興味深いのは、「ジニ係数がＯＥＣＤ諸国における過去20年間の平均的な上昇幅である3ポイント上昇すると、経済成長率は25年間にわたり毎年0・35％ずつ押し下げられ、25年間の累積的なＧＤＰ減少率は8・5％となる」という分析結果である。わが国もこの例外ではなく、格差の拡大が１９９０年から２０１０年の1人当たり経済成長に数％のマイナス効果（累積）を及ぼしていることが示されている。

(2) 格差・貧困の現状

では、わが国の所得格差・資産格差はどこまで拡大しているのだろうか。

まず、全国消費実態調査（総務省）から２００４年と２００９年の年齢階層別ジニ係数の変化を調べてみると、図表7・2のように、65歳以上の世帯のジニ係数は低下している（不

図表7・2　年齢階層別ジニ係数の推移

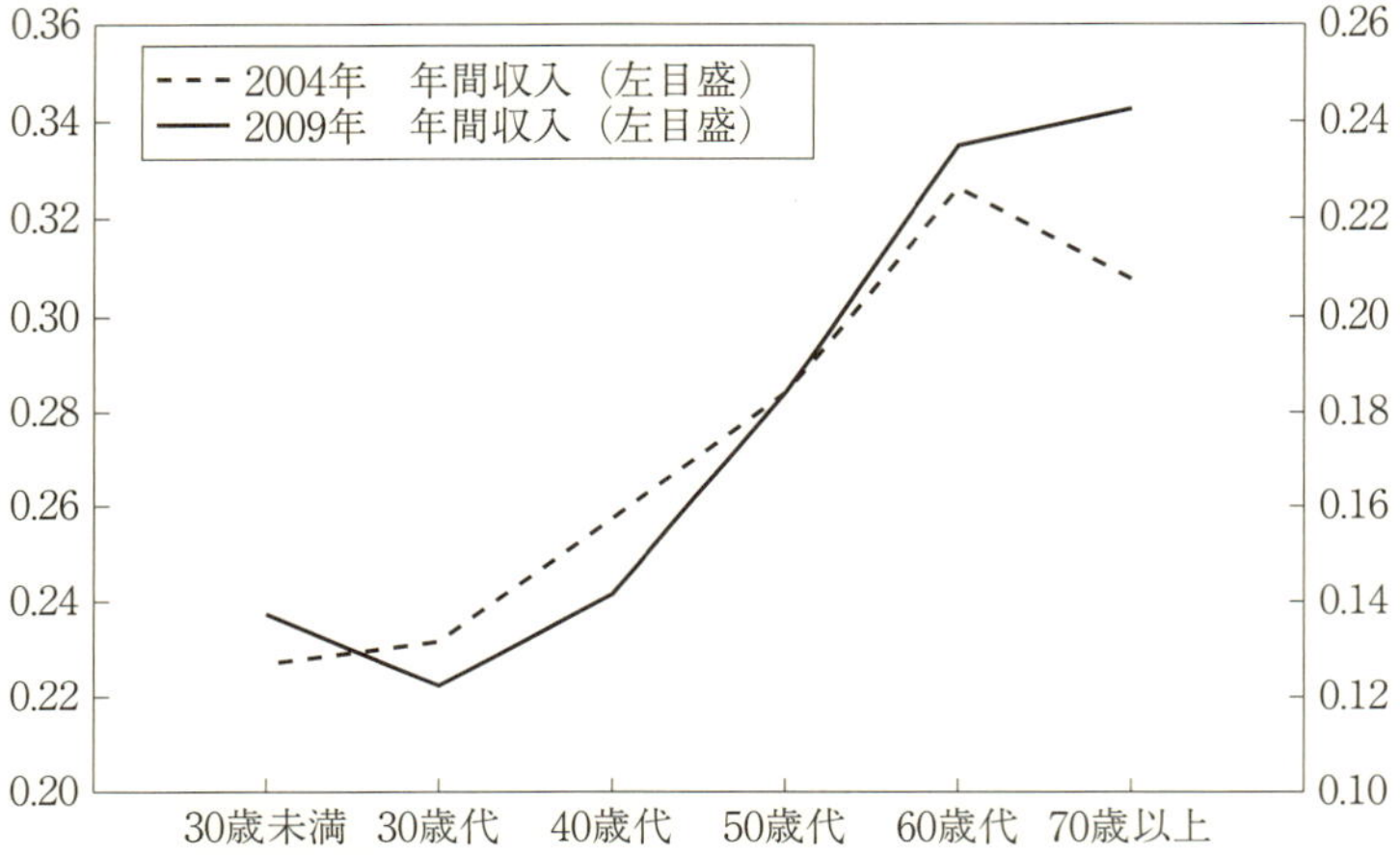

（出所）2009年全国消費実態調査

平等度が改善されている）。また30歳未満の若者のジニ係数も下がって（不平等度が改善）いる。一方、30歳代や40歳代の格差は拡大している。

次に、厚生労働省の所得再分配調査をみてみよう（図表7・3）。毎年ジニ係数が上昇し、2011年の税・社会保障給付前の所得格差は過去最高となっている。非正規雇用の若年労働者の増加や、高齢者の増加が主な原因とされる。

一方で、税・社会保障調整後の再分配所得をみると、1999年以降格差は横ばいないし多少の改善をみせている。わが国の税と社会保障による再分配機能は順調に機能しているようにみえる。

一見すると問題はないようにみえるが、一橋大学の小塩隆士教授の研究によれば、1997年と2006年を比較すると、わが国の所得分布は全体的に所得が低下したことから分布のばらつきが縮小したことがみてとれるという。つまり、「金持ちも含めて、みんなが貧しくなった」ことが、

図表7・3　所得再分配によるジニ係数の変化

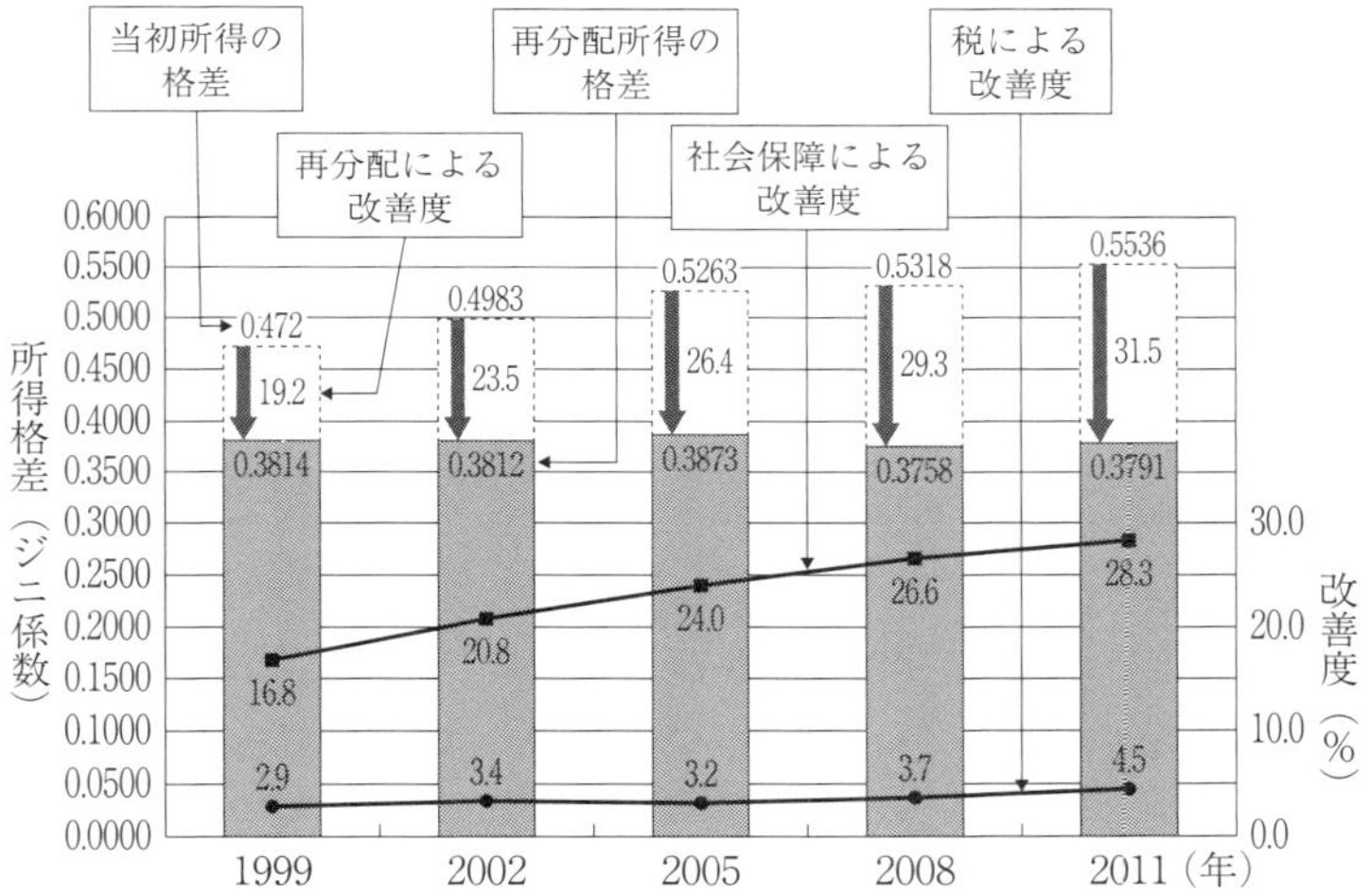

（注）1999年の現物給付は医療のみであり、平成14年以降については医療、介護、保育である。

（出所）厚生労働省　所得再分配調査2013年

高齢層や若年層の格差を等しく縮めている原因である、という。デフレが見せかけの格差解消をもたらしたという事実である。[注1]その場合、後述するように、相対的貧困の問題が生じているといえよう。

もう一つ注意すべきことがある。所得再分配調査のジニ係数改善度合いをみると、全体で31・5%のうち社会保障が28・3%、税が4・5%となっており、格差改善の大部分が社会保障によることがわかる。社会保障の大部分を占める年金や医療などは、社会保険制度で運営されているが、保険制度には本来、所得再分配機能は含まれていない。一方、所得再分配の機能が本来求められるべき税が実際に果たしている役割はきわめて小さいことがわかる。

所得再分配機能について、国際比較をしてみよう。OECD統計で、カナダ、フラ

図表7・4　先進諸国の格差比較（ジニ係数）

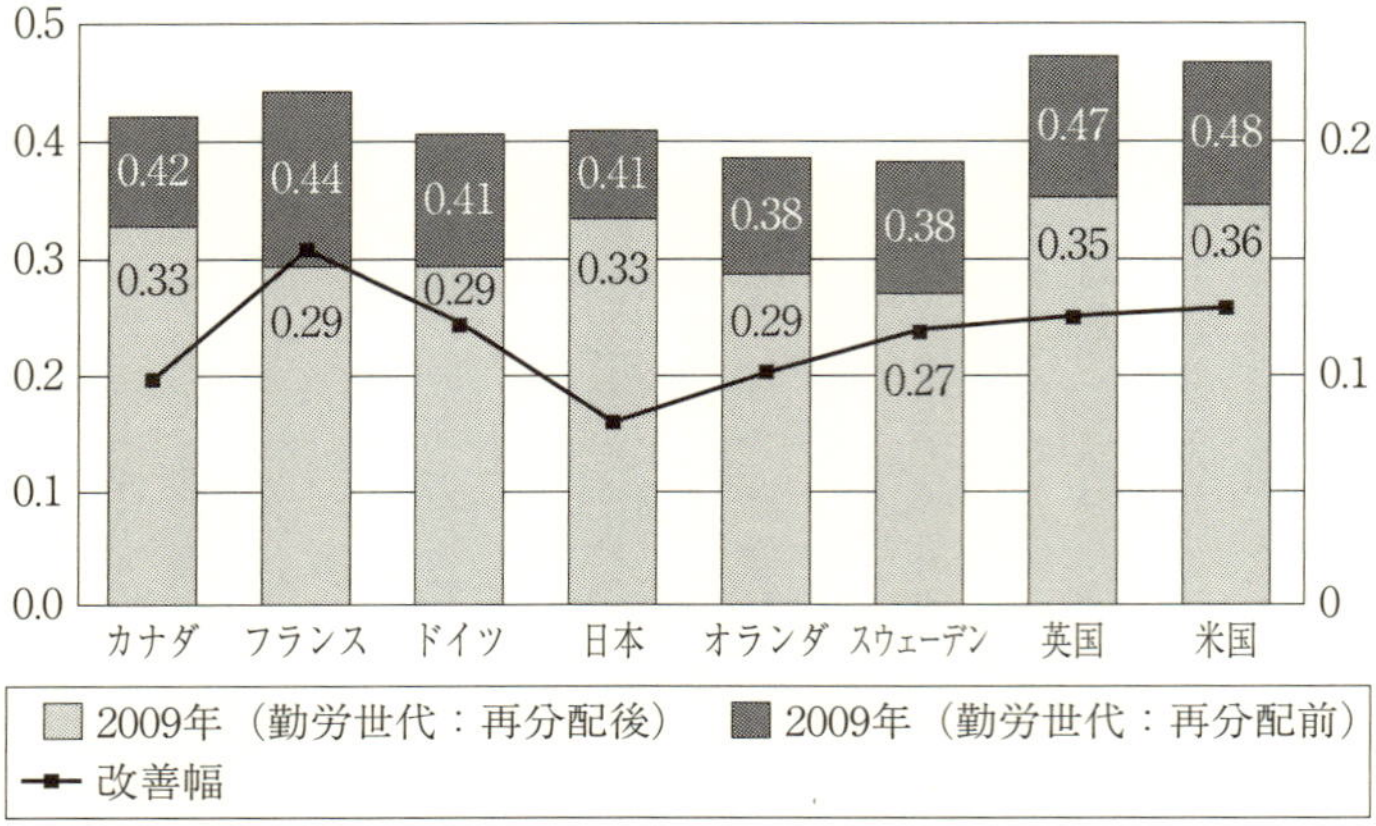

（出所）OECD統計

ンス、ドイツ、日本、オランダ、スウェーデン、英国、米国のジニ係数について、再分配前と再分配後を比べたのが図表7・4である。わが国のジニ係数が示す格差の度合いは、再分配前の比較では中程度の位置にあるが、再分配後の格差は3番目に高く、格差改善度（図の折れ線グラフ）はわが国が最も低い。

わが国で格差・貧困問題が大きく取り上げられたのは、小泉内閣と第1次安倍内閣のときである。小泉構造改革の負の部分が格差・貧困となって表れているという捉え方がマスメディア、論壇などで上がった。これに対しては、経済成長によって負の側面は消えていく、格差が拡大しているのはわが国の高齢化の影響が大きい、という反論が出され（この反論は、アベノミクスのもとでもなされている）、結局、具体的な政策論にはつながらなかった。その後リーマンショックにともなう景気後退のなかで格差問題はより深刻な貧困問題になり、政権交代を促す一つの要因になったといえよう。

そこから、3年間の民主党政権を挟んで6年が経過した。この間、わが国の格差・貧困問題はどのように変遷したのだろうか。これを示す統計はいまだ公表されていないが、直感的には、雇用の増加の多くが非正規雇用者であることなどから、格差はますます拡大し、貧困もより深刻になったように思われる。

高齢層の格差が縮小する一方で30代など若者の格差が拡大している最大の要因は、年金制度と関係している。逆進的な負担構造である社会保険料に加えて、賦課制度の年金制度のもとで、勤労世代から高齢世代へと所得移転が多く行われているが、わかりやすくいえば、「国民年金に加入している非正規雇用の勤労者から裕福な高齢層の年金へ」と所得再分配が行われ、その結果が高齢層の格差の縮小と若年層の格差拡大につながっている、ともいえる。

もう一つの問題は、図表7・2にみるように、高齢者になるにつれて若年層より格差が大きくなることである。勤労世代には税制がそれなりに機能して格差の是正が図られるが、高齢世代になると所得再分配機能が弱くなる（つまり高齢者の世代内所得再分配がうまく行われていない）ことがうかがわれる。たとえば、勤労所得のある年金受給者は、給与所得控除と公的年金等控除の二つの控除が適用され、税負担が少なくなるという具合である。

いずれにしても、高齢者層の増加、非正規雇用の若年労働者の増加などの要因から、わが国の格差問題はけっして楽観できる状況にはない。

デフレ経済からの脱却が進み、経済が活性化すれば格差は自ずと縮小するという楽観論がある

（いわゆるリフレ派に多い）が、所得再分配は税と社会保障という国家の機能、もっといえば権力によって是正しなければ自然に改善されるものではないことは、米国の現状が物語っている。また、適切な政策が講じられないままに、デフレ脱却を経てインフレ経済に移行した場合には格差はますます拡大する。少子化問題と並んで早急に手をつけるべき課題である。

もう一つ、わが国には相対的貧困が多いという大きな問題がある。ＯＥＣＤの統計によると、２０００年のわが国の相対的貧困率は15・３％で第5位ときわめて高い水準にある。相対的貧困率とは、所得の分布における中央値の半分以下の所得の人々の割合と定義されている。また子供の相対的貧困率と、（09年）15・７％を見ると、ＯＥＣＤ諸国の平均より高い水準にある。子供の貧困は、教育や健康状態を通じて世代を越えて連鎖していく点に大きな問題が指摘されており、わが国でも２０１３年に「子どもの貧困対策の推進に関する法律」が制定されようやく対策がとられはじめているが、子供の貧困率の高い背景には、わが国の社会保障制度が十分機能していないことが挙げられる。（注２）

いずれにしても、わが国の税制の所得再分配機能は低いが、これは、わが国では再分配前所得の格差が少ない状況が長く続いた（わが国は、最も進化した社会主義国家と称された）ことから、所得再分配機能の見直しを怠ってきた結果ともいえる。

(3) ピケティとサマーズの指摘

世界的に、所得格差、資産格差を論じた書物と論文が大きな注目を浴びている。一つはフランスの経済学者トマ・ピケティの『21世紀の資本』で、先進諸国の資産と所得のデータを集めて分析した歴史書であるが、母国フランスより米国でベストセラーとなった。

論理は簡単明瞭で、「資本の収益率は経済成長率を上回る。この結果、資本を多く持つ富裕層は再投資によって富を雪だるま式に増やすので、勤労所得だけの人との格差は、21世紀を通じてますます拡大する」というものである。そのうえで、「人口減少社会では、時代を経るにつれ、前世代の形成した富が世代を越えて引き継がれるから、資産の不平等は今後も拡大する」という主張をしている。

もう一つは、米国のローレンス・サマーズ元財務長官が2014年に公表した論文「先進諸国の長期停滞論（Secular Stagnation）」である。先進国の自然利子率が低下してきているとし、その要因として、技術革新にともない設備投資が割安化してきたこと、人口と技術の伸びが低下してきたこと、消費性向の低い高所得家計への所得分配のシフトが生じた結果、貯蓄余剰が生じていることなどを挙げている。

サマーズの富裕層に富が集中すると消費が伸びなくなるという理屈は、きわめてわかりやすい話だ。

米国でCEOの報酬のトップ100をみると全員10億円を超えているが、そのような莫大な金額を彼・彼女らがすべて「消費」することは考えられない。生活に必要なお金以外は金融資産（や実物資産）に再投資するだろう。つまり消費性向の低い富裕層に所得や富が集中すれば、社会全体の消費が停滞し需要不足になるということである。

このように、ピケティとサマーズがそれぞれの視点から、所得・資産の再分配政策が重要であると主張していることは注目すべきことである。

米国の格差の背景には、人種差別や宗教問題があると指摘されている。小さな政府を主張するティーパーティーと99％グループ（1％の富裕者と99％の貧者）との間には、修復できないほどの大きな考え方の溝ができている。幸いなことにわが国には、基本的にそのような富裕層が形成されておらず、社会に亀裂があるわけではないが、グローバル経済の中で、格差拡大の流れに巻き込まれてしまう可能性はけっして小さくない。若者と高齢者の社会保障費の負担をめぐる争い、ワーキング・プアや相対的貧困の増加、ITや金融の分野での新富裕層の出現など、社会の底流はじわじわと変化しているので、その点への目配りはつねに必要である。

コラム 「二極化」する社会への対応を

十数年前には予想もつかなかったことだが、友人や家族とレストランに行く際には、「ぐるなび」や「食べログ」などの検索サービスを活用することが日常になっている。そこに提示されたレストランの点数（格付け）、利用者の感想などを参考にして、場所を決める。原型としてミシュランガイドがあるが、それはとても庶民の活用するものではなかった。

米国経済学者のタイラー・コーエンの著作『大格差：機械の知能は仕事と所得をどう変えるか』（NTT出版）を読むと、この格付けこそが格差、二極化を生み出す「犯人」だということがわかる。格付けで上位にランクされたレストランに人は殺到する。低いレーティングのレストランは閑古鳥が鳴く。その結果、レストラン業は（そしてその所得も）二極化するという具合だ。

問題は、このような格付けがレストラン・サービスだけにとどまらないことだ。米国では、多くの人々が医療サービスを受ける際、パソコンで病院の評判を数値化した検索サービスをみて選ぶという。その結果、高い技術を持つなど高度なサービスの提供が可能な病院はますます繁盛し、逆にレーティングの低い病院は患者が訪れず、経営難に陥ってしまう。

恐ろしいことに、このような現象は、弁護士、会計士、税理士などいわゆる「士業」の選択にも急速に広がり、その結果、士業においても所得の二極分化が急速に生じているという。また近い将来、大学などの教育サービスにおいても、ネットで講義が配信されるようになり、人気教授の授業は高い受講料にもかかわらず学生が殺到し、そうでない教授の授業は自然に淘汰されていくという。

コンピューターソフトの発達とビッグデータの活用によって、ますます格付けが精緻になり、その結果、優良なものだけが勝ち残る。敗者は、値段をダンピングするか退却するしかなくなる。これは、市場原理の徹底を意味している。つまり、このような現象を否定しようにも、それが市場の原理である以上打つ手はないということになる。政府が頼りになるかというと、「一層の規制緩和」が必要という立場だけをとるのであれば、この現象は加速することはあっても後退することはない。

かくして社会の二極化が進むが、才能ややる気のある者だけが生き残る社会というのはけっして住みやすい社会ではなく称賛に値するものではない。一生懸命働いているのだが、才能に恵まれないというのが大部分の人々であり、格差の広がりを放置することは、治安の悪化や社会の荒廃など社会全体の損失につながる。

こう考えると、政府は、二極化の進展という事態に対して、きちんとした対策を講じる必要が出てくる。しかし上述したように、「事前」の世界（市場原理が貫徹する世界）に介入することはむずかしい。またそれは慎むべきことだろう。そうであるなら、「事後」の世界に、これまで以上に大きく関与することが必要となる。

「事後」の世界で二極化を防止できるのは、税と社会保障である。そして、わが国の所得再分配機能は、先進諸国最低といってもよい水準にある。これは、長らくわが国の「事前」の世界が、比較的平等であったことによるものだ。しかし、今後、コンピューターをはじめとする技術の発達などでその前提が崩れざるをえないとすれば、税と社会保障の所得再分配機能の強化はますます重要となる。

(4) 格差と経済成長

世界銀行の統計からジニ係数と経済成長との関係を調べると、双方が負の相関にあることがわかる。つまり、ジニ係数が低い（平等度が高い）国ほど経済成長が高くなる傾向があることからも、わが国の所得再分配の状況にはつねに目を光らせていかなければならない。

同様のことは、先述のＯＥＣＤの分析でも指摘されている。新たな統計データによる分析では、格差問題は成長にとって重要な要素であること、成長促進と格差対策がトレードオフ関係にあるという見方は間違っていることなどが指摘されている。

リーマンショック後の各国経済をみると、スウェーデンをはじめとする北欧諸国のように、大きな政府のもとで社会保障が行き届き所得格差が少ない国ほど経済成長を遂げている、という事実がある。手厚い社会保障が、市場経済のもとでの計り知れない経済変動のバッファーとなったということなのであろうか。

2　税制と所得再分配

(1)　所得税と所得再分配

G5国の税体系（国民所得に占める所得・消費・資産税の割合）で所得課税の割合を比較（2011年）すると、わが国は7・1%、米国は11・2%、英国は12・8%、ドイツは11・9%、フランスは10・1%となっており、所得課税の割合の最も低い国であることがわかる。

「立方体」にたとえると、課税ベースは「底面積」で、税率は「高さ」であり、税負担（税額・税収）は、「底面積」×「高さ」の体積によって示される（図表7・5）。そこで、わが国の所得税負担（体積）が小さい理由は、所得税の課税ベースと税率構造の双方に関連があるということになる。つまり、所得税を再構築し適切な所得再分配を行うには、課税ベースを拡大する方法と税率を引き上げる方法の二つがあることになる。

課税ベースを拡大する手っ取り早い方法は、さまざまな所得控除を削減することである。その結果、限界税率の高い高所得者層の税負担が重くなる、ということでもある。税収中立（増減税なし）の条件のもとでは、所得控除を縮小して、低所得者に恩恵のいく税額控除に変えることによって所得再分配効果を高めることができる。さらに、税制と社会保障を一体的に設計し、給付を組み合わせていけば、最も効果的な所得再分配政策ができる。わが国の所得再分配機能が低下しているのは、先述のように、低所得者やワーキング・プア層への所得再分配がうまく機能していないことが原因だ。

(2) わが国所得税の累進構造

わが国所得税の累進構造を見たのが図表7・6である。この図をみると、わが国所得税の累進カーブは先進諸国と比べて、なだらか、つまり累進税率が低いことがわかる。

このことを、所得税の限界税率ブラケット別納税者数の割合で国際比較してみよう（図表7・7）。わが国の所得税納税者の83％は10％以下の限界税率が適用されており、次のブラケットである20％の限界税率の適用される納税者は13％、残りのわずか4％の納税者が20％を超える限界税率に直面する姿となっている。米国では限界税率20％超の納税者割合は28％、英国では14％となっており、全体として、わが国に比べて累進的な税率構造（累進カーブが急）になっているのである。

(3) 所得税の負担構造

次に、わが国の所得税の負担構造をみてみよう。財務省の「申告納税者の所得税負担率」（2008年度）で、わが国の所得階層ごとの負担割合をみると、所得1億円までは増加するが、1億円を超えると負担割合は逓減していく（図表7・8）。

図表7・5　課税ベースと税率のイメージ図

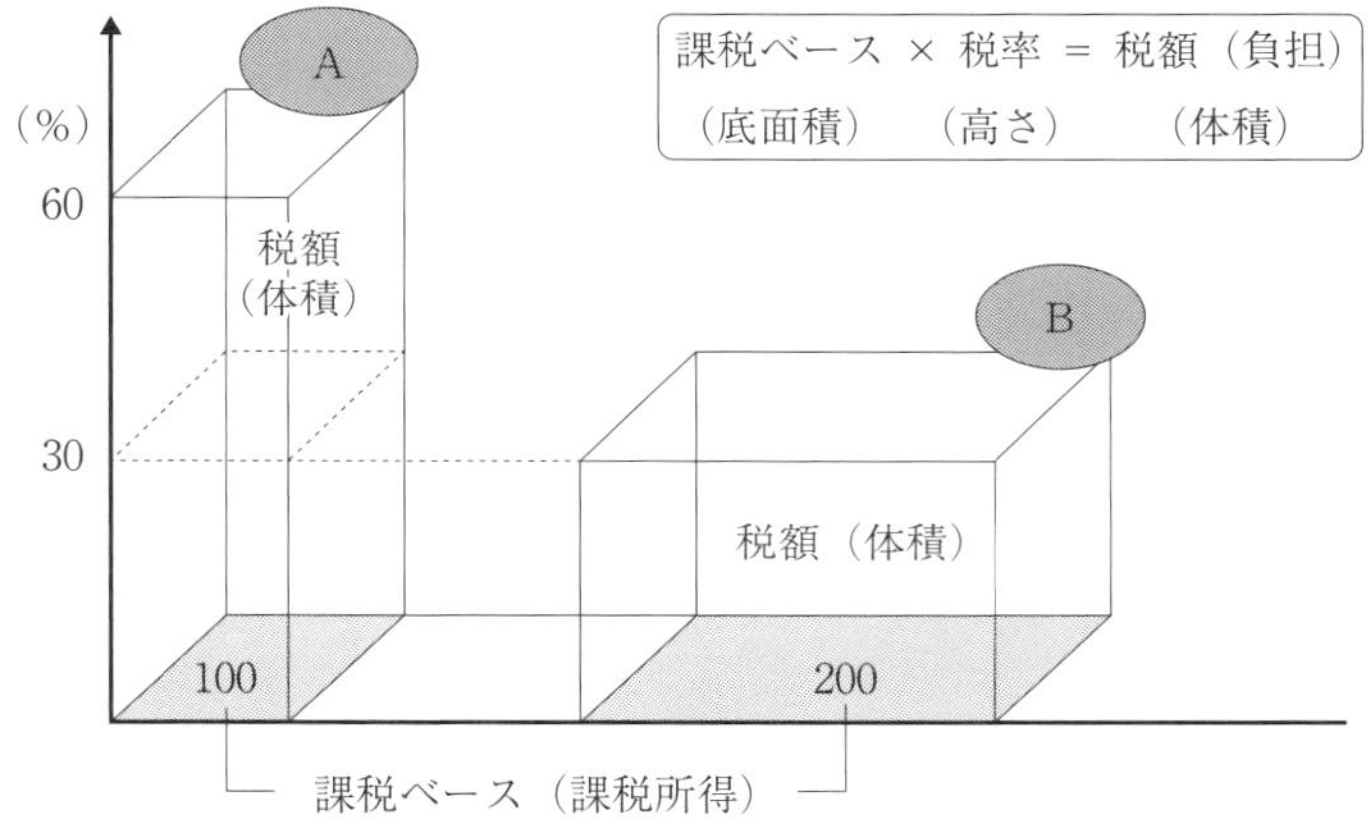

（出所）森信茂樹『日本の税制』（PHP 新書）

図表7・6　個人別所得課税の実効税率の国際比較（夫婦子2人（専業主婦）の給与所得者）

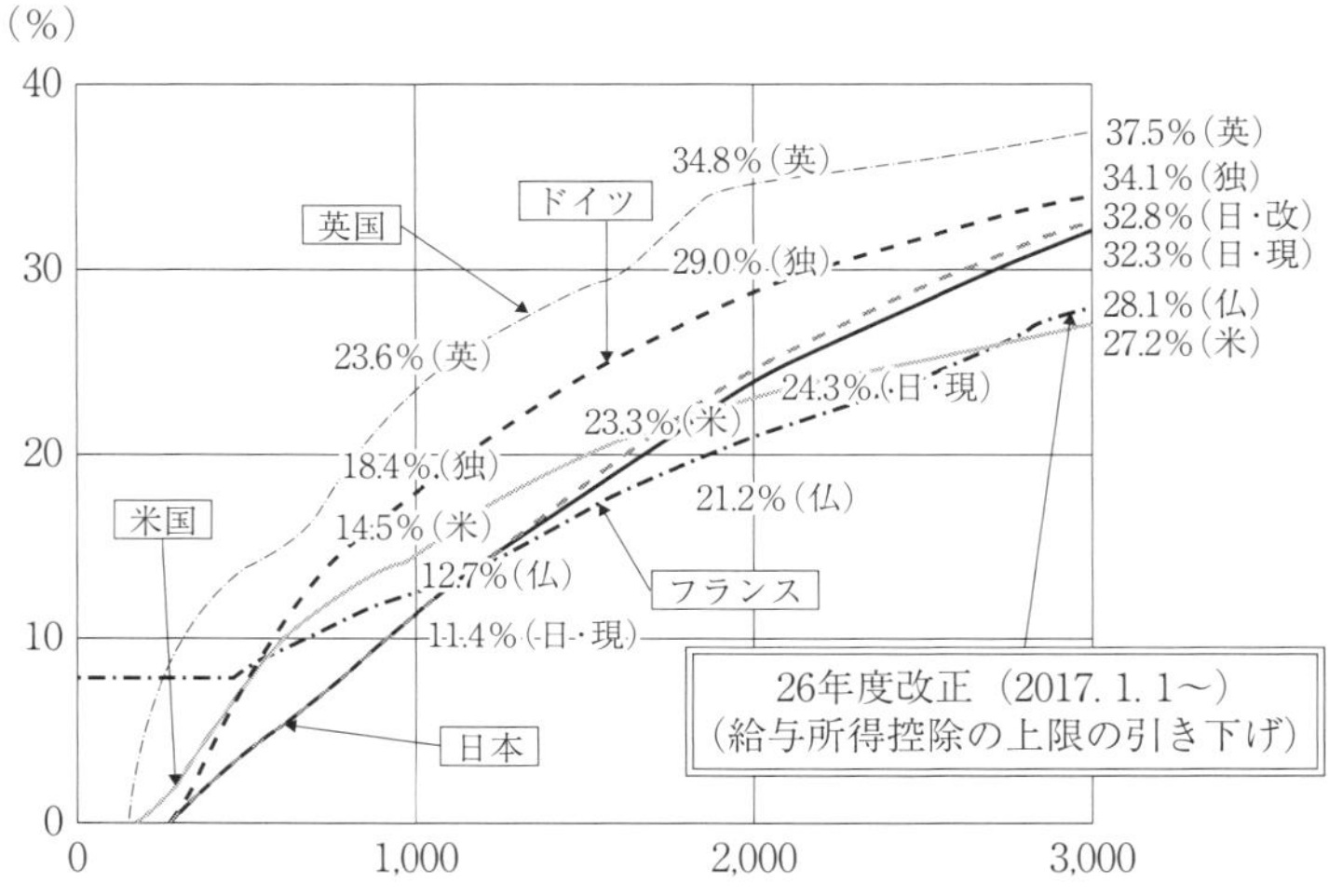

（出所）財務省資料

図表7・7　所得税の限界税率ブラケット別納税者（または申告書）数割合の国際比較

（2014年1月現在）

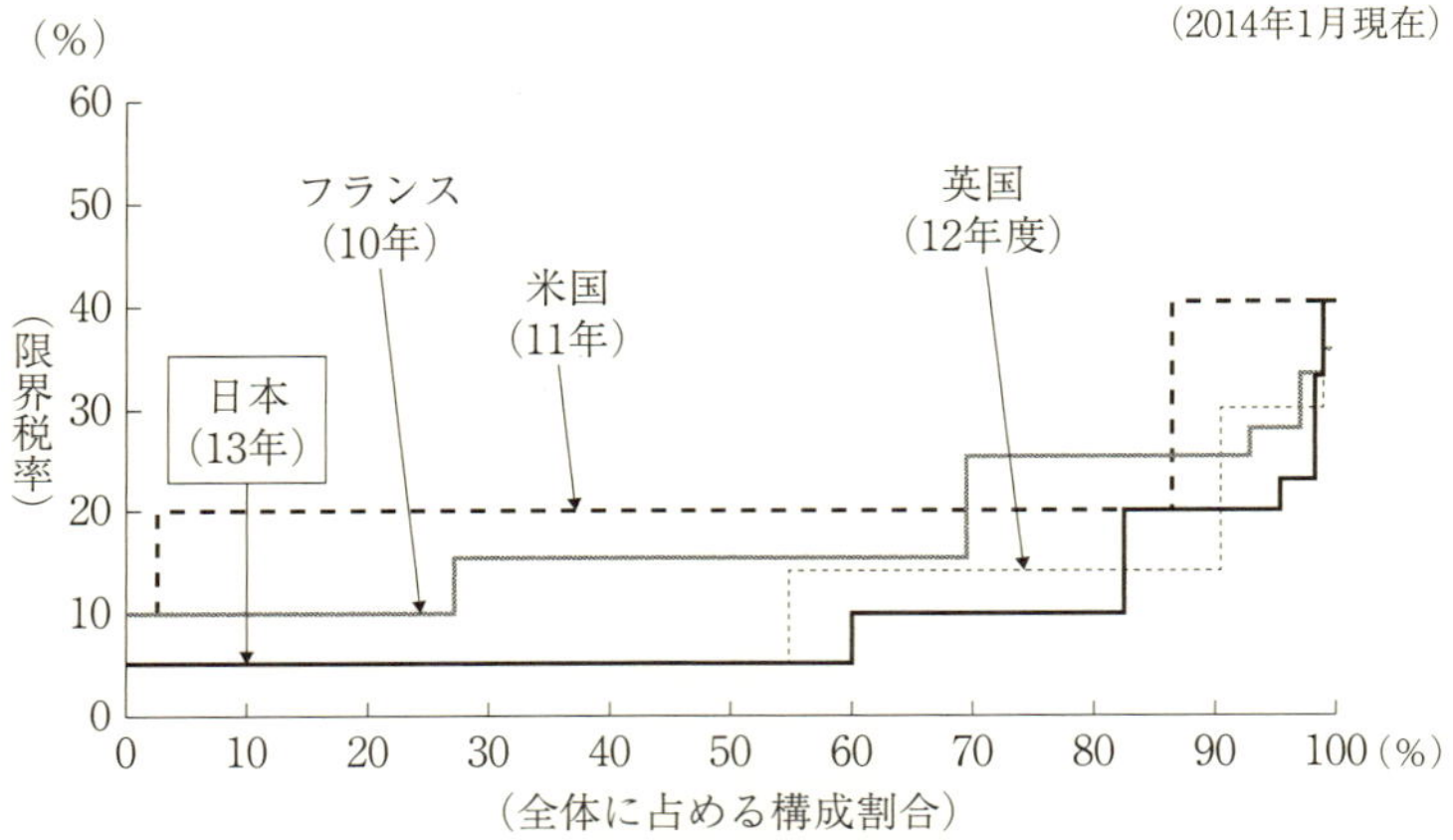

限界税率	10%以下	10%超～20%以下	20%超
日本（13年）	83%	13%	4%
米国（11年）	29%	43%	28%
英国（12年度）	3%	84%	14%
フランス（10年）	55%	36%	9%

（出所）財務省資料

これは、米国で大富豪のバフェット氏が提起した問題でもある。バフェット氏は、40億円近い所得があるにもかかわらず税負担割合は17%で、自分の秘書の税負担33%より低いことを例に挙げて、「スーパーリッチを甘やかすのはもうやめよう」（Stop Coddling the Super-Rich）という運動を展開した。このような負担の逆転現象が生じる原因は、高所得者に偏った株式譲渡益や配当について、低税率で分離して課税されるためである。

わが国でも、配当や株式譲渡益がつい最近まで10%という優遇された税率で課税されていた

図表7・8　所得税の負担構造（2008年）

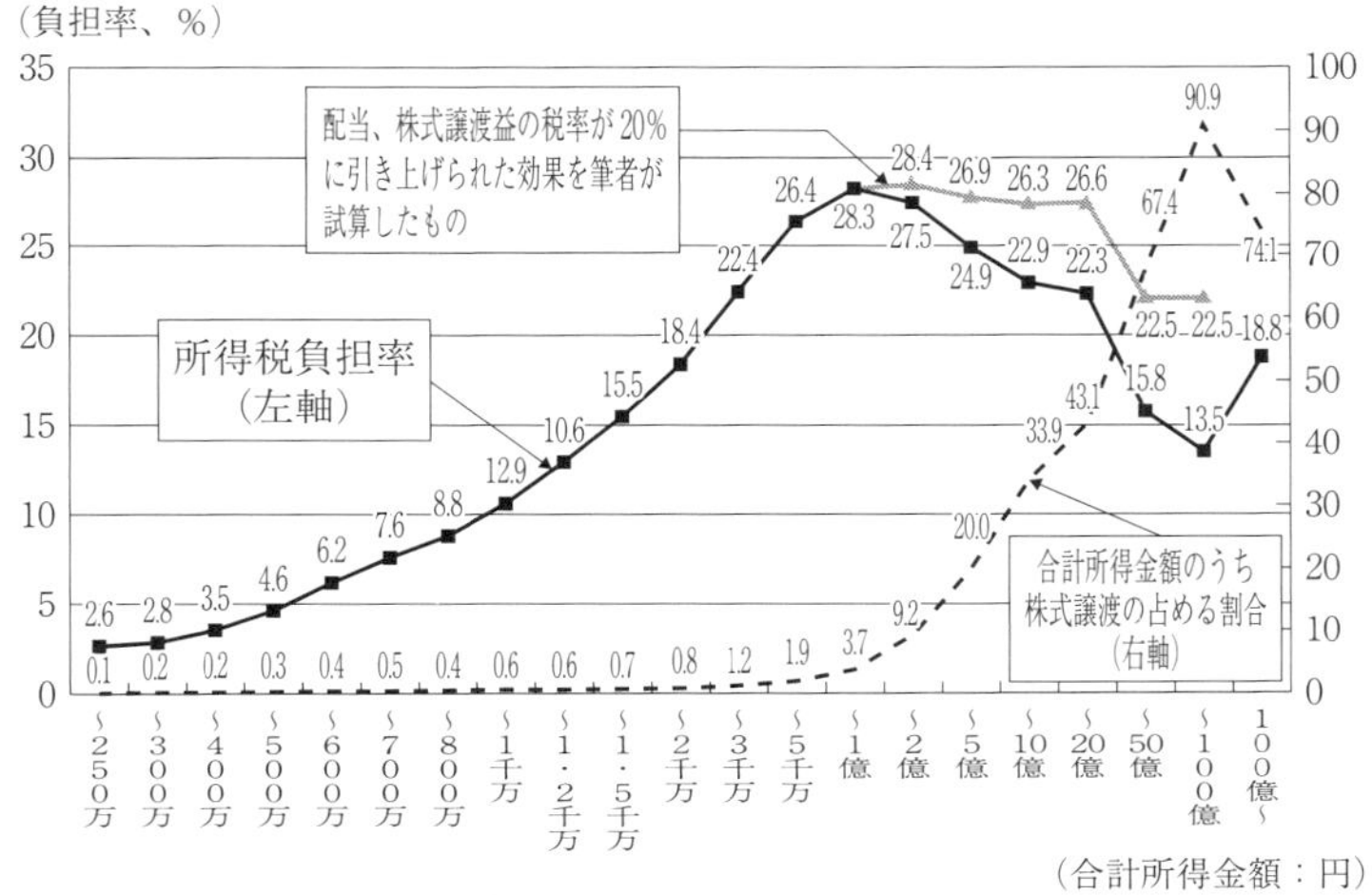

（出所）財務省資料

ので、同様のことが生じていた。

これが、２０１４年１月から配当・株式譲渡益に対する優遇税率が廃止され本則の20％に引き上げられた。また２０１５年からは、所得税最高税率の５％引き上げや、相続税所得控除の縮小・税率引き上げが行われるなど、所得再分配機能は相当強化される。

これに対して、配当や株式譲渡益といった金融所得を勤労所得と合算して累進税率を課す総合課税を行うべきだという議論がある。しかしグローバルな資金移動のもとでは、金融所得（とりわけ配当と株式譲渡益）に対して分離課税を行うことは、世界の主流となっている。

そこでわが国では、課税方式は変えないままで、優遇税率を本則の20％に戻し、あわせて金融所得間の損益通算の範囲を拡大するという税制改革が行われたのである。公共債などの利子所得を株式譲渡損失と損益通算できるようにしたことは、投資家のリスクテイク能力を高める効果がある。

このような税制改正は、わが国の個人金融資産1500兆円の活用という観点からも評価できる。とりわけアベノミクスの効果は株式譲渡益の拡大となって表れるが、その成果に20％の税率で課税するということは、投資家・国家双方に利益が及ぶということである。なお、この税率の見直しの必要性については後述する。

(4) 所得税課税ベースの再構築

所得税を考える際、税率と並んで重要なポイントは課税ベースであることは先述した。

サッチャー・レーガン税制に代表されるように、1990年代以降、世界の税制改革は、「課税ベースを拡大しつつ税率を引き下げる」という哲学のもとに行われてきた。これは、底面積である課税ベースを拡大することにより水平的公平性の拡大を行い、税率を引き下げることにより経済の効率化・活性化を行うことの二つを目的としたもので、公平性と効率性を両立させるすぐれた哲学である。所得税や法人税だけでなく、相続税についても、基本的に同じことがいえる。

特定の者にだけ適用される控除により課税ベースから漏れている所得を見つけ出し、それを是正していくことは、所得税の再分配機能を高め格差是正につながるとともに、公平な税制の構築にもなり、あわせて税収の増加につながっていく。

では、わが国の課税ベースはどの程度狭いのだろうか。これをみるために、さまざまな統計を駆

図表7・9　日米所得税課税ベースの比較（家計の受け取りを100とした比率）

日本（2011年度）		米国（2011年）	
課税ベースに含まれない社会保障	38.8	**課税ベースに含まれない社会保障**	23.4
・社会保障雇用主負担	8.0	・社会保障雇用主負担	3.8
・社会保険料控除	8.4	・Adjustments（HSA, IRA, Keogh, self-employed health insurance）	0.5
・公的年金（控除）	12.6	・公的年金（控除）	4.0
・無基金雇用者社会給付	2.5	・企業年金	3.1
・社会保障給付（年金以外）	6.3	・その他（メディケイド・失業給付）	7.8
・医療費控除	1.0	・健康保険（メディケア）	4.2
所得控除	10.8	**所得控除**	8.3
・基礎控除	6.6	・人的控除 Personal Exemption	8.3
・人的控除	4.2		
特別な人的控除	0.3		
配偶者控除	1.7		
配偶者特別控除	0.1		
扶養控除	2.1		
給与所得者の必要経費等	16.6	**給与所得者の必要経費等**	15.4
・給与所得控除	15.5	・概算控除 Standard Deduction	6.0
・雑損控除	0.1	・実額控除 Itemized Deduction	9.5
・生命保険料控除	0.7		
・小規模企業共済等掛金控除	0.2	・Adjustments（その他）	0.5
・寄付金控除	0.1		
・損害保険料控除	0.1		
・その他移転	5.1	・その他の移転	0.4
・その他非課税扱い	0.02	・公債利子	2.3
課税ベース	28.7	**課税ベース**	49.7

（出所）中本（『フィナンシャル・レビュー』、2014）

図表7・10　課税ベースの推移（家計所得に対する割合、％）

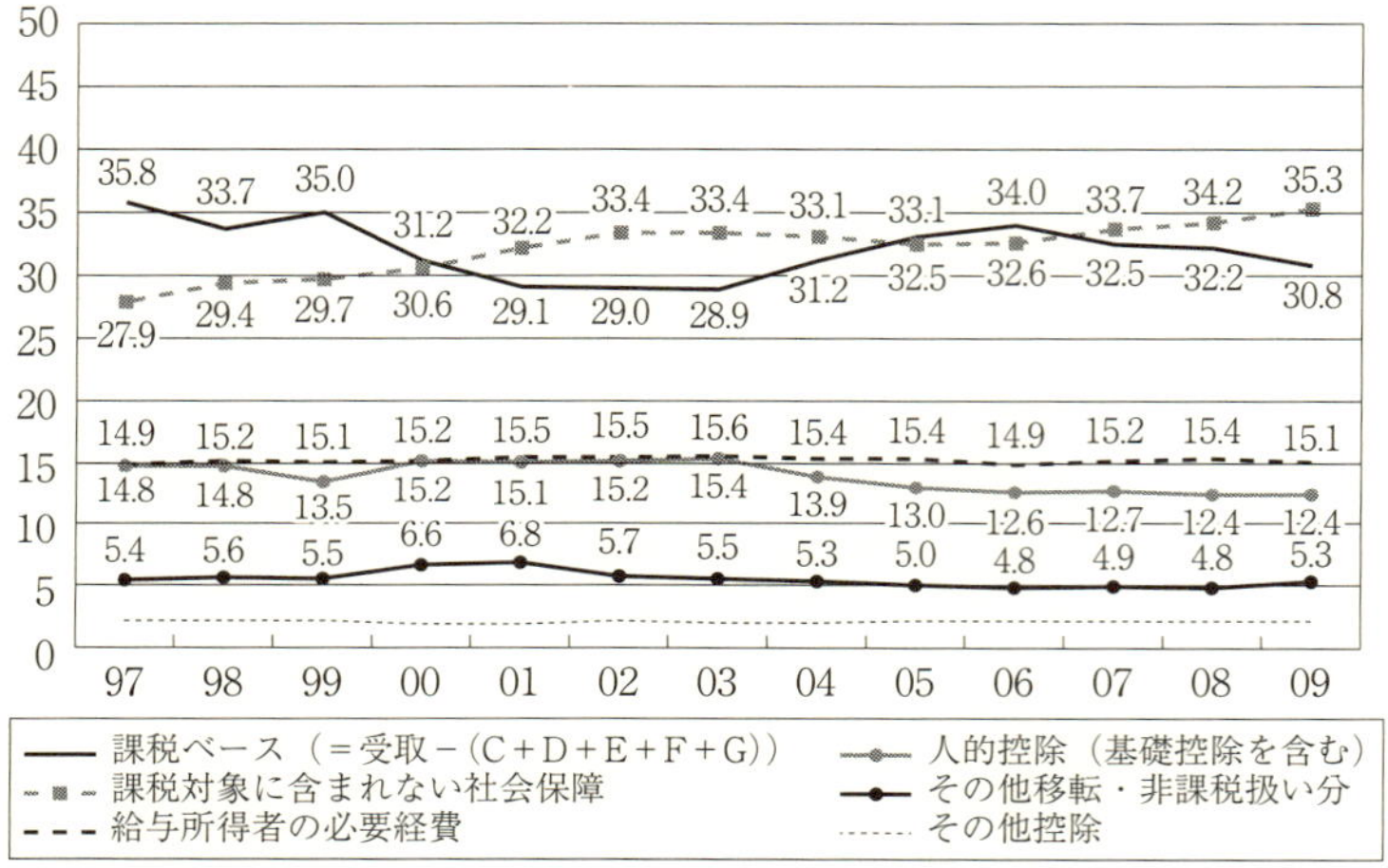

（出所）森信・中本（『フィナンシャル・レビュー』、2013）
（出典）筆者推計

使用して米国と比較すると、給与所得控除や社会保険料控除などがあるため、わが国の課税ベースは米国の半分程度ときわめて狭いことがわかる（図表7・9）。また、わが国所得税の課税ベースを筆者が試算した結果をみると、2006年以降縮小が続いていることがわかる（注3）（図表7・10）。

1997年から2009年までの間に課税ベースは35・8から30・8へと5ポイント縮小した。図表の％（ポイント）は、家計部門の受け取りに対する割合を示しており、1ポイントは4兆円程度の規模である。2003年から2006年にかけて、デフレ経済のもとで賃金が減少し給与所得控除が縮小したこと、また少子化や女性の社会進出により扶養控除や配偶者控除が減少したことで一時的に課税ベースが拡大したが、趨勢的には今日まで課税ベースは縮少しつづけている。

その最大の理由は、課税ベースに含まれない社会保障（課税されない社会保障）が１９９７年から２００９年までの間に27・9から35・３へと７・４ポイント拡大したことである。高齢化による年金給付額の増加による公的年金等控除の拡大（４・５ポイント）が大きく寄与している。

いずれにしても課税ベースの縮小というトレンドは、社会保険料負担の増加（社会保険料控除で非課税）と給付（公的年金等控除で大部分非課税）の双方で進んでいくので、早急に対策を考えることが必要だ。

課税ベースを拡大するための具体策としては、公的年金等控除の縮小・廃止（これについては第４章で論じた）、給与所得控除の一層の縮小、さらには（オランダのように）配偶者所得をはじめさまざまな所得控除を税額控除に替えていくという方法が考えられる。

3　資産格差と税制

(1)　わが国の資産格差

所得再分配に加えて、資産の再分配はどうするのかという点が問題となる。前述のピケティの議論も、所得格差より、富を再生産し格差拡大につながる資産格差のほうが問題だとして、グローバルな協力体制のもとでの資産課税の強化を説いている。

わが国の資産格差について、「平成18年度年次経済財政報告」（以下、白書）の分析を手がかりにみていきたい。

図表7・11　家計資産のジニ係数

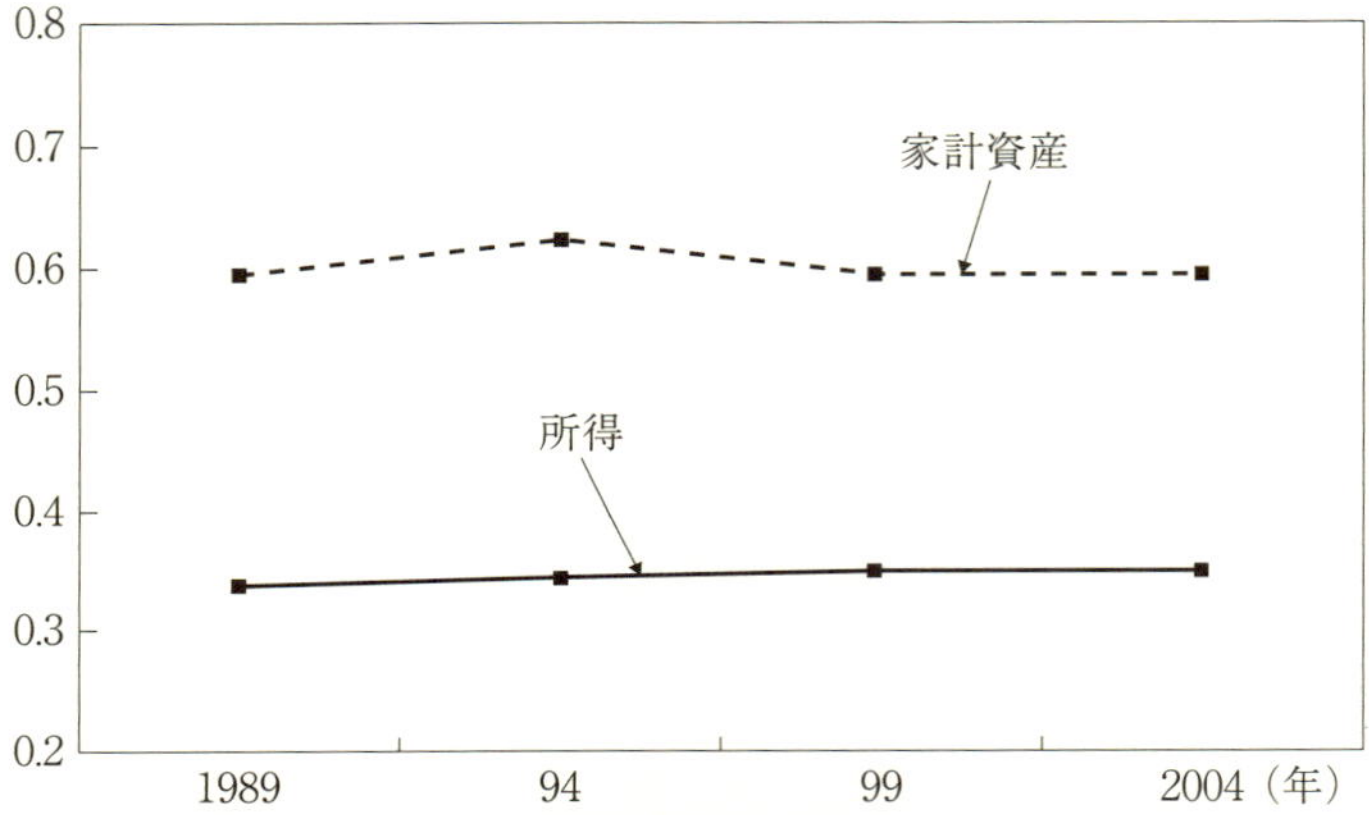

1.（1）は総務省「全国消費実態調査」を特別集計し推計した。総世帯結果。
2. 家計資産は、貯蓄現在高、住宅・宅地資産額及び耐久消費財資産の合計値から負債現在高を除いたもの。
（出所）2006年度経済財政白書

白書は、土地、住宅・宅地等の実物資産と、預貯金・債券・株等の金融資産を合わせた資産の格差を取り上げ、所得格差より大きいことを指摘している。「全国消費実態調査」（総世帯）でみると、年間収入のジニ係数が0・3台半ばで推移しているのに対し、資産総額のジニ係数は0・6前後と高水準で推移している。

資産格差のほうが相対的に大きい理由は、高所得層になるほど貯蓄率が高いこと、高齢者になるほど資産格差が大きいこと、相続で資産が継承されることなどが考えられる。

年齢階層別の状況をみると、所得の格差は、最も所得の多い50代でも20代の2倍強でしかないが、資産では、世帯主が50代の家計は20代の家計の7倍近く、60代、70代は20代の9倍前後の純資産を保有していることがわかる。

ジニ係数の推移をみると、2000年代に入って横ばいとなっている。バブル期に実物資産価格が上昇したが、1990年代に下落したので格差は縮小、最近では横ばいになっている。

最近の統計分析はないが、アベノミクスのもとで株価は2倍以上に上昇し、土地も都市部を中心に長期低落傾向から抜け出しており、資産格差は拡大していると思われる。

(2) 資産への課税

では、このような事実を税制でどのように受け止めればよいのだろうか。

資産課税とは、資産の保有や取得(移転)に着目して課税する税である。資産を無償で取得する場合の相続税・贈与税(資産移転税)、資産を保有している場合の固定資産税や財産税・富裕税(資産保有税)、資産が移転される場合の登録免許税・印紙税がある。また、資産からの収益である、利子・配当・株式譲渡益(キャピタルゲイン)、家賃等の不動産収益、土地譲渡益などの資産性所得税を含める場合もある。

欧州大陸諸国では古くから、資産の保有に対して富裕税などの経常的財産税を課してきた。ドイツでは1922年に、スウェーデンでは1910年に財産税が導入されたが現在は廃止されている。フランスでは1982年に創設され、1987年に廃止され、1989年にまた復活している[注4]。

他方、アングロサクソン系の国では、経常的財産税は歴史的にも存在せず、現在もない。これらの国では、資産性所得であるキャピタルゲインに対する課税が古くから行われてきた。

資産の保有そのものに課税が行われる根拠は、資産を保有することから生じる効用に求めることができる。つまり、資産を保有することで社会の信用を得ることが可能になる、資産を担保にして資金を借りることができる、資産の保有により安心して生活が送れるという便益・効用を課税根拠にしているのである。しかし、富裕税は、資産の評価がむずかしく、資産の移転なども容易に行われるので、トレンドとして廃止・縮小されてきた。わが国でもシャウプ税制で富裕税が導入されたが、執行上の問題から廃止された経緯がある。

なお、資産保有税の一つに固定資産税があるが、これについては後述する。

最近世界的に話題になった資産税として、トービン・タックスがある。これは、ノーベル賞受賞経済学者であるジェームズ・トービンが提案した通貨取引など国際金融取引に課す税で、国際的な金融投機への抑制策として唱えられ、税収は貧困国への援助の財源とするというものである。

また、リーマンショック後の金融危機に対して、公的資金が金融機関に投入され救済されたことから、金融取引に対する課税が一部の国で導入されている。金融取引には付加価値税が課せられていないということも理由となっている。フランスのニコラ・サルコジ大統領（当時）は、2013年に金融取引税を導入し、政権交代後のオーランド政権のもとで実施に移されている。その後この動きは、EUレベルでの議論となっている。いずれにしても金融取引への課税は、導入目的に強い政治的な背景がある。

さて、資産課税を強化すべきだという論者の根拠は次のようなものである。

第一に、格差社会の定着化への懸念である。努力して高所得を得るのはよしとしても、そこに蓄積された富が次の世代にまで持ち越されれば、社会は階層化し活力は損なわれる。

第二に、高齢化社会の経費は、消費税だけでなく、資産課税の強化によるべきではないか。とりわけ相続税による負担増は、勤労にも悪影響を与えず好ましい、という意見である。

(3) 相続税は議論の継続を

もう少し詳しくみてみよう。相続税の課税根拠は以下のとおりである。

第一に、富の集中防止が挙げられる。親から莫大な資産を相続することにより人生の早い段階から経済的基盤を形成することを認めれば、格差は固定化し階層社会ができる。これを防止することが相続税の課税根拠とされてきた。もっとも、わが国のような超高齢化時代の相続は「老老相続」といわれるように、相続を受けるほうも高齢者であり、「富の集中が階層化につながるので直ちに排除しなければならない」という状況にはない。

次に、「所得税の補完的機能」ととらえる考え方である。相続税を、被相続人の生前所得についての清算課税を行うものとする。つまり、税制上の恩典から所得課税が軽減されてきた被相続人の個人所得について、死亡時に清算を行うというものである。

わが国においては、資産性の所得に対する課税がこれまで大層甘かった。1987年、1988年の税制の抜本改革以前は、資産性所得はおおむね非課税であったし、その後も、原則課税とされたものの、長期にわたり証券優遇税制が適用され、十分な課税が行われてこなかった。個人の死亡を契機に、所得課税の清算をすることには十分な理由がある。相続税の課税根拠をこのようにとらえる考え方からは、なるべく幅広く課税すべきということになる。経済のストック化が進むなかでは、この観点がより重要になる。

また、近時、相続税を応益税としてとらえる考え方が出てきている。社会化されてきた老後扶養費用の清算という考え方で、公的な医療・介護制度の充実にともない、老後扶養の費用負担が家族から国や地方にシフトしてきたので、そのコストを死亡時に清算するという考え方である。わが国では政府税制調査会もこの点を重要視している。

相続税には、所得課税、消費課税にはない機能がある。それは、勤労意欲に直接の影響を及ぼさず、フローの経済活動へ与えるマイナスの影響が少ないという点である。

最後に、景気の動向に左右されない安定的な税収を確保していくという観点から、もっとその役割の重要性を見直すべきという見解もある。

筆者としては、経済のストック化のもとで、相続税の「所得課税の補完」という性格を強調していくこと、そして応益的な視点も取り入れていくことにより、相続税の課税ベースを広くしていくことは今後とも継続的な課題であると考えている。わが国の税体系において、消費課税の役割が大きくなっていかざるをえないが、それはわが国税制の所得再分配機能が小さくなることを意味しており、それを補完していくことも相続税強化の理由となる。このように相続税には、これまでより広い役割を期待することになる。所得・消費・資産のバランスをとることにより偏りのない税体系を構築していくことは、社会経済のあり方として大層重要な意義を持っている。

２０１５年からの相続税増税により課税割合は、これまでの死亡者１００人に対して約４人から６人程度に拡大するが、依然この数字は少ないともいえよう。今後とも、２０１５年改正の推移を見守りながら、相続税の課税ベースを広げていく方向での議論は継続すべきだ。

一つ大きな課題がある。それは、世界的な潮流をみると、相続税は縮小廃止の傾向にあるということだ。カナダ、オーストラリア、スイス、シンガポールなどには相続税はなく、相続税を強化しようという考え方は、わが国独特のものといえる。そこで、わが国だけが課税強化すると、相続財産が海外に移転してしまう。これに対して、さまざまな対策がとられてきたことは第3章で論じたが、この点をおろそかにすると相続税の租税回避・空洞化が進んでしまう。

(4) 固定資産税も資産格差是正に役立つ

資産に対する課税を考えるうえでは、資産保有税である固定資産税を忘れてはならない。市町村税である固定資産税は、大きな家屋に住んでいる住民は、その分、警察や消防、ごみ処理などのサービスを享受しているので、それに応じて税負担をするべきという応益的な観点から構築されている。このような考え方は、公平性の観点から住民の支持を得やすいものである。また、土地・家屋への課税は、可動性がないので容易で、税源（税収）も安定的で地方税としてふさわしいといわれている。

また、限界的財政責任という観点からも固定資産税を考えることができる。地方住民が追加的なサービスを望む場合、他のサービスを削減するか増税するか住民が選択できるようにする、つまり受益と負担が明確になっていることが、分権時代の地方税として望ましいという考え方である。

住民からすれば、税金が高くても警察・消防・学校・福祉サービスのいい自治体に住みたい、サービスはそこそこでいいから税金は低いほうがいい、という選択肢が得られるということでもある。実際、英国の地方政府はすべて固定資産税での財源調達となっているが、自治体サービスの優劣に応じて数倍の税率格差がある。

一方固定資産税は、課税ベースが土地・建物という資産であることから、資産保有税として、土地利用を促進するとともに、資産価格の高騰を抑える効果がある。つまり、土地の価格高騰を防止し、ひいては資産格差を是正する機能も持っているということである。

しかしわが国の固定資産税は、地方税・応益税ということから、課税標準が市場価格から乖離しているという大きな問題がある。一橋大学の佐藤主光教授は、「土地の評価額は市場価格の7割を目途にするものの、負担の激変緩和や小規模住宅への減免措置が施されることから課税標準額は大幅に圧縮されている。そのため、土地に係る固定資産税の実効税率（＝税収／評価額）は2000～2010年平均で0・46％と標準税率（1・4％）よりも低い水準に留まってきた。また、現行の用途を前提にするため、（宅地並み課税対象地域を除き）農地の評価額は低められている。市場価格をベースにするならば、理論上、当該土地の潜在的価値に着目した評価があって然るべきだ」と指摘している。(注5)

所得・資産格差時代の税制として、固定資産税の果たす役割をもう一度議論し直すことがきわめて重要である。かつてわが国の土地バブルが生じた原因の一つが、固定資産税が本来の役割を十分果たさなかったためであることは、長年政府税制調査会会長を務められた石弘光氏をはじめ、多くの論者が指摘しているところである。(注6)

(5) 資産性所得課税と二元的所得税

資産そのものへの課税だけでなく、資産から生じる所得、つまり利子・配当・株式譲渡益といった資産性所得（金融所得）の課税も問題になる。配当と株式譲渡益に対する課税は、２０１４年に10％から20％へ引き上げられたばかりである。しかし、格差問題の重要性や、わが国所得税の負担割合を高めることの必要性から、さらなる引き上げの検討余地がないわけではない。

筆者は、総合課税にすることには反対だが、20％という税率については将来的に検討の余地があると考えている。金融所得は分離課税になっており社会保険料の対象所得から外れているので、それを加えるべきだという議論からも、金融所得の税率引き上げには正当性がある。フランスでは、勤労所得に金融所得も課税ベースにとりこんだ一般社会税という社会保障目的税が創設されている。

このように、わが国の所得・資産格差を拡大させないために、金融所得の税率を見直すことは重要な検討課題である。グローバル時代の所得・資産格差是正の税制として、「法人や金融所得の税率を一律25％程度にし、勤労所得は累進課税」という日本型二元的所得税をめざす時代が来ているともいえよう。

(6) 格差の要因は多様、対応も総合的に

先述したＩＴの発達により市場原理がますます機能するようになり、その結果強者（ネットでソフトを支配する者）と弱者（そうでない者）に二分される弱肉強食の社会が出現するという話は、ピケティの分析やアベノミクスの異次元金融緩和が生み出す格差とは異なるものである。ジニ係数

でみた世界と、1％の富裕層と99％の一般層の対立という話も同じ現象とは限らない。また格差と貧困の問題は、根本的に異なる要素を含んでいる。

格差・貧困問題は、きわめて複雑な社会現象である。それぞれの問題への処方箋を冷静に議論していく必要がある。その際、税制や社会保障（現金給付）による対応だけでは不十分である。わけても教育（人的資本投資）は重要な意義を持つ。

この点で、わが国の子供の貧困率が世界的に高い水準にあることは、きわめて大きな問題である。経済格差が、教育機会の提供の不平等を通じて子や孫に連鎖していることがさまざまな調査で明らかになりつつあるが、わが国の活力を維持するためにも、このような連鎖は何としても防がなければならない。このためには、奨学金の活用が重要な役割を果たす。あわせて、低技能者向けの職業訓練や職業教育、保健医療などの公共サービスへのアクセス拡大が重要であることも指摘しておきたい。

格差問題への対応は税・社会保障だけにとどまらず、幅広い対策を総動員しなければならない。

第8章　少子高齢化モデルとなるグローバル時代の税制

少子高齢化が進行するなかで、世界のモデルとなるような税制改革を考えるには、わが国の税制の歴史を顧み、税の理論を比較・研究するとともに、現実に先進諸国で導入されている税制の国際比較をすることが有益だ。そのうえで、わが国が直面する少子高齢化という現実のもとで、財政再建と経済活性化の両立と、格差社会への適切な対応の図れる税制を考えてみたい。

1　税制の歴史から学ぶ

わが国は明治維新による近代国家建設以降、統一的な租税制度を作り上げてきた。地租改正を行い、所得税・法人税・相続税が導入され、酒税を中心とする間接税の拡充などの改革が行われてきた。これらの基盤の上に、1949年、1950年のシャウプ勧告、それを受けた1950年のシャウプ税制が戦後わが国の税制を形づくった。

(1) シャウプ税制とは

戦後、カール・シャウプにより主導された税制（シャウプ税制）の理念は、直接税を中心に据えた恒久的、安定的かつ近代的な税制の構築であった。とりわけ、あらゆる所得を合算して累進税率を課す包括的所得税を中心とした租税体系は、今日までわが国所得税の中核をかたどるものである。

具体的には、所得税について、キャピタルゲイン（株式譲渡益など）や利子・配当所得について合算して総合課税する一方で、税率をできる限り低くしていった。法人税については、法人は個人の集合体であるという法人擬制説の立場に立ち、法人税は所得税の前取り（いわば源泉徴収）であるとして、配当所得に対して二重課税調整措置を導入した。

資産課税については、高額資産に対して累進税率で課税する富裕税（資産保有税）を所得税の補完税として導入し、さらに相続税・贈与税を一体化した税制の採用などの改革を行った。

地方税については、地方財政の充実を目標にさまざまな改革が提言された。とりわけ注目されるのは、法人に対する事業税を廃止する代わりに、世界で初の付加価値税（加算型）を地方税として導入することが提案され、立法化まで行われた。しかし、執行上の困難から実施されないまま廃止され、所得基準の事業税という形で今日まで続いている。このことが、今後の法人税改革の議論においても重要な意義を持つことは第2章で述べたとおりだ。

シャウプ税制は、経済力（担税力）を表す最もふさわしい指標として「（包括的な）所得」を選択したこと、その一方で、「消費」は所得のような包括的な指標ではなく補助的な役割とされたこと、一方で「資産」課税については相当重点が置かれていたことにその特色がある。

(2) 抜本的税制改革へ

その後、戦後復興期の社会経済の実情に合わせるという観点から、シャウプ税制はさまざまな手直しが行われ、その本質が変わっていった。

最も変わった点は、利子や配当、株式譲渡益といった金融所得への課税である。包括的所得税理論にもとづくシャウプ税制は、戦後の高度成長期における貯蓄や株式投資への奨励や資本蓄積の必要性という政策に合致しないという理由から、金融所得は非課税、あるいは分離して軽い税率での課税に変更され、定着していった。

つまり、わが国の所得税は、包括的所得税から、株式譲渡益などの金融所得に課税しない勤労(給与)所得税に変質していったといえる。このため、勤労所得に税負担が偏り、高度経済成長のもとで納税者の重税感・不公平感が高まっていった。

とりわけ中堅サラリーマン層にとっては、所得は増えるものの、きつい累進税率のもとで、子育てや教育費、さらには住宅ローン返済などの出費がかさみ負担感が高まり、勤労意欲を阻害することが問題視されはじめた。

また、人々の所得水準が上昇していくなかで、垂直的公平から水平的公平へと公平の重点がシフトしていき、所得捕捉の問題(いわゆるクロヨン)がクローズアップされた。個人事業主、農家などとサラリーマンとの「水平的公平」が問題にされたのである。

さらには、1980年代の後半頃から高齢化社会の到来という問題が意識されはじめ、安定的な社会保障を支えていくためには所得税といった景気に左右される税制ではなく、安定的な財源(税源）を調達できる税制が強く認識されはじめた。

また、どの時代に生まれたかによって生涯を通じた税負担水準に不公平が生じる「世代間の不公平」が問題にされ、「世代間の公平」につながる税制を求める声も大きくなっていった。団塊世代の高齢化を背景に、政府部内で少子高齢化社会の負担問題が強く意識されたのは、この頃が初めてである。

これらの事情から、課税ベースを「所得」から「消費」に変えていくことが主張された。

そこで、大平政権や中曽根政権などでの議論を経て、竹下政権のもとで1987年、1988年の2回にわたる税制改正が実施された。所得税減税、消費税の導入、法人税の引き下げ、相続・贈与税の見直しをパッケージとした抜本的税制改革である。

さらに1994年から1997年にかけて、同じ問題意識のもとで、消費税率を引き上げ所得税を減税する改革（いわゆる直間比率の是正）が行われた。世代を通じた税負担の平準化、ライフサイクルを通じた税負担の平準化、国民一人ひとりの活力が十分発揮される税制、安定的な税収構造を目的として、1994年に所得税減税とあわせ消費税率の3％から5％への引き上げを内容とする「税制改革」である。その際、消費税率の引き上げは、景気への配慮から3年遅れの1997年4月から実施された。少子高齢化のさらなる進展が強く意識され、介護保険の創設など社会保障の充実にともなう財源として、消費税率の引き上げが必要とされたのである。

1997年頃から、金融の自由化・グローバル化が進展するもとで、わが国の金融システムも大きな変革が迫られ、金融税制も必要な対応をとることとなった。高齢化の進展により貯蓄率が低下するなか、金融資産を効率的に活用することが経済活力維持につながるとの認識が広がった。2000年には小泉内閣のもとで「貯蓄から投資へ」という政策が打ち出され、巨額な家計金融資産の大宗である預貯金を、株式や株式投資信託にシフトさせていくために、「金融所得一体課税」など金融・証券税制の見直しが行われた。

土地税制にも触れておきたい。1980年代から始まるバブル経済のもとで、地価は下がらないという「土地神話」を背景として、土地を持つ者と持たざる者との格差が社会問題となり、土地の公共性を基本理念とする土地基本法が制定された。

それにあわせて、土地譲渡益課税の適正化などを含む総合政策がとられ、その一環として、1992年に地価税が導入された。この税制は、資産格差の是正、勤労所得と土地譲渡益とのバランスなどを念頭に、土地の資産としての有利性を縮減し、土地の有効利用を図るために導入されたものである。

しかし、バブル経済の崩壊にともなう地価の急落のなかで、土地の保有に対して時価で課税する国税としての地価税は、経済を悪化させるとの批判を受けて見直され、2003年に凍結された。

法人課税については、高度成長期は、もっぱら税率の引き上げによる負担増が行われてきたが、1998年度、1999年度と二度にわたって、国際競争力の強化などを理由とした法人税減税が行われた。1998年度は、「課税べースを拡大しつつ税率を引き下げる」法人税改革で、実効税率は46・36%から40・87%へと引き下げられた。1999年度には、経済対策の名のもとに、課税べースに何ら手を着けることなく、税率の引き下げだけが行われた。この結果、実効税率は、40・

87％から39・54％へ下がった。この頃の法人税議論は、地方税として税収の偏在などの原因となる法人税をどう考えていくかという問題意識が別途あり、事業税の一部外形標準課税化が行われた。

また、民主党政権下の2012年に、法人実効税率は38・01％へ（法人税率は30％から25・5％へ）と引き下げられた。平年度ベースで1兆2000億円のネット減税であった。

民主党政権の3年間に、消費税率の引き上げと法人税減税が決定されたわけで、この一連の税制改革は意識されたものではなかったにしても、きわめて注目に値する出来事である。

(3) デフレ対策としての減税と財政赤字の拡大

1997年以降わが国経済は、アジア通貨危機や国内の金融機関の相次ぐ破綻などから、きわめて厳しい状況に陥り、石油ショックの1974年以来のマイナス成長を記録、いわゆる「失われた20年」、さらにはデフレ経済に直面することとなった。この間、景気回復を図る観点から、財政・金融などあらゆる政策手段を駆使して対応することが求められ、税制面でも景気に最大限配慮する政策がとられていった。

1998年度には個人所得課税について二度にわたる特別減税が実施され、1999年度税制には、1年限りの減税では景気対策として不十分であるとの指摘から、個人所得課税および法人課税について6兆円を上回る「恒久的な減税」が行われた。この一環として、個人所得税の最高税率の引き下げ（地方税と合わせて65％から50％へ）や、前述の法人実効税率の引き下げが行われた。この政策によりわが国の税負担水準は大きく下がり、その後今日までその水準を回復していないのである。このことが今日まで続く財政赤字の大きな要因の一つであることは後述する。

(4) 社会保障と税の一体改革――所得・消費・資産にわたる見直し

少子高齢化が加速するなかで、財政赤字の規模はますます拡大し、年金をはじめ国民の社会保障に対する不安が高まってきたことを契機として、社会保障・税の一体改革が必要という認識が高まってきた。自民党政権から民主党政権への交代という大きな出来事を契機として、2010年10月に「政府・与党社会保障改革検討本部」が設置され本格的な議論が始まった。

最終的に野田政権のもとで、2014年4月からの消費税率8％への引き上げと2015年10月からの10％への引き上げが決まり立法化された。消費税増税分は全額社会保障財源とされ、これまでの高齢者対策3経費だけでなく、子供・子育て対策としても活用されることになったのである。

注目すべきは、この法律には、所得税最高税率の引き上げ、相続税の基礎控除の引き下げ（増税）や税率の引き上げなどが、今後のあるべき税制の姿として規定されていたことである。実際その規定に沿って必要な改革が現在も続いている。

その法律には、消費税率の引き上げにともなう低所得者対策としての給付付き税額控除の検討や、税率引き上げの条件としての景気弾力条項が設けられていた。2012年6月に自民党・公明党との協議を経て3党合意が成立、一部法律の手直しの上で、最終的に12年8月に法律が成立した。

その後自民党への政権交代を経て、安倍政権のもとで、消費税率の8％への引き上げは2014年4月から実施されたが、10％への引き上げは2017年4月からの実施へと延期されるところと

法人課税		消費課税	資産課税等
・税率引き下げ ・外国税額控除制度の見直し		・消費税の創設 ・個別間接税制度の整理合理化	・相続税の減税 （基礎控除の引き上げ等）
		・消費税の一部改正（非課税範囲の拡大、中小特例措置の縮減等）	・土地譲渡益課税の適正化
・タックスヘイブン対策税制の見直し			・地価税の創設 ・相続税の減税
		・消費税率の引き上げ、中小特例措置の縮減等の法定 ・地方消費税の創設 ・酒税の税率引き上げ	・相続税の減税 ・固定資産税評価の均衡化・適正化（地価公示価格の7割評価）
			・地価税率引き下げ ・土地譲渡益課税の軽減
・金融機関のトレーディング業務に時価法導入	商法・企業会計等の見直し	・消費税率の引き上げ等の実施（３％→５％） ・地方消費税の実施 ・蒸留酒に係る酒税の税率改正（WTO勧告への対応）	・負担水準の均衡化を重視した固定資産税負担の調整措置の導入
・税率引き下げと課税ベースの適正化		・たばこ特別税の創設	・地価税の課税停止 ・土地譲渡益課税の軽減
・税率引き下げ ・株式交換等に係る課税の特例		・消費税（国分）の福祉目的化	・有価証券取引税、取引所税廃止 ・株式等譲渡益課税の適正化
・時価法の導入			

図表8・1　これまでの税制改革の流れ（抜本的税制改革以降）

	主な動き		個人所得課税
1989年	抜本的税制改革（1988年12月等）		・累進構造の緩和 ・課税最低限の引き上げ
1990年	「土地税制のあり方についての基本答申」	バブル経済と土地対策	
1991年	土地税制改革		・個人住民税減税
1992年			
1993年	「今後の税制のあり方についての答申」	バブル崩壊と景気対策	
1994年	「税制改革についての答申」 税制改革		・先行減税（～1996年） （特別減税～1994年中）
1995年			（制度減税） ・累進構造の緩和 ・課税最低限の引き上げ（特別減税～1996年） ・自社株消却の特例
1996年	（財政構造改革）（金融ビッグバン）		・ストックオプション税制
1997年	（財政構造改革法成立）		
1998年	特別減税 法人税制改革 （財政構造改革法凍結）	金融不安	・定額減税 ・国外送金等に係る資料提出制度等 ・帳簿書類の電子データ保存制度
1999年	恒久的な減税	景気対策	・最高税率引き下げ ・定率減税
2000年			

（出所）財務省資料を一部加工

なった。

当時与党の民主党と野党であった自民党・公明党の合意により消費税率の引き上げを含む税制全般にわたる税制改正が決められたことの意義は大きい。直後に行われた衆議院選挙では、大部分の政党が消費税増税に賛成することとなった。

元をたどれば、これらは２００９年の政権交代前の自民党政権のもとで議論され閣議決定された「持続可能な社会保障構築とその安定財源確保に向けた中期プログラム」（中期財政プログラム、２００８年12月24日閣議決定）にもとづいている。その内容がそのまま２００９年度税制改正法の附則１０４条（以下のコラム参照）という形で立法化され、今日までの一連の税制改正――消費税引き上げ、所得税増税、相続税増税などにつながったのである。

コラム　附則と縁の深い消費税

民主党の菅改造内閣のもとで議論が始まった社会保障・税一体改革において、与野党協議が呼びかけられたが、その根拠は、自民党政権下で立法化された２００９年度所得税法改正法附則１０４条である。

その内容は、「経済状況を好転させることを前提として、遅滞なく、かつ、段階的に消費税を含む税制の抜本的な改革を行うため、２０１１年度までに必要な法制上の措置を講ずるものとする」というものだ。

附則とは、「法令において、付随的な事項を定めた部分のこと。法令の施行期日や経過措置、関係法令の改廃等に関する事項が定められることが多い。あくまで本則に付随するものであることから、本則と関係のない事項を規定することはない」（ウィキペディア）。重要なことは、附則は法律であり、「国会の意思」であるということだ。政権が代わっても立法者を拘束する、という点において、単に「政府の意思」にすぎない閣議決定よりはるかに意味合いが重い。政権が、そのような附則は不適当と思うならば、法律を改正する必要がある。法律を変えないかぎり、立法者をも拘束するのである。

このようなことが実際に起きたのが、消費税率の5％への引き上げ時である。消費税率の見直しを含む抜本的税制改革の議論は、1993年に成立した細川内閣から始まった。1994年2月の国民福祉税構想を経て細川内閣は崩壊、羽田内閣に代わったが、少数与党のため総辞職し、税制改革は実現しなかった。

しかし、羽田内閣で成立した1994年の税法の附則に、「平成7年分以後の所得税については、速やかに、税制全般の在り方について検討を加えて税制改革を行い」と定められた。細川・羽田政権から、自社さ政権へと政権交代が起きた際に、この附則が「橋渡し」となって、村山内閣の下で消費税引き上げを含む税制改革が行われることになる。つまり、附則は政権交代後にも立法者を拘束することになったのである。

話はまだ続く。消費税率5％への引き上げを柱とする「所得税法及び消費税法の一部を改正する法律案」が国会に提出され、1995年12月に公布された。その際この法律に、また重要な附則がつく。それは、附則25条「見直し条項」と呼ばれるもので、「消費税率については、社会保障等に要する財源を確保する観点、行政及び財政の改革の推進状況、租税特別措置等及び消費税にかかる課税の適正化の状況、財政状況等を総合的に勘案して検討を加え……1996年9月30日までに所要の措置を講ずるものとする」という内容である。この附則の検討課題をこなすことで、1997年4月1日からの消費税引き上げが実行された。このように、消費税は附則ときわめて深いつながりを持つ。

これらの「一体的税制見直し」の全体像は図表8・2のとおりである。

所得税に関する主な改正点は以下のとおりである。

配当と株式譲渡益については2014年から10%という優遇税制をやめ、20%の本則税率を課すこととした。このことがわが国の所得再分配政策上大きな意義を持つことは第7章で述べた。

2015年1月から課税所得4000万円超について、最高税率が5%引き上げられ45%の税率となった。この結果住民税と合わせた所得税の最高税率は現在の50%から55%となった。これも所得再分配に大きな意義をもたらすものである。

また、給与所得控除については、2013年から、収入金額が1500万円を超える場合、245万円の上限が設定され、1500万円超の給与所得者は税負担が増加することになった。その後政権交代後の安倍政権のもとで、上限額をさらに引き下げる改正が行われた。2016年分からは1200万円（控除額230万円）に、2017年分からは1000万円（控除額220万円）に引き下げられる。給与所得者の必要経費（勤務関係経費と考えられる支出額）に比べても、主要国

図表8・2　一体的税制見直しの概要

所得税	2014年1月から証券優遇税制の廃止（10%から20%へ） 2015年1月から、課税所得4,000万円超について45%の税率 給与所得控除について、控除の上限額が適用される給与収入1,500万円（控除額245万円）を2016年から1,200万円（控除額230万円）に、2017年から1,000万円（控除額220万円）に引き下げ
消費税	2014年4月から8%、2017年4月から10%への引き上げ
相続税	現行の「5,000万円＋1,000万円×法定相続人数」を「3,000万円＋600万円×法定相続人数」に引き下げ、相続税の最高税率を55%に引き上げる

の水準に比しても過大であるというのが理由である。

相続税・贈与税についても大きな改正が行われた。まず相続税の基礎控除について、現行の「５０００万円＋１０００万円×法定相続人数」を「３０００万円＋６００万円×法定相続人数」に引き下げ、相続税の最高税率を55%に引き上げるなど、税率構造の見直しが２０１５年からスタートしている。

一方で、子や孫などが受贈者となる場合の贈与税の税率構造を緩和する見直しや、教育資金や子育て費用の一括贈与に係る贈与税の非課税措置、つまり子や孫に対する教育資金や子育て資金を一括贈与する場合の贈与税について、子・孫ごとに１５００万円までを非課税とする措置が創設され、「相続税強化と贈与税緩和」のセットで税制が変わることになった。

被相続人１００人に占める課税件数の割合を現在の4件から6件程度に拡大する一方で、子や孫などへの生前贈与については一定の範囲内で税負担を引き下げるというタックスミックスは、所得・資産を持つ高齢者から勤労・子育て世代への生前贈与を促すことにより消費を喚起しようという経済対策と位置づけられている。しかし、子育て資金まで拡大することは、格差問題への対応を弱めることになりかねない。適時に見直していくことが必要だ。

相続税の課税根拠については、第7章で詳細に述べたが、世界的に相続税の廃止・軽減の流れが広まるなかで、わが国では多くの学者が相続税強化論を唱え、実際その方向で税制改正が行われてきたことは、注目すべきことである。

2　税理論で考える

経済社会のさまざまな課題を税で受け止めて考える場合には、税の理論についても頭に入れておく必要がある。ここでは、包括的所得税論と消費課税論を取り上げる。

(1)　包括的所得税

包括的所得税論というのは、すべての所得を合算して累進税率を課すことが最も公平な税制だという考え方である。

米国の経済学者ヘンリー・サイモンズは、一時点間における経済力の増加である「消費＋資産（価値）の純増分」を所得と定義した。定義が明快なことや公平性に合致することから、わが国（シャウプ税制）を含め先進諸国の多くで包括的所得税理論にもとづく総合課税制度が採用されている。

しかし、この制度は経済が発達しヒト・モノ・カネが自由に行き交う世界になると、理論と実際の課税技術とのギャップを生じさせるようになった。キャピタルゲインなどの資本所得への課税は、理論上発生した段階で行うことになるが、納税者の個々の資産を発生ベースで（時価）評価することは困難なので、実現した段階まで課税を繰り延べざるをえないことになる。

また、配当（や株式譲渡益）に対して二重課税の問題を生じさせる。配当は、法人段階で法人税が課された後（法人課税後の法人所得から配当が行われる）、個人段階で所得税が課される。つまり、法人段階と個人段階で二度課税される。その間の調整を完全に行うことは技術的にむずかしいので、「二重課税」となり経済効率上の問題を生じさせる。さらには、利子は経費として損金算入されるが、配当は課税されるので、企業からみて、間接金融（銀行借入れ）のほうが直接金融（資本市場での資金調達）より税制上優遇されることになり、ここでも歪みを生じさせる。また、所得を圧縮しようとして人為的に過大な借り入れを行う行為もみられる。

個人の立場から考えると、課税後の所得から貯蓄した利子に所得課税されることは、貯蓄に対するインセンティブを弱めることになる。イソップ童話にたとえれば、「アリのような（将来に備えて貯蓄する）人生を送るほうが、キリギリスのような（すべて消費する）人生を送るより税制上不利」ということになり、税制が個人の行動に中立ではないという問題が生じる。そのほかにも、所得税の課税ベースは、経済政策や政治的な配慮から縮小されがちであるという問題や、利子控除や減価償却を組み合わせ人為的な損失を作り出す租税回避が広がるという問題も生じさせている。

現実の問題としては、株式譲渡益・配当・利子といった金融所得を、勤労所得と合算して総合課税するかどうかという論点がある。

金融所得と勤労所得とを合算し累進税率を課す総合課税が、垂直的公平性の観点から理想の税制であることは間違いない。しかし、グローバルな資金移動のもとで、完全な総合課税を採用する国は先進諸国にはほとんど存在しないといってよい。そのような税制は、資本移動が自由な世界では、資本逃避を生じさせ、結局自国の税源を浸食させることにつながるのである。

そこで現実には、この考え方を修正する税制が先進諸国で導入されている。その代表が、二元的所得税と呼ばれる税制で、スウェーデンやドイツで導入されていることについては、第1章で述べたところである。

もっとも最近のＩＴの発展により、将来的に事情は変わる可能性も否定できない。つまり、タックスヘイブンも含めた情報交換の進展と、番号制度の整備などの納税環境の整備が相まって、世界的に納税者の個別情報を居住地国が管理できる時代がくれば、納税者ごとに全世界レベルでの所得を合算することが可能になり、総合課税も現実的な選択肢となる可能性がある。

あわせて、わが国の所得税制を、米国のような国籍課税にする、つまり日本国籍を持つ者は、たとえわが国の非居住者であってもその全世界所得に対して課税するという制度も可能になる。このあたりは今後の中期的な課題ということであろう。

いずれにしても、包括的所得税論は、現実のグローバル経済のもとで、大きなチャレンジを受けている。

(2) 消費課税

二番目は、消費を課税ベースとする消費課税の論理である。

消費を課税ベースにすることには、さまざまな長所がある。それは単に税制というより哲学的な問題でもある。

英国のジョン・スチュアート・ミルやニコラス・カルドアは、「所得は勤労という社会への貢献の結果得られるものであるが、消費は社会資源の浪費といえ、所得に課税するより消費に課税するほうが公平だ」という考え方のもとで課税ベースを所得から消費に変えることを主張した。「個人が勤労という形で社会に貢献したときに得られる所得（プールへの注入）に課税するより、彼等が社会から取り出し消費する（プールからの汲み出し）時に課税する方が公平である」ということである。

英国のサッチャー首相（当時）が、所得税を減税し消費税を引き上げる際、「われわれが汗水たらして働いた結果得られる所得に課税するのは、勤労を罰することになる。それよりも、個人が選択的に消費をする際に課税するほうがずっと公平だ」と演説したのは、同じ考え方によるものだ。

一生の間に得た「所得」は、生涯をかけて「消費」するわけだから、どちらを課税ベースにしても税負担にそれほど大きな差があるわけではない。マクロ経済的には、「国民所得は国民消費に等しい」のである。

われわれの所得は、年齢や職場で経験を積めば変わっていくし、退職し年金生活に入れば大きく減少する。このような状況では、個人の経済力を判断するには、単年度の所得より、消費を維持できる能力のほうが適切ともいえる。ライフサイクルの中で変動する所得より消費を課税ベースにするほうが、税負担の平準化につながり、勤労時への過度な税負担を避けることにもなる。

消費を課税ベースとする税制には、三つの種類がある。このことを、

第1式　消費（C）

第2式　＝所得（Y）－貯蓄（S）

第3式　＝賃金（W）＋利子（R）＋利潤（P）－設備投資（I）

という恒等式から考えてみよう。

第1類型は、第1式の消費（C）を課税ベースとする税制である。「VAT」（付加価値税、わが国の消費税）と「小売売上税」（米国やカナダの州税）がある。

第2類型は、第2式の所得（Y）－貯蓄（S）を課税ベースとする税制である。直接税として課税する方式は「支出税」と呼ばれている。この税制を実際に執行するには、個人ごとの所得や貯蓄を把握する必要があるので、執行上の困難性がともない、今日まで導入した国はない。もっとも、米国などで導入されている、貯蓄から生じる利子を非課税にする税制は、この一種といってもよい。第4章で述べた日本版IRAは、税引き後の貯蓄からの所得を非課税にするもので、この範疇に入るといえよう。

第3類型は、消費を第3式のように付加価値の要素に分解して課税する方式で、「加算型付加価値税」と呼ばれている。投資を全額控除せず、毎年の減価償却部分のみ控除するものは「所得型付加価値税」と呼ばれる。かつてシャウプ使節団がわが国に勧告した地方税としての消費税はこのタ

イプである。また米国で提案されている「フラット・タックス（ホール・ラブシカ型）」などもこの一種である。(注1)

このように消費課税にはさまざまな類型があり、納税義務者も仕組み方で変わってくる。しかし、呼び名や納税義務者が異なっても、消費を課税ベースとする点や経済効果は変わらない。

消費課税に共通するメリットは、経済効率にすぐれた経済成長促進型の税制であるということだ。この点はわが国ではあまり強調されることのない論点である。消費課税のもとでは、資本・貯蓄への二重課税が排除され、投資が全額損金に算入される（即時償却）ので、成長促進税制として位置づけられている。このことは、前述の第2式で貯蓄（S）がマイナス項目として入っていることからもわかる。さらにVATは、仕向け地（輸入地）で課税されるので、輸出する場合には負担した消費税は還付（控除）される。つまり、輸出価格は消費税抜きの価格になり、仕向け地でその国の消費税が課されることになるので、国際競争力を損なわない税であるといえる。

筆者はこのことを、二つの場面で実感した。

一つは、米国プリンストン大学で教鞭をとっていたときに、米国の学者やシンクタンクの研究者と議論したが、「日本は消費税を導入しておりラッキーだ」という発言をしばしば聞いたことだ。米国ではここ30年、消費を課税ベースとした税制に移行すべきであるという議論が続き、レーガン時代にフラット・タックスが提言され、ブッシュ（子）大統領が消費をベースとした税制の具体案を公表した。この動きは今日まで続いている。ブッシュ税制は、イラク問題などの対応に手間取り実現しなかったが、背景には、税制の相違が国際競争力に影響を及ぼすという観点がある。

自動車の例を考えると、自動車を組み立てる過程で企業や従業員が負担する法人税や所得税は、自動車のコストとして価格に溶け込んでおり、輸出時もそのままである。一方、消費税の場合は、仕向け地で課税されるので、輸出時には還付される。したがって、わが国で生産されるトヨタ車と米国で生産されるGM車がアジア市場で競合する際には、GM車が不利になるという論理である。

また、消費税体系のもとでは、投資は仕入れとして即時に全額控除される。所得税体系では、耐用年数で割った当年分しか費用にならないので、消費税のほうが有利になるのである。

もう一つは、2007年夏にドイツに出張して、ドイツ財務省の幹部から聞いた話である。当時ドイツは、メルケル大連立政権のもとで消費税率を16％から19％に引き上げた直後であった。当方から、「3％もの消費税率の引き上げに国民はよく納得しましたね」と質問したのに対して、財務省幹部の説明は以下のとおりであった。

「国民は財政赤字を懸念していたので、消費税率の引き上げはやむをえない選択と思った。一方産業界は、消費税が輸出免税（還付）になりドイツの国際競争力に影響を与えないので、大きな反対はなかった」。

このように、先進諸国における消費税の議論はわが国とはまったく異なっている。わが国でも消費税について、「みんなが負担する税」という初歩的な議論から抜け出して、所得税や法人税と比較しつつ、経済に与えるメリットやデメリットを考えていくことが必要だろう。

また、消費税には一般的にインボイス制度が導入されており、これによりタックス・コンプライアンスのすぐれた税制となるとともに、事業者間での価格転嫁が容易になり、益税がなくなるなど多くのメリットがあることについては、第6章で述べている。

3　国際比較で考える

(1)　税体系の比較

抜本的税制改革以降、所得・消費・資産のバランスのとれた税制が唱えられるようになった。税制は、課税ベースの相違から、所得課税（所得税と法人税）、消費課税（消費税と個別消費税）、資産課税（相続税など）の三つに分類できるが、それぞれメリット、デメリットがある（図表8・3）ので、時代に合わせてその比率を見直すことにより、全体としてバランスのとれた税体系を構築していくという考え方を、タックスミックスと呼ぶ。

先進各国の税体系を国際比較してみよう。図表8・4は、G5諸国の税体系を、自国の国民所得に占める税収の割合で比較したもの（2011年）だが、ここからわかるわが国の税体系の特色は次の3点だ。

第一に、消費課税の割合は7・2%と、米国（5・5%）よりは大きいが、欧州諸国（英国15%、ドイツ14・2%、フランス14・9%、スウェーデン18・2%）と比べるとはるかに低い。

第二に、個人所得課税の割合は7・1%で、米国（11・2%）、英国（12・8%）、ドイツ（11・9%）、フランス（10・1%）、スウェーデン（17・1%）と比べて相当低い。この原因は、税率水準が低いうえに課税ベースが狭いことであるが、バブル崩壊後の経済対策として累次の減税が行わ

図表8・3　所得・消費・資産課税のメリット、デメリット

	所得税	消費税	資産税
長所	・累進構造を持ち、垂直的公平に優れる ・景気回復時には大きな税収が期待できる	・同等の消費水準には同等の税負担を求めるので水平的公平性に優れる ・安定した税収が得られる。税負担が勤労世代に偏らない ・特例措置が少なく簡素性に優れる ・貯蓄への二重課税がなく効率的な税制	・経済のストック化に応じ、資産格差の是正が図れる ・所得税の補完としての意義が大きい ・土地への課税は、公平感があり、コストもかからない
短所	・各種特例措置があり課税ベースが狭くなりがちで、税制も複雑 ・高い累進は勤労意欲を損なう ・景気動向により税収が左右されがち ・クロヨン（所得間の捕捉の不公平） ・貯蓄に二重課税となるなど経済効率の問題がある	・逆進性（税負担が低所得者ほど大きい） ・益税（消費者が負担した税が事業者の手元に残る） ・ビルトインスタビラーザー効果はない	・資産保有税の場合には、キャッシュフローの問題が生じる ・資産性所得はグローバルな資金移動の中で、捕捉が困難 ・土地等の資産価格の評価が難しい

（出所）財務省資料等から筆者作成

れてきたことが影響している。

第三に、法人所得課税の割合は4・6％で、米国（2・8％）、英国（3・6％）ドイツ（2・3％）、フランス（3・4％）、スウェーデン（4・5％）と比べて高い。

第四に、資産課税等の割合は3・9％で、他の諸国と比べてほぼ同じ水準にある。

ここからみえてくるわが国の税制改革の方向は、消費税率のさらなる引き上げ、所得税の拡充、法人税の軽減という三つである。その後わが国の消費税率の引き上げや法人税率の引き下げが決まり、この点の是正が進んだが、今後

図表8・4　税体系の各国比較（国民所得比）

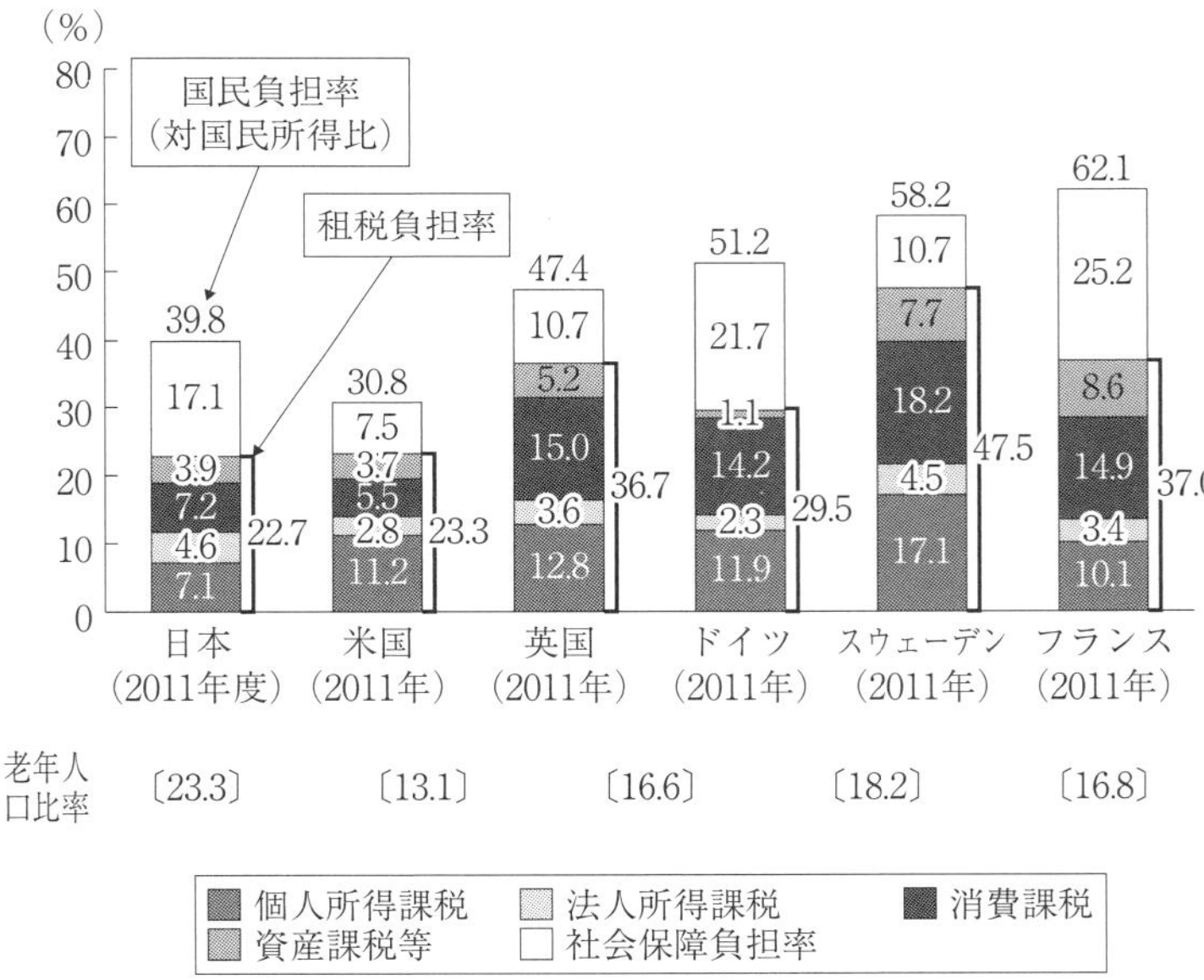

（注）1. 日本は平成23年度（2011年度）実績、諸外国は、OECD “Revenue Statistics 1965-2012” 及び同 “National Accounts”による。なお、日本の平成26年度（2014年度）予算ベースでは、国民負担率：41.6%、租税負担率：24.1%、個人所得課税：7.4%、法人所得課税：5.0%、消費課税：8.2%、資産課税等：3.6%、社会保障負担率：17.5%となっている。

2. 租税負担率は国税及び地方税の合計の数値である。また所得課税には資産性所得に対する課税を含む。

（出所）財務省資料

図表8・5　先進諸国の国民負担の比較（GDP比）

%

	国民負担（A）	租税負担	社会保障負担	歳出（B）	財政赤字（A）－（B）
日本	30.8	17.8	13.0	39.2	▲8.4
米国	24.5	18.5	6.0	30.3	▲5.8
欧州					
ドイツ	39.4	22.7	16.7	39.6	▲0.2
フランス	46.3	27.6	18.7	50.1	▲3.8
英国	36.7	28.4	8.3	42.0	▲5.3
スウェーデン	41.9	34.3	7.6	43.4	▲1.5

（出所）OECD統計から筆者作成

のわが国税制を考える場合、この方向を念頭に置く必要がある。

(2)　税負担、政府の規模の比較

次に、政府の規模という観点から、日・米・欧の国民負担と財政赤字を比べてみよう。

図表8・5でみるように、わが国の置かれた状況は、歳出規模（図中(B)）はドイツとほぼ同規模、英国やスウェーデンと近づきつつある。一方歳入である国民負担はドイツと比べて10%も低く、それが財政赤字の相違となっている。つまりわが国は歳出規模では欧州諸国並みになっているにもかかわらず、負担がそれに追いついていない状況にある。とりわけ税負担は、小さな政府の代表である米国すら下回る状況にあるのである。

今後グローバル経済のもとでの少子・高齢化社会の税制を考えていくうえでは、負担の大きさを表す政府の規模をどの程度まで許容するかという点についての大まかな国民のコンセンサスが必要となる。

「大きな政府か小さな政府か、あるいは中規模の政府か」ということは、究極的には国民の選択である。多少税負担を増加させてもよいから、安心・安全な社会の建設を望む人もいれば、税負担は小さく、安心・安全は可能なかぎり自助努力・自己負担で確保すると考える人もおり、その選択は国民が行うべきものである。

いいかえれば、国民に税負担をどの程度求めるかという論点は、国家のあり方そのもの、国家観を示すものといえよう。北欧のような大きな政府（高福祉高負担の国）か、欧州大陸諸国のような中規模の政府か、米国のような小さな政府か、一人ひとりが考えることが必要だ。

この点について国民全員のコンセンサスを得ることは容易ではない。若年層と高齢者、低所得者と高所得者、資産を持つ者と持たざる者の間では、自ずと考え方が異なってくる。しかし、それを悲観的にとらえる必要はない。それをめぐって健全な二大政党が誕生し、国民の時々の判断により政権交代が起きることになれば、それは健全な社会のあり方といえよう。

もっといえば、わが国には、米国のように深刻な人種や宗教をめぐる対立、社会の亀裂は存在しない。多様な意見を議論の中で吸収して形成していくことは十分可能である。この点はわが国の大きな強みであるといえよう。

その際、税制だけでなく、年金・医療などの保険制度の負担のあり方も含めて検討しなければならない。そもそも税と保険とはどのように機能を分けて国民に負担を求めるべきなのか、この点におけるわが国の議論はきわめて不十分である。

いずれにしても、負担だけでなく受益も含めたバランスのとれた議論を国民全体でしていく必要がある。

4　財政再建：高齢化のもとで社会保障制度を持続できる財政基盤の確立

(1)　財政赤字の状況

財政バランスをみるのにわかりやすいのは、「ワニの口」と呼ばれる図表8・6である。これは、一般会計における歳入と歳出のギャップを表したもので、高齢化にともなって社会保障費用が膨張の一途をたどっている半面、税負担は伸びず、結果としての財政赤字がますます拡大してきたことがみてとれる。とりわけ税収は、バブル期の平成2年度がピークで、その後四半世紀を経ても、いまだその水準に達していないという事実は、驚愕に値する。

財政赤字の何が問題なのだろうか。

まず、赤字が拡大すると、財政の硬直化が進むので、政策の自由度が減少し公共サービスが低下する。2015年度予算案の一般会計の歳出に占める国債費の割合は24%と、社会保障費の29%に次ぐ大きな支出項目となっている。すでにわが国の財政は、過去の借金を返済するためにまた借金

（注1）平成25年度までは決算、平成26年度は補正後予算案、平成27年度は政府案による。
（注2）一般会計基礎的財政収支（プライマリー・バランス）は、「税収＋その他収入－基礎的財政収支対象経費」として簡便に計算したものであり、SNAベースの中央政府の基礎的財政収支とは異なる。
（出所）財務省資料

図表8・6　ワニの口（一般会計における歳出・歳入の状況）

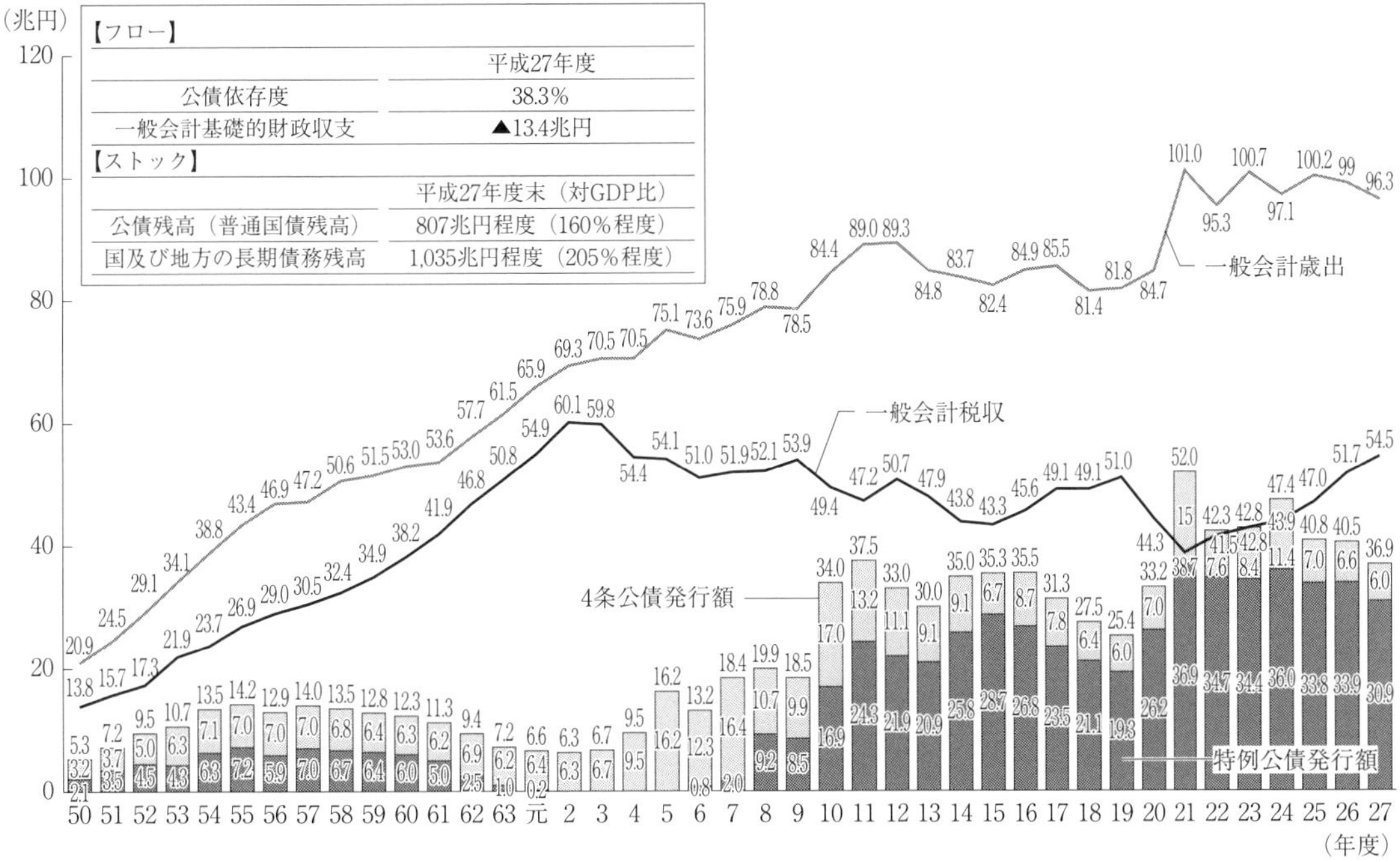

【フロー】	
	平成27年度
公債依存度	38.3%
一般会計基礎的財政収支	▲13.4兆円
【ストック】	
	平成27年度末（対GDP比）
公債残高（普通国債残高）	807兆円程度（160%程度）
国及び地方の長期債務残高	1,035兆円程度（205%程度）

するという状況に陥っているのである。

第二に、財政の赤字分は、国債発行を通じて将来世代の負担増になるので、世代間の不公平の問題を生じさせる。これから生まれてくる世代の人たちは、生まれながらにして莫大な債務を背負っているのである。

最後に、膨大な政府赤字は、将来経済が回復する際には、民間部門の資金調達を阻害する要因となる。いわゆるクラウディングアウトである。さらに怖いのは、財政への信認が低下することによる国債価格の急落、金利の急上昇という状況が生じれば、財政再建は不可能になる（デフォルトに陥る）ということである。

財政危機はいつ起きてもおかしくない状況にある。引き金を引くのは、国際的な投機マネーの行動であろう。ヘッジファンドなどの国際的投機筋といわれている連中は、わが国財政再建に向けての姿勢の隙を見つけては、一儲けしようと考えている。そのためのストーリー作りと引き金ともいうべきイベント、たとえば、わが国の経常収支の赤字が定着したとか、2020年のプライマリー黒字目標が達成できなくなりそうだという事実を探している。そうである以上、わが国政府が、飛んで火に入る夏の虫のような、人質にとられる財政政策をとることは何としても避ける必要がある。

わが国の財政状況がすぐさま金融危機につながらない最大・直接の理由は、日銀が異次元金融緩和政策をとっているためだが、国債のファイナンスが国内資金で行うことができているということも理由の一つである。しかし、高齢化の進展で貯蓄の減少が続き、経常収支も赤字基調となるなかで、国債のファイナンスをする国内資金が底を突きつつある点には注意が必要だ。

図表8・7　先進諸国の財政状況（財政赤字のGDP比）

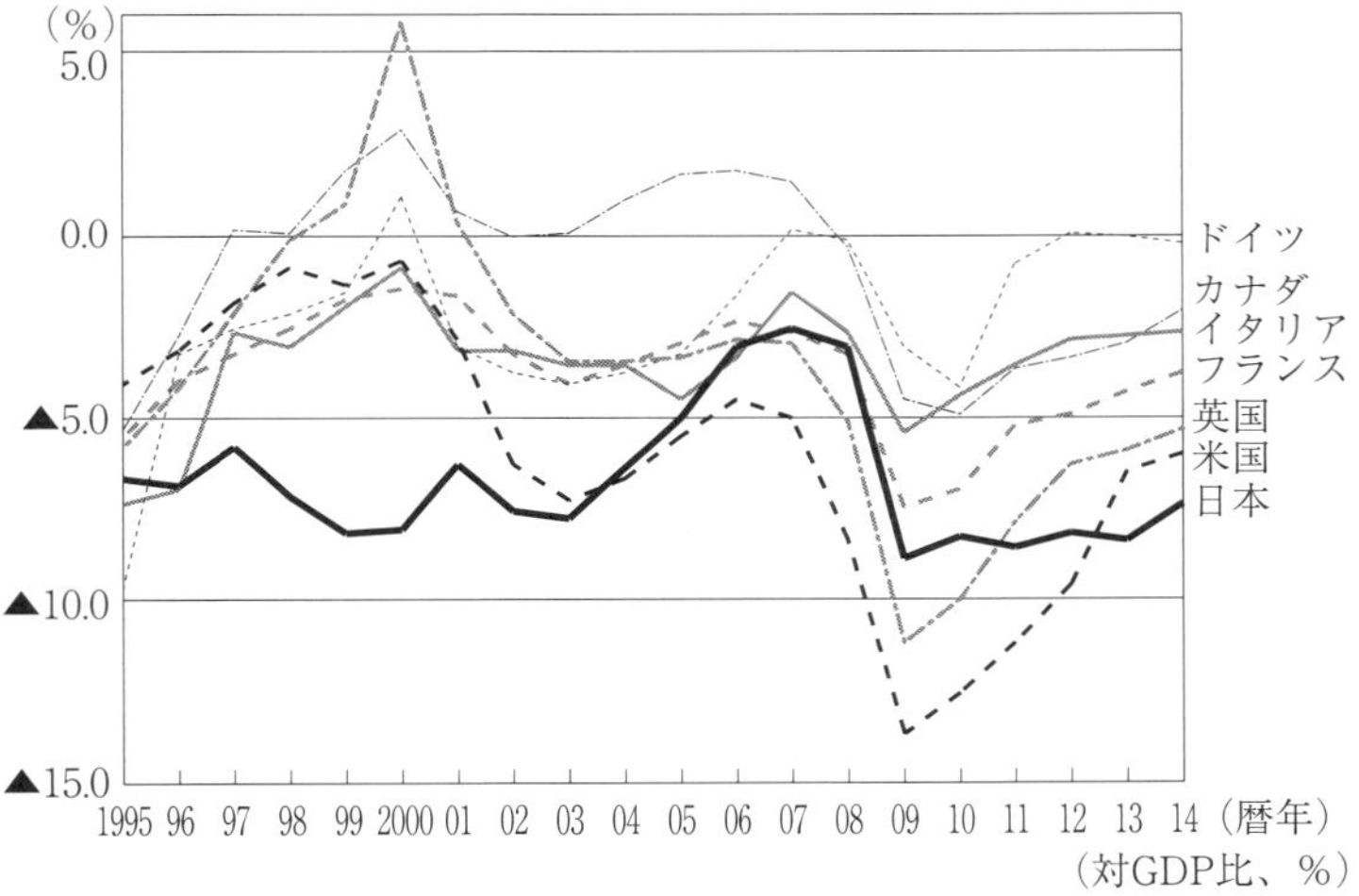

（出所）財務省資料

　財政危機への対策は、経済成長による税収の増加、歳出の削減、税負担の増加、あるいはその組み合わせしかない。それを基本方向として政策を遂行していく必要がある。税制の最重要機能は、公共サービスを提供するための財源の確保である。わが国が先進国最悪の財政赤字の状況にあるということは、この機能が十分に発揮されていないことを物語っている。

　消費税10％への増税が２０１７年４月に確定し、社会保障の効率化もプログラム法という形で法律化されている。中間目標である２０１５年プライマリー（基礎的財政収支）赤字の半減はなんとか達成できそうだが、２０２０年プライマリーバランス黒字化という目標の達成は容易でない。また、政府の目標は、プライマリーバランス黒字の達成後は、政府の債務残高を安定的に維持するという3段ロケットとなっている。

(2) わが国はなぜ財政赤字が拡大したのか

わが国のフローベースの財政赤字をみると、他の先進諸国と同様、リーマンショック時に急拡大しその後少しずつ回復している（図表8・7）。しかし、詳細にみていくと、1990年代後半に先進各国が財政赤字を改善してきたのに対して、わが国だけは逆に悪化したという事実と、リーマンショック後の回復もわが国が最も遅れているという事実が浮かび上がる。とりわけ、わが国財政のストックの状況が飛び抜けて悪い原因は、バブル経済崩壊後の1990年代に財政赤字が拡大し、十分な対策がとられなかったことにある。

1990年代の財政を振り返ると、①長引く不況を背景とした税収の減少、②景気対策としての所得税・法人税の減税、③景気対策としての度重なる公共事業の追加、④高齢化の進展にともなう社会保障費の恒常的な増大の4点が財政の赤字を拡大させてきた。

なかでも、ケインズ政策による②の減税と③の公共事業の追加は問題である。この間、公共事業の追加など総額120兆円近くにも上る経済対策が行われたが、景気の本格的な回復にはつながらず、財政を健全路線へと転換する機会を逸しつづけた。これが現在の財政危機の最大の原因であると筆者は考えている。いずれにしても、1990年代、バブル経済崩壊後の日本の経済・財政政策に大きな問題があったという事実は、しっかりと検証しておく必要がある。

また、わが国の予算編成のあり方という観点からの分析も有効だ。

第一に、予算編成の方法、とりわけ補正予算が問題である。補正予算の問題点は、財政規律がまったく働かないという点にある。当初予算は、シーリング（概算要求基準）がかかり、それなりに厳しく編成されてきたが、補正予算はシーリングや編成方針もなく、規模の大きさを追求し大盤振る舞いが繰り返されてきた。これが結果的に財政赤字の拡大を招くことになったのである。[注2]

第二に、霞が関の予算至上主義文化も問題だ。霞が関では、予算を作ることがすべてである。事後的に予算がどのように使われるか、あるいは使われたか、これは二の次である。

各省では、予算や租税特別措置をどの程度獲得できたかが担当課長の評価につながる。予算・税法が国会で成立すれば人事異動で、予算がその後どう執行されたか、期待された効果を上げたかどうかなどについての関心は薄い。こうした「予算偏重主義」の霞が関文化を根本から変えていくことが必要だ。

そのためには、予算・税制がどう使われどのような効果を上げたか事後評価をしっかり行うことが必要である。財務省の役割の重点を、事前の予算編成中心から、各省の予算・税制の執行状況を、効果も含めて事後的に厳しく評価することに変えていくべきだ。不適切な予算計上が見つかれば、各省にその責任を問い、翌年度予算に反映させる、プラン・ドゥ・シーのメカニズムを働かせるのである。

英国財務省に勤務経験のある財務官僚、高田英樹氏の報告[注3]では、「(英国財務省は）予算のコントロールだけでなく、公共サービス全体の効率性、的確性をも使命としており、実際に国民生活がどう向上するかという結果（アウトカム）を重視している」という。

そもそも予算とは、あらかじめの見積もりにすぎない。当然のことだが、民間で重要なのは予算ではなく、どう使われるか、期待どおりの効果が出ているかである。この認識を国も、地方も持つ必要がある。

最後に重要な教訓として、経済活性化と税制の考え方を整理しておくことが必要だ。一般に減税をすれば経済成長がかなえられ、その結果税収も増加する、という単純な考え方（フリー・ランチ理論）がある。しかし減税しても、税収がそれ以上に回復してくることはまずありえない。このことはレーガン第1期の税制改革や、わが国のバブル崩壊後の減税政策と財政赤字の拡大が物語っている。

(3) 財政再建目標としてのプライマリーバランスの回復

当面のわが国の財政目標は、２０２０年度までにプライマリーバランス（以下ＰＢ）を黒字化することである。消費税10％への引き上げを延期した際の安倍首相は、この財政目標を堅持する旨を改めて強調した。

ＰＢというのは、単年度の借金関連以外の財政収支のことで、つまり「歳出から公債利払費や償還費を除いた支出」と「歳入から公債金収入を除いた収入」についてのバランスである。いいかえれば、「本年度の公共サービスのために必要な支出」と、「本年度国民から入ってくる税収入」の均衡がとれていることを意味している。これが赤字であるということは、現在世代が自らの負担を上回る公共サービスを受けていることを意味しており、その差額は将来世代の負担として付け回しになっているということである。したがって、このバランスの回復を図ることにより、今日に必要な公共サービスの財源は今日の世代でまかなうことになり、後世代への付け回しはなくなるということになる。

わが国はPB黒字化後にストックの財政目標を定めている。それは、PBが黒字化した2021年度以降は、国・地方の公債等残高の対GDP比を安定的に低下させる、という目標である。

財政赤字が発散し破綻にいたらないためには、PBの均衡だけでは不十分で、「長期金利が名目成長率と同じかそれ以下」という条件が必要である。名目金利（利子率）が経済成長率より高いと、GDPの成長スピード以上に国債費（利払い費と債務償還費の合計）が増えるので、債務残高の対GDP比は拡大（発散）を続ける。そこで、PBが均衡した後は、追加的なプライマリー黒字を出すことによって債務残高のGDP比を一定に維持し、さらには引き下げていく必要がある。つまり、過去から積み上がった国債残高をGDP比で減らして（絶対額を減らすのではない）いくためにプライマリー黒字を続けていかなければならないということで、これが3番目の目標の趣旨である。

金利と経済成長の関係は、先進諸国の実例をみてもさまざまで、理論的にもどちらが上回るというものではない。リーマンショック前の経済が良好な局面では成長率が長期金利を上回り、リーマンショック後は経済成長の落ち込みにより長期金利が成長率を上回る国が多かったが、近時は米日欧の金融緩和でまた成長率が上回っている。経済成長が自国の経済政策や状況に左右されるのに対し、金利のほうは世界規模で裁定が起きて決まるということも、両者の関係をむずかしくしている。日銀が金融緩和を続けている限り金利は人為的に低く抑えることが可能なので、成長率のほうが高くなり、GDP比の債務残高は改善する。しかし、いわゆる出口（金利の正常化プロセス）では、インフレターゲットを2％に置いていることから、これが逆転する可能性がある。つまり、時々の

図表8・8　プライマリーバランス

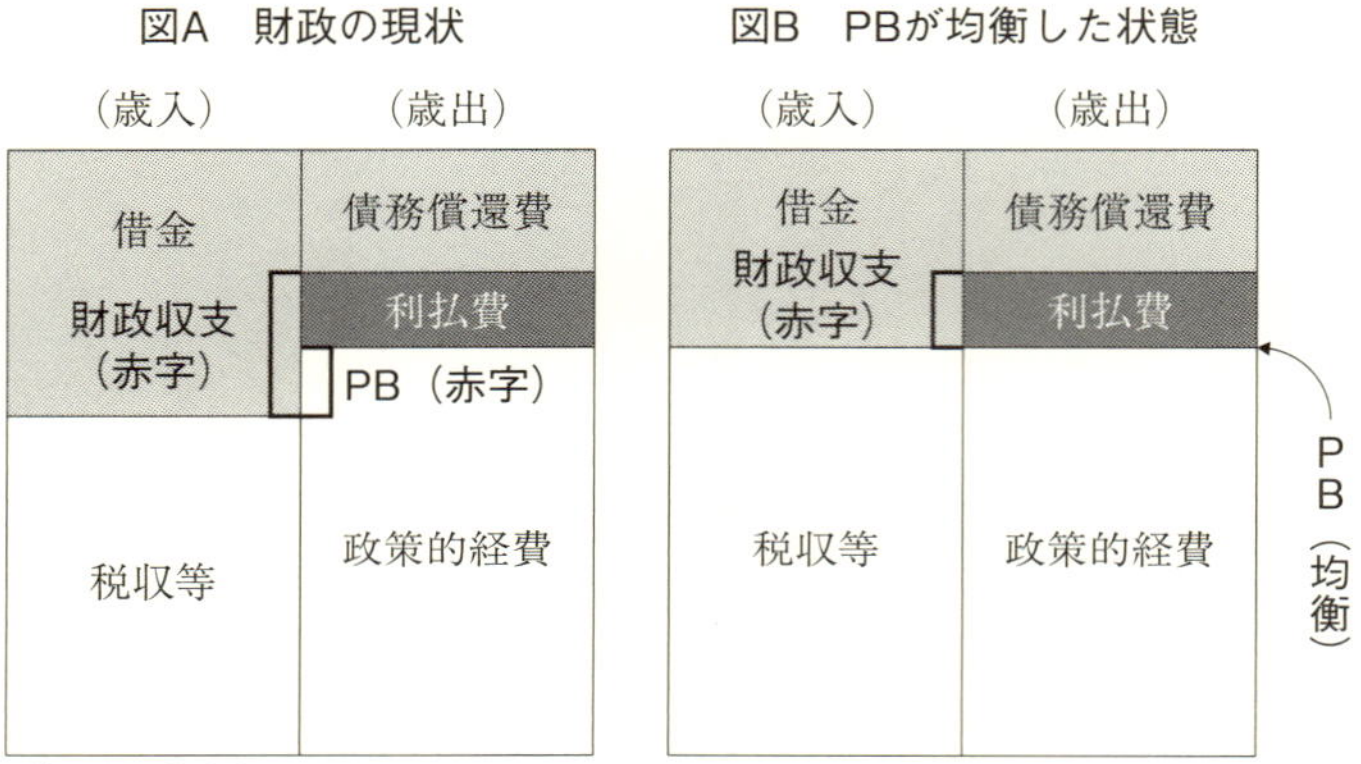

（出所）財務省資料

経済成長率や利子率の水準如何によって、わが国の財政収支の状況が変化するわけで、そのことを念頭に置く財政運営をしていく必要がある。

いずれにしても、プライマリーバランスが均衡し、「その年に必要な財政支出」と「その年の国民の税負担」とが釣り合っている状況にすることが当面の目標である。「２０２０年度のプライマリー黒字」の達成目標は容易ではない。内閣府の試算では、消費税率を10%に引き上げさらにアベノミクスが成功したケースですら９・４兆円の歳入・歳出ギャップが残る。

常識的に考えれば、半分が歳出削減、残りの半分が増税によりギャップを埋めていくことになる。しかし、消費税率10%引き上げ直後に、さらにＰＢ黒字化のために消費税率を引き上げなければならない、という議論を国民は受け付けるだろうか。そこで、まずは徹底した歳出削減を2、3年続けることが現実的だろう。国民が、「これ以上の歳出削減はやめてほしい、それなら増税のほうがましだ」と考えるまでの徹底した歳出削減を行うことである。

これに対して、アベノミクスの成功により、たとえば今後3程度の税収弾性値（名目ＧＤＰが1％伸びた場合の税収が3％伸びる）が続いていけば、増税の必要はないという意見がある。しかし、すでに上述の内閣府試算（アベノミクス成功ケース）では、２０２０年度の税収は68・4兆円と、バブル期の税収である60兆円をはるかに超える税収見積もりになっている。本当に現実的な数字なのか、そこからさらなる税収増がありうるのか、大きな疑問がある。

(4) 不公平税制の是正とばらまき税制の見直し

税負担の増加ということを考えるにあたって重要なことがある。

第一に、税制の公平性を確保する見直しを行うべきだということである。

筆者が問題だと考えるのは、所得税におけるクロヨンの問題、法人税における法人成りや赤字法人の問題、消費税における益税の問題である。これらの問題は、一部の納税者が本来負担すべき税金を何らかの形で免れているわけで、税務執行や制度改正でしっかり対応していく必要がある。このような地道な努力の積み重ねが、国民の税制への信頼につながる。２０１５年度改正で法人税制が大きく見直されたが、法人成り・赤字法人の問題や社会福祉法人をはじめとする公益法人の税制の見直しは先送りされており、大変残念な状況だ。今後の継続的な改革に期待したい。

第二に、「ばらまき」税制の見直しも必要だ。ばらまきというと、公共事業など歳出予算のことを語る場合が多いが、税制にも無駄があることはあまり分析されていない。「ばらまき」については、明確な定義があるわけではないが、「政策的な意義が明確でなく（あるいは時代に合わなくなっており）相当規模の財源を使うものの、効果の薄い（あるいは全くない）政策」ということであろう。かつて、「昭和の三大バカ査定」といわれた、戦艦大和の建造、伊勢湾干拓事業、青函トンネルはすべて公共事業であったが、今では社会保障分野でのばらまきが問題だ。

極めつきは、地域振興券あるいは定額給付金など、現金を直接国民に、所得条件を付けずに配る政策である。2014年度補正予算で創設された地方創生交付金は、かつて竹下政権期の「ふるさと創生事業」を想起させる。全国の市町村に一律1億円をプレゼントしたわけだが、使途に困った自治体が「純金こけし」を買って展示した例のように、地方だからといって有効に使う知恵があるわけではない。

民主党政権に交代した後も、子ども手当、高校授業料無償化、農業者戸別所得補償制度の三つが3Kと呼ばれ、ばらまきのやり玉に挙がったことは記憶に新しい。

これらに共通する問題は、財源規模が相当大きいこと（数千億円以上）、改革を促すインセンティブに欠けており、政策効果も一過性のものであること、事後的な検証が十分行われていないことである。

税制にあるばらまきの筆頭格は租税特別措置（租特）である。これは法人税だけでなく所得税にも存在する。たとえば持ち家の購入者だけを優遇する住宅ローン減税（税額控除）、肉用牛の売却に伴う農業所得の特例などである。租特の抜本的な見直しの必要性については、第2章で述べたところである。

ばらまきという反論が上がりそうだが、所得税制にある各種所得控除も問題である。わが国の所得控除は多種多様にわたり、さまざまな事情に個別に配慮してきた。このことが所得税の課税ベースを小さくしてきたことは、第7章で述べた。

しかし所得控除という制度は、累進税率のもとでは、高所得者の税負担を軽減する度合いが大きくなるという逆進的な効果、パラドックスを生じさせる。たとえば38万円の配偶者控除は、夫が高所得者で限界税率が50%の者の場合には、19万円の減税になるが、低所得者で限界税率が10%の者の場合には3万8000円の減税効果しか持たないことは、第5章で見てきた。このような場合、税額控除とすれば、一律に同額の減税となり、より公平になる。

冷戦後、世界的に格差・貧困問題が広がるなかで、所得控除を見直して、高所得者も低所得者も等しく同額の恩恵（減税）を受けることが可能な税額控除に変えていくべきではないかという議論が世界的に行われ、オランダ、フランスなどの税制が再構築された。「所得控除から税額控除へ」という流れは、わが国でも民主党政権のもとで、年少扶養控除の廃止と子ども手当への変更など一部行われた経験がある。その効果をしっかり検証して税制のばらまきを排除していくことも必要だ。この問題について詳細は所得税の再構築として第7章で論じたとおりだ。

5　グローバル経済のもとでの少子・高齢化社会の税制モデル

これまで述べてきたところを整理すると、以下のようになる。

わが国が抱えている課題は以下の三つといってよい。第一に、デフレ経済からの脱却と人口減少のもとで経済活性化に向けた政策を続けること、第二に、所得・資産格差への適切な対応、第三に、少子高齢化のもとでの持続性のある社会保障を支える財政基盤を構築することである。

これらの諸課題に対する税制の具体的方向を改めて整理すると、以下のようになる。

第一に、経済成長を税制で支援することである。具体的には、人々がリスクテイクをしやすい税制を構築しベンチャーに資金を供給しやすくし、人々の勤労意欲や自助努力を税制で優遇してインセンティブを与えることである。財政資金をばらまくという発想からの脱却でもある。

第二に、法人税・所得税については、グローバル経済の中で困難な選択を迫られる。

わが国経済は、冷戦終結後、自らの意思だけではコントロールできないグローバル経済に巻き込まれている。自国の法人税率を引き下げて企業を誘致し、自国の繁栄につなげようとする政策は、今も先進諸国で継続されている。一方、米系多国籍企業は、タックスヘイブンなど税率の低い国に会社を設置し、機能やリスク、特許権や商標権などの無形資産を集中させてトータルの税負担を低くし、場合によっては本社機能そのものを低税率国に移す（インバージョン）など、巧妙なプラニングを日常的に行っている。

このような現状では、わが国も法人実効税率を20％台半ばまで引き下げざるをえなくなるだろう。また、無形資産を低税率国に移転し税を回避する多国籍企業の行動にはＯＥＣＤレベルで共同して対処していく必要がある。

グローバル経済のもとでは、税制もグローバルに考えなければならない。所得税も、わが国だけが極端に高い累進税率を持てば、資金だけでなく人や無体財産権までも容易に海外に流出していく。

第三に、所得格差・資産格差の拡大を阻止することが持続的な経済成長に役立つという観点から、所得税の課税ベースを拡大していくことや資産性所得の税率の引き上げ、さらには固定資産税の役割の見直しを視野に入れて議論することである。

最後に、グローバル社会で高度福祉社会を支えるためには、持続可能な財政基盤を作る必要があるが、それには経済への負荷の少ない消費税を中心に据えた税体系にしていくことである。つまり、さらなる税負担の増加を求めていく場合には、消費税が柱になる。

租税政策は、「公共サービスを提供するために必要な資金の調達（財源調達機能）」と、「所得の再分配」と「経済の安定化・景気調節」の三つを目標としている。この機能をフルに発揮させて、所得・消費・資産の三つの税制を見直すタックスミックスを行うことによって、新たなフロンティアを切り拓く道を模索することが、高齢化社会の税制モデル作りにつながる。もちろん、規制緩和などの成長戦略や年金制度の見直しなど社会保障をこれ以上肥大化させない政策とパッケージで行う必要があることはいうまでもない。

高齢化社会のトップランナーとして、これから高齢化社会に否応なく突入するアジア諸国、さらには欧米諸国に対して、モデルとなるような税制・社会保障を示すことができれば、どれほどわが国の地位の向上に結びつくことだろうか。「希望の増税」にしていく努力が必要だ。

注

第1章

（1）１９８０年の共和党米国大統領指名選挙で、レーガンと指名を争ったブッシュ（父）は、レーガン第1期の政策は実証性を欠く「呪術経済学（Voodoo Economics）」で、財政赤字の拡大につながると非難した。

（2）「米国レーガン政権下における税制改革の経験」。２００２年3月26日の税制調査会総会におけるロナルド・パールマン・ジョージタウン大学大学院租税法プログラム・ディレクターの発言を筆者加筆。
(http://www.cao.go.jp/zeicho/siryou/pdf/a25kaib.pdf)

（3）この間の議論については、以下を参照。German Federal Ministry of Finance,"Reforming International Capital Income Taxation.",
(http://www.taxjustice.net/cms/upload/pdf/Reform.income_tax.pdf) 1998

（4）アンソニー・ギデンズ（１９９９）『第三の道』（佐和隆光訳）日本経済新聞社。

（5）柴由花（２０１４）「所得控除から税額控除への変更による効果」『フィナンシャル・レビュー』１１８号、財務省財務総合政策研究所。

（6）OECD (2001) "Recent Innovations in Nordic Tax Policy : From the Global Income Tax to the Dual Income Tax"

（7）スウェーデンの経済改革の全貌については以下が詳しい。湯元健治・佐藤吉宗（２０１０）『スウェーデン・パラドックス』日本経済新聞出版社。

第2章

（1）平成22年度税制改正の大綱、参考資料「法人所得課税及び社会保険料の法人負担の国際比較に関する調査」（平成18年3月）。http://www.mof.go.jp/tax_policy/tax_reform/outline/fy2010/zei001e.htm
　そのほかにも、経済産業省経済産業政策局企業行動課（２００７）『法人所得課税負担に関する国際比較

調査　平成18年度総合調査研究　調査報告書』などがある。

(2) 「マーリーズ・レビュー」の概要については、筆者が座長として取りまとめた財団法人企業活力研究所「マーリーズ・レビュー研究会報告書」（２０１０年６月）が参考になる。

(3) コーポレート・インバージョンについてわが国で最初に警鐘を鳴らしたのは、拙稿「三角合併とコーポレート・インバージョン」（２００６年）日本証券経済研究所編『企業行動の新展開と税制』第７章。

(4) Ruud A. de Mooij, Gaëtan Nicodème (2007) “Corporate Tax Policy,Entrepreneurship and Incorporation in the EU,”Tinbergen Institute Discussion Paper.

(5) 報告書は以下のアドレスから入手可能。http://www.mof.go.jp/tax_policy/reference/stm_report/fy2013/index.htm

(6) 松山幸弘（２０１１）「黒字ため込む社会福祉法人　復興事業への拠出議論を」『日本経済新聞』「経済教室」２０１１年７月７日付。

第３章

(1) 米国などの租税回避規定については以下が詳しい。松田直樹（２００９）『租税回避行為の解明』ぎょうせい。

(2) アーロンソン報告書は、岡直樹（２０１３）「包括型否認規定が英国税制に導入されるべきか否かについての検討　アーロンソン報告書」『租税研究』２０１３年８月号に詳しい。

(3) 居波邦泰（２０１４）『国際的な課税権の確保と税源浸食への対応』中央経済社。

第４章

(1) 森信茂樹編著（２００８）『給付つき税額控除』中央経済社。鎌倉治子（２０１０）「諸外国の給付付き税額控除の概要」『調査と情報』６７８号、国立国会図書館。

(2) ユニバーサルクレジットについては、本書第１章の図表を参照。

(3) VATフォーラムの概要は、税制調査会平成26年4月24日の税制調査会に報告されている。http://www.cao.go.jp/zei-cho/gijiroku/discussion1/2014/_icsFiles/afieldfile/2014/04/24/26dis14kai4.pdf

「今回の消費税グローバルフォーラムにおいては、消費税が、所得等の異なる層に与える影響についても議論が行われた。低所得者世帯の負担を緩和するため、軽減税率を導入している国もあるが、消費税グローバルフォーラムにおける議論においては、軽減税率は、低所得者を支援する方策として、対象者を限定した給付措置に比べると極めて非効率であるということが確認された。」と記されている。

(4) 岩間大和子（２００５）「ＥＵ諸国の少子高齢化に対応した年金制度改革――その意義とわが国への示唆」（国立国会図書館『少子化・高齢化とその対策：総合調査報告書』２００５・２所収）、Pensions at a glance: public policies across OECD countries, 2007, OECD.

森信茂樹（２０１１）「第5章 社会保障・税一体改革の視点―年金改革は個人の自助努力支援と組み合わせて」ＮＩＲＡ研究報告書（２０１１・４）『財政再建の道筋』所収。

(5) 森信茂樹編著、金融税制研究会・ＮＴＴデータ経営研究所著（２０１０）『金融所得一体課税の推進と日本版ＩＲＡの提案』金融財政事情研究会。なお、金融税制・番号制度研究会の提言は、ジャパン・タックス・インスティチュートのホームページ参照。http://www.japantax.jp

(6) 森信茂樹編著（２０１３）『合同会社（ＬＬＣ）とパススルー税制』金融財政事情研究会を参照。

なお、筆者がＬＬＣのわが国での活用の必要性を痛感したのは、東北大震災の直後である。宮城県の漁業復興に関して、当初株式会社組織での復興が模索されたが、漁師がサラリーマンになることへの抵抗があり、漁業関係者の反対から頓挫した。そうであれば、漁師などが出資者としての立場を維持しつつ、有限責任で、内部自治を持つ法人を活用すれば、漁業関係者の抵抗も少ないのではないか、その際パススルー税制になれば、二重課税も避けられ、出資者がリスクをとれるのでインセンティブも高まるのではないかと考えたのである。その後、一橋大学の宍戸善一教授や中央大学法科大学院の大杉謙一教授とのディスカッションを経て、大手食品流通企業が資金や漁船を現物出資し、漁協は漁業権を現物出資、漁師は労務出資して、皆が社員となる。果実の分配は、基本的に持ち分に応じて利益配分するが、漁師には一定の基本給を保証する、というようなアイデアを関係者に披露した。しかし残念ながら、現実の政策には結びつかなかった。

第5章

(1) 「あるべき税制の構築に向けた基本方針」(政府税調答申、２００２年６月)。

(2) 法学的な見地から所得控除を分析した論文として以下がある。谷口勢津夫（２００９）「人的控除」『税研』第１４６号。

(3) 夫婦の場合、家族除数は、子供1人で2・5、子2人で3、子3人で4となっている。

(4) 政府税制調査会海外出張報告（平成19年4月13日）フランス当局へのインタビュー。http://www.cao.go.jp/zeicho/siryou/pdf/k7t2kai2.pdf

第6章

(1) 金融税制・番号制度研究会報告書（２０１４）「社会保障・税番号（マイナンバー）制度の活用に向けた取組み」。http://www.japantax.jp/teigen/file/20141127.pdf

(2) 韓国の番号制度については、森信茂樹（２０１３）「韓国におけるＩＴを活用した所得把握と納税者サービスの研究」『税理』２０１３年9月号。

(3) （２０１３）「社会保障・税番号制度の活用と官民連携のあり方」http://www.japantax.jp/teigen/file/20131106.pdf

(4) http://www.kantei.go.jp/jp/singi/it2/denshigyousei/dai24/siryou1_2.pdf、手塚悟氏提言。

第7章

(1) 小塩隆士（２０１３）『社会保障の経済学 第4版』日本評論社。

(2) このことは以下でも指摘されている。阿部彩（２００８）『子どもの貧困：日本の不公平を考える』岩波新書。

(3) 森信茂樹・中本淳（2013）「わが国所得税課税ベースの新推計」『フィナンシャル・レビュー』2013年第1号。

(4) わが国でもシャウプ勧告により1951年から富裕税が導入されたが、執行上の問題から1953年度税制改正で廃止された。

(5) 同趣旨「地方法人税改革：試案」奈良県税制調査会（2014）『望ましい地方税のありかた：奈良県税制調査会からの発信』119〜146頁、清文社。

(6) 石弘光（2008）『現代税制改革史』（東洋経済新報社）は、第13章「地価と土地税制改革」で、バブル発生原因の一つとして、わが国の固定資産税などの地方保有税が低かったことを指摘し、このことが、国税としての地価税の導入につながったことを記述している。

第8章

(1) ディック・アーミー（1996）『フラット・タックス：比例所得税』（塩崎潤訳）今日社。

(2) 田中秀明（2013）『日本の財政』中公新書。

(3) 高田英樹「英国財務省について（最終報告）」付章2。
http://www.geocities.jp/weathercock8926/ukpublicfinance.html

コラム出典

なお、各章にコラム欄を設けたが、その内容は、筆者が連載している『税務弘報』（中央経済社）、『月刊資本市場』（公益法人資本市場研究会）、ダイヤモンド・オンライン（ダイヤモンド社）のコラムを原典にし、加筆修正していることを、感謝とともに付け加えておきたい。以下に初出の出典を示す。

第1章　二元的所得税の論点（「二元的所得税再考」『日本の税をどう見直すか』日本経済新聞出版社〔2010年〕）。

第2章　自然増収による減税論を考える（ダイヤモンド・オンライン「森信茂樹の目ざめよ納税者第72回」〔2014年6月3日〕）。

第3章　租税回避とロースクール（『国際税務』（税務研究会）Vol.26, No.4〔2006年〕）。税に対する意識の低い日本の経営者（『税務弘報』中央経済社、2014年9月号）。

第4章　消費税増税の低所得者対策は軽減税率より給付付き税額控除で（『税務弘報』中央経済社、2014年9月号）。

第5章　所得控除と税額控除（東京財団政策提言「税と社会保障の一体化を考える」2007年11月）。

第6章　韓国、IT政府への執念（『月刊　資本市場』資本市場研究会、2013年8月号）。

第7章　「二極化」する社会への対応を（『月刊　資本市場』資本市場研究会、2015年1月号）。

第8章　附則と縁の深い消費税（『税務弘報』中央経済社、2011年4月号）。

参考文献

阿部彩（2008）『子どもの貧困：日本の不公平を考える』岩波新書。

石弘光（2008）『現代税制改革史』東洋経済新報社。

小黒一正（2014）『財政危機の深層』ＮＨＫ出版新書。

小塩隆士（2013）『社会保障の経済学 第4版』日本評論社。

小塩隆士・田近栄治他（2014）『日本の社会保障政策：課題と改革』東京大学出版会。

貝塚啓明編著（2006）『経済格差の研究』中央経済社。

金子宏（2015）『租税法　最新版』弘文堂。

佐藤主光（2009）『地方財政論入門』新世社。

佐藤英明（2000）『信託と課税』弘文堂。

田中秀明（2013）『日本の財政』中公新書。

土居丈朗編著（2010）『日本の税をどう見直すか』日本経済新聞出版社。

中里実（1998）『金融取引と課税』有斐閣。

西沢和彦（2011）『税と社会保障の抜本改革』日本経済新聞出版社。

野口悠紀雄（1994）『税制改革のビジョン』日本経済新聞社。

橋本恭之・鈴木善充（2012）『租税政策論』清文社。

樋口美雄編著（2006）『少子化と日本の経済社会』日本評論社。

本間正明・跡田直澄編（1989）『税制改革の実証分析』東洋経済新報社。

宮島洋（1986）『租税論の展開と日本の税制』日本評論社。

森信茂樹（2000）『日本の消費税』納税協会連合会。

森信茂樹（2002）『わが国所得税課税ベースの研究』財団法人日本租税研究協会。

森信茂樹（２００７）『抜本的税制改革と消費税』大蔵財務協会。

森信茂樹（２００８）『給付つき税額控除』中央経済社。

森信茂樹（２０１０）『金融所得一体課税の推進と日本版ＩＲＡ』金融財政事情研究会。

森信茂樹（２０１０）『日本の税制 何が問題か』岩波書店。

森信茂樹・小林洋子（２０１１）『どうなる？ どうする！ 共通番号』日本経済新聞出版社。

森信茂樹（２０１２）『消費税、常識のウソ』朝日新書。

森信茂樹・河本敏夫（２０１２）『マイナンバー』金融財政事情研究会。

森信茂樹（２０１３）『合同会社（ＬＬＣ）とパススルー税制』共著、金融財政事情研究会。

森信茂樹責任編集『フィナンシャルレビュー』税制特集各号（65号２００２年、69号２００３年、84号２００６年、１１２号２０１３年、１１８号２０１４年）。

諸富徹（２０１３）『私たちはなぜ税金を納めるのか：租税の経済思想史』新潮選書。

山田久（２００７）『ワーク・フェア：雇用劣化・階層社会からの脱却』東洋経済新報社。

湯本健治・佐藤吉宗（２０１０）『スウェーデン・パラドックス』日本経済新聞出版社。

Hall, Robert. E. and Alvin Rabushka (1995). *The Flat Tax*. Stanford, California: Hoover Institution Press.
J.Slemrod & J Bakija (1996) *Taxing Ourselves*, MIT Press.
Michael Graetz (1997) *The Decline (and Fall?) of the Income Tax*, Norton & Company.
H.Ault (1997) *Comparative Income Taxation*, Kluwer Law International.
IMF (2001) *The Modern VAT*.
Morinobu Shigeki (2002) "Comparison of Japanese and U.S. Tax Base and Change of Tax Base in Japan" Discussion Paper Series 02A-29 2002, Policy Research Institute of the Ministry of Finance.
Morinobu Shigeki (2003) "Japanese Tax Reform toward Vitalizing Japanese Economy," Discussion Paper Series 03A-01 (2003.3.7), Policy Research Institute of the Ministry of Finance.

Morinobu Shigeki (2014) "Capital Income Taxation and the Dual Income Tax,"PRI Discussion Paper Series (No.04A-17) 2014.

OECD (2004) "Recent Tax Policy Trends and Reforms in OECD Countries."

OECD (2006) "Fundamental Reform of Personal Income Tax."

OECD (2008) "Growing Unequal? : Income Distribution and Poverty in OECD Countries."

OECD (2011) "Trends in Top Incomes and their Tax Policy Implications."Matthews, S. (2011), *OECD Taxation Working Papers*,

【マ】

【ヤ】

【ラ】

【ワ】

【タ】

【ナ】

【ハ】

索　引

【著者紹介】

森信 茂樹（もりのぶ・しげき）

中央大学法科大学院教授。（一社）ジャパン・タックス・インスティチュート所長、東京財団上席研究員、財務省財務総合政策研究所特別研究官、法学博士（租税法）。

1950年広島生まれ、1973年京都大学法学部卒業、大蔵省入省。茂原税務署長、在ロサンゼルス総領事館領事、英国駐在大蔵省参事（国際金融情報センターロンドン所長）、証券局調査室長、主税局調査課長、税制第二課長を経て1998年主税局総務課長、1999年大阪大学法学研究科教授、2003年東京税関長、2004年プリンストン大学で教鞭をとり、2005年財務総合政策研究所長、2006年財務省退官。この間、東京大学法学政治学研究科客員教授、コロンビア・ロースクール客員研究員。2010年から2012年まで政府税制調査会特別委員。日本ペンクラブ会員。

主な著書：

『合同会社（LLC）とパススルー税制』金融財政事情研究会（編著）2013年
『消費税、常識のウソ』朝日新書（単著）2012年
『マイナンバー』金融財政事情研究会（共著）2012年
『どうなる？どうする！共通番号』日本経済新聞出版社（共著）2011年
『日本の税制　何が問題か』岩波書店（単著）2010年
『金融所得一体課税の推進と日本版IRAの提案』金融財政事情研究会（共編著）2010年
『給付つき税額控除』中央経済社（編著）2008年
『抜本的税制改革と消費税』大蔵財務協会（単著）2007年
『日本が生まれ変わる　税制改革』中公新書ラクレ（単著）2003年
『わが国所得税課税ベースの研究』日本租税研究協会（単著）2002年
『日本の税制』PHP新書（単著）2001年
『日本の消費税』納税協会連合会（単著）2000年　など

税で日本はよみがえる
——成長力を高める改革——

2015年3月23日　　1版1刷

著　者　森　信　茂　樹

発行者　斎　藤　修　一

発行所　日本経済新聞出版社
http://www.nikkeibook.com/
東京都千代田区大手町1-3-7　〒100-8066
電話　(03)3270-0251(代)

印刷・製本　中央精版印刷株式会社
ISBN978-4-532-35633-0